Karl Olivier Beaulieu-Marconnay

Ernst August, Herzog von Sachsen-Weimar-Eisenach

Karl Olivier Beaulieu-Marconnay

Ernst August, Herzog von Sachsen-Weimar-Eisenach

ISBN/EAN: 9783743336568

Hergestellt in Europa, USA, Kanada, Australien, Japan

Cover: Foto ©ninafisch / pixelio.de

Manufactured and distributed by brebook publishing software
(www.brebook.com)

Karl Olivier Beaulieu-Marconnay

Ernst August, Herzog von Sachsen-Weimar-Eisenach

Ernst August,

Herzog von Sachsen-Weimar-Eisenach.

(1688 — 1748.)

Kulturgeschichtlicher Versuch

von

Carl Freiherrn von Beaulieu Marconnay.

———

Leipzig
Verlag von S. Hirzel.
1872.

Vorwort.

Die Wahrnehmung, daß in der Partikulargeschichte Weimars vielfache empfindliche Lücken vorhanden, in Betreff von Zeiten und Personen, welche nicht leichthin der Vergessenheit überantwortet werden sollten, veranlaßte den Verfasser des nachfolgenden kleinen Versuchs bereits vor zehn Jahren Materialien zu sammeln, aus denen sich eine Ergänzung der Schilderung verschiedener Epochen gestalten lasse. Wiederholt eintretende Störungen, durch amtliche und persönliche Verhältnisse veranlaßt, drängten die Ausführung dieses Plans zurück und ließen erst jetzt den Abschluß der Geschichte des Herzogs Ernst August zu Stande kommen. Dieselbe beruht wesentlich auf bisher ungedruckten Quellen, welche den Hauptstaatsarchiven zu Weimar und Dresden so wie der Großherzoglichen Bibliothek zu Weimar entnommen sind. Die mitunter mühsame Auffindung und Benutzung der Akten wurde dem Verfasser durch das liebenswürdigste Entgegenkommen und die stets gleich freundliche Hülfe der Herrn Vorstände und Beamten so erleichtert, daß er nur eine Pflicht erfüllt wenn er diesen Herrn hier öffentlich seinen verbindlichsten Dank ausspricht.

Dresden, im Februar 1872.

Inhalt.

Ernst August,

Herzog von Sachsen-Weimar-Eisenach.

———

Jedes Bild, welches man aus der Fülle der Persönlichkeiten und Ereignisse zu Anfang des achtzehnten Jahrhunderts hervorhebt, zeichnet sich auf düstrem, trüben Hintergrunde ab. Der dreißigjährige Krieg hatte Deutschland in das tiefste Elend gestürzt; durch den westphälischen Frieden war zwar der Fortdauer der Verwüstungen ein Ende gemacht worden, aber die Heilung der Leiden, die Wiederherstellung des Zerstörten, die Erstarkung namentlich der moralischen und geistigen Kräfte des Volks konnte nur das Werk einer langsam fortschreitenden Entwicklung sein, die mehr als ein Jahrhundert in Anspruch nahm.

Rascher gewannen die politischen Zustände neue Form und Gestalt. Der Krieg sowohl wie der darauf folgende Friedensschluß hatte die Ohnmacht und den lockern Zusammenhalt des heiligen Römischen Reiches deutscher Nation zu allgemeiner Evidenz bewiesen; die Kaiserliche Macht und Glorie war tief herabgesunken, und nachdem der Friede nicht etwa vom Reich, sondern von den einzelnen Reichsständen abgeschlossen worden, war es nur ein kleiner Schritt daß die Fürsten sich als Landesherrn mit souveräner Gewalt betrachteten.

Beaulieu Marconnay.   1

Eine solche Neugestaltung hätte nun für Land und Leute von den wohlthätigsten Folgen sein können, wenn überall die Ersten ihres Volkes auch zugleich die Besten gewesen wären, wenn sie, die allein aus der allgemeinen Zerstörung mit einem nicht unbeträchtlichen Gewinn an Macht und Bedeutung hervorgegangen waren, diesen dazu benutzt hätten auch den ihnen anvertrauten Bevölkerungen die Wiederaufrichtung ihrer geistigen, sittlichen und materiellen Interessen zu erleichtern. Auch fehlte es nicht an Fürsten, welche grade in solchen Bestrebungen die Aufgabe ihrer hohen Stellung erblickten, und die Partikulargeschichten der Pfalz, Braunschweigs und Hessen-Darmstadts haben die Namen Carl Ludwig, August und Georg II. mit goldenen Lettern in ihren Blättern verzeichnet. Und ganz besonders und vor allen im Herzen Deutschlands, in Thüringen, waren es Ernst der Fromme von Sachsen-Gotha, und Wilhelm IV. von Sachsen-Weimar, welche sich als Landesväter in fürsorglichster Weise bethätigten.

Leider sind es aber nur Ausnahmen von der allgemeinen Regel die man hier aufzeichnen kann, und je weiter die Zeit vorschritt und sich von der entsetzlichen Kriegsepoche entfernte, desto mehr schien das Bewußtsein der obliegenden Fürstenpflicht abzunehmen und der Glaube an das Fürstenrecht sich zu vergrößern.

Von Frankreich aus ging der Einfluß, der so tief verderblich für Deutschland werden sollte. Wohl war der Anblick verführerisch, der sich in Paris der Welt darbot. Ein König, von persönlicher Bedeutung und Liebenswürdigkeit, umringt von dem höchsten Glanz der den Thron zu schmücken vermochte, gepriesen von den größten Geistern einer Nation die sich selbst bereits damals für die geistreichste und gebildetste proclamirte, unumschränkt herrschend über einen früher frondirenden Adel und über ein durch die Siege der königlichen Marschälle in Entzückung gerathendes Volk — das gab ein Bild, welches allen Regenten von Gottes Gnaden als ein beneidenswerthes erscheinen mochte. Dem großen Könige zu gleichen, war bald der geheime Wunsch fast jedes deutschen Fürsten ohne Rücksicht auf die Zahl der Quadratmeilen innerhalb deren er souverän war, und ohne Rücksicht auf die vorhandenen oder mangelnden Hülfsquellen die auf jenem Gebiete sich vorfanden. Ein Wort von Friedrich II. in seinem Anti-Machiavell charakterisirt diese Zeit in prägnantester Weise: il n'y a pas jusqu'au cadet d'une ligne apanagée, qui ne s'imagine d'être quelque chose de semblable à Louis XIV; il batit son Versailles, il a ses maitresses et entretient ses armées.

Solche Zustände konnten nur auf der willkührlichsten Unterdrückung und Ausbeutung der Volkskraft auferbaut werden. Die Rechte und der Einfluß der Landstände wurden mißachtet oder durch Gewaltmaßregeln beseitigt; ein Heer von Beamten diente als gefügiges Werkzeug für die Ausführung der Launen des regierenden Herrn, und übte in eigenem selbstischen Interesse einen peinigenden Despotismus, — Steuern und Abgaben wurden ohne Berücksichtigung volkswirthschaftlicher Grundsätze auf einander gehäuft, Erpressungen mannigfaltigster Art ausgeübt, durch Verkauf von Monopolen Handel und Gewerbe beeinträchtigt, und überdem je nach Laune und Gelegenheit die Münzen verschlechtert. Und hiezu noch die in immer steigender Progression beliebte Aushebung und Anwerbung von Kriegsheeren, je kleiner das Land, desto schreiender das Mißverhältniß, wesentlich nur zwei verschiedenen Zwecken dienend, als Spielzeug zur Unterhaltung des Fürsten und als Darlehnswaare an größere Mächte gegen Zahlung bedeutender Subsidiengelder die nicht etwa in die Staatskasse flossen.

Diesem gegenüber erwies sich der Volksgeist als tief innerlich zerrüttet und ohne jeglichen Halt; Adel und Bürgerschaft standen schroff von einander getrennt da, aber beide wetteiferten in verblendeter Unterwürfigkeit nach oben hin. Schriftsteller und Dichter, auf die Gunst der Fürsten fast ausschließlich angewiesen, zollten Dank und Verehrung mit unglaublichen Schmeicheleien, und selbst Gelehrte von welthistorischer Bedeutung wußten sich in ihren Lehren und Schriften von überraschenden Befangenheiten nicht frei zu halten.

Wenn wir auf solchem Hintergrunde das Bildniß eines Fürsten zu zeichnen versuchen, dessen Leben und Entwicklung eine eigenthümliche Mischung von scheinbar einander entgegengesetzten Eigenschaften darbietet, so bestimmt uns dazu wesentlich folgende Erwägung. Der allgemeine Ueberblick über die öffentlichen Zustände im Anfange des 18. Jahrhunderts läßt uns zwar nur die oben angedeuteten Gegensätze erkennen zwischen solchen Regenten die den alten und bessern Ueberlieferungen folgen, und solchen die man Miniaturcopien Ludwigs XIV. zu nennen geneigt ist; allein bei schärferer und genauerer Betrachtung der einzelnen Persönlichkeiten zeigt sich eine wunderbare Mannigfaltigkeit. Es wiederholt sich hier wieder die überall in der Geschichte hervortretende Erfahrung, daß zwei äußerste Gegensätze immer nur wenige unbedingte Vertreter haben, während die Mehrheit wechselsweis bald von dem einen bald von dem andern angezogen wird; und selbst wo die Entschlossenheit vorhanden ist sich der einen Seite zuzuwenden, kann man die geheim wirkende Kraft der andern Seite nicht verkennen, die hemmend und bindend dazwischen tritt. Nicht Jeder, der sein Ver= sailles baute und seine Montespan suchte und fand, ver= mochte darum alle Gewohnheiten und Ueberlieferungen der patriarchalischen Herrschaft abzulegen; Mancher, der den Wahlspruch: „L'état c'est moi" kühn nachsprach, bewies im entscheidenden Augenblicke doch gut deutsche Fürstennatur und ein Gewissen das den grundverschiedenen Verhältnissen des Landes fast unwillkührlich Rechnung trug. Aus diesem Widerstreit der angebornen Natur und der fürstlichen Traditionen auf der einen, des von Frank= reich aufgestellten, verführerisch lockenden Fürstenideals auf der andern Seite, erwuchsen wunderbare, ja widerspruch= volle Charaktere. Sie aber sind es hauptsächlich, welche die deutsche Specialgeschichte jener Epoche, trotz gelegent= licher Dürftigkeit und Kleinlichkeit, auch für weitere Kreise

interessant machen, und im Kulturleben und der Kultur=
entwicklung unsers Volkes nicht unwichtige Gestalten ab=
geben.

Auf dieser Stelle darf auch der Herzog Ernst August
eine Antheilnahme erwarten, die über die Grenzen seines
engern Vaterlandes hinausreicht.

———

Der Herzog Wilhelm IV. von Weimar hatte während einer langen Regierung die er von 1626 bis 1662, theils als Regent zugleich im Namen seiner drei Brüder, theils nach der Landestheilung von 1640 in dem ihm zugefallenen Gebiete allein führte, das prophezeihende Wort seiner ehrwürdigen Mutter zu einer Wahrheit gemacht. „Wilhelm wird es wohl machen" — mit dieser beruhigenden Ueberzeugung schloß Dorothea Marie ihre müden Augen für dieses irdische Leben, — und „Wilhelm hat es wohl gemacht" sagt heute Jeder, der die reich beschriebenen Blätter dieses wechselvollen Lebens vor sich aufrollen läßt.

Ihm war es beschieden seine väterlich ererbten Landes= gebiete in bedeutend vergrößerter Weise seinen drei Söhnen zu hinterlassen, so daß diese zehn Jahre nach seinem Tode die Theilung von 1672 vornehmen konnten, wodurch an Johann Ernst Weimar, an Johann Georg Eisenach, und an Bernhard Jena fiel.

Der Herzog Johann Ernst II. hinterließ seine Lande im Jahre 1683 seinen beiden Söhnen Wilhelm Ernst und Johann Ernst III., welche gemeinschaftlich bis zum

Tode des jüngeren im Jahre 1707 regierten, und nach
dem Aussterben der Jenaischen Linie im Jahre 1690
durch eine neue Landestheilung einer bedeutenden Gebiets=
Erweiterung sich zu erfreuen hatten.

Der Herzog Wilhelm Ernst, der wesentlich die Zügel
der Regierung in der Hand hatte, und nach einer kurzen
unglücklichen, durch Scheidung beendigten Ehe, seinem
jüngern Bruder die Sorge überließ, dahin zu wachen
daß das älteste Sächsische Haus nicht aussterbe, dieser
Herzog Wilhelm Ernst ist durch seine 45jährige Regierung
und die vielfältigen während dieser Periode getroffenen
gemeinnützlichen und fürsorglichen Einrichtungen noch heute
in lebendiger Erinnerung des Volks und aller Derer, die
mit der Partikulargeschichte des Weimarischen Landes
bekannt sind; alljährlich am 30. October mahnt das herr=
liche Glockengeläute der Stadt Weimar an den großen
Wilhelmstag und damit an die mannigfachen Verdienste
dieses Fürsten.

Der Herzog Johann Ernst III., sein jüngerer Bruder,
vermählte sich am 11. October 1685 mit der Prinzessin
Sophie Auguste von Anhalt=Zerbst. Die Trauung wurde
in aller Stille, ohne irgend eine Solemnität vollzogen. Am
5. Juni 1686 wurde ein Sohn geboren, welcher Johann
Wilhelm getauft ward, aber sein Leben nur auf wenige
Wochen brachte.

Zwei Jahre später, am 19. April 1688, erblickte ein
zweiter Prinz das Licht der Welt, zur großen Freude des
Herrn Vaters, der sofort an 22 verwandte fürstliche

Perſonen Gevatterbriefe erließ. *) Wir erſehen aus den=
ſelben daß die Taufe am Tage der Geburt ſtattfand,
und dem fürſtlichen Kinde die Namen Ernſt Auguſt
beigelegt wurden.

Der junge Prinz, dem im Laufe der folgenden Jahre
noch einige Geſchwiſter geboren wurden, verlor ſeine
Mutter im Anfange des Jahres 1694, da er kaum ſechs
Jahre zählte. Doch ſollte er auf einen Erſatz nicht lange
warten, denn ſchon im December deſſelben Jahres ver=
mählte ſich ſein Vater mit der Prinzeſſin Charlotte Doro=
thea Sophie von Heſſen=Homburg. Einer ſehr roſigen
Zukunft durfte die junge Frau kaum entgegen ſehen,
obgleich ſie ſich vielleicht Energie genug zutraute, um allen
Eventualitäten ihrer Stellung mit Muth entgegen zu
treten. Solch ein Gefühl mag es geweſen ſein, welches
ihr am 22. December in Kaſſel nachſtehenden Brief
in die Feder gab: „à Monsieur Gaugreben, Grand
Maréchal de S. A. S. Msgr. le Duc de Saxe à
Weimar: Monsieur! Heute Nachmittag habe ſein ſchreyben
wohl erhalten, ſehe daraus daß die reyße noch über
Weberlingen feſtgeſetzt iſt; ich habe von Jhr Gnaden
papa auch ein ſchreyben erhalten, worin er ſchreibt, daß
ich den 3. Januar dorten ſeyn ſollte, werde alſo mein
anſtalt auf bieße Weyße machen, daß den Tag dar ſeyn
kann, — daß aber Mon. Gaugrebe ſchreybt, daß Jhr
Gnaden der Hertzog noch die halbe Trauer anbehalten

*) S. Beilage A.

wollte, verwundert mich sehr und werden wunderlige judiciums darüber fallen, dann weil er sich resolviret hat eine Andere Frau zu nehmen und dan doch noch der ersten nicht vergessen kann, daß schwartze anbehalten wirdt mancherley Discursche verursachen. ich flatire mich noch daß der Hertzog darinnen seine Sentimenten ändern wirdt, dar es Ihm ja selbst schimpflich ist, — daß der elfte Hertzog noch dief Trauert gehet noch ehrst hin, dar es seine Frau nicht ist so gestorben ist und auch Keine Andere genommen hat. Glaubte wan daß seine Frau wehre und daß er eine andere genommen hatte, würde er dann auch wohl resolviret haben die Trauer zu endigen. Mons. Gaugrebe kann leicht judiciren, wie mir wirdt zu muthe sein, wann alles in so differ Trauer sehen sollte. Wegen der übrigen Punkte wird er wohl so gut sein und nicht vergessen erinnerung zu buhn, und mir dann partt dar von zu geben, schließe also versichere daß jeder Zeit sein werde wohlaffektionirte Charlotte D. S."

Also in Trauergewändern sollte die in ihre neue Heimath einziehende junge Fürstin empfangen werden! Man braucht nicht abergläubig zu sein, um aus solchen Proceduren auf nachfolgende dunkle Tage und trübselige Momente den Schluß zu ziehen. Und einen schweren Stand hat sie mitunter gehabt, die gute Charlotte Dorothea Sophia, zuerst mit ihrem Herrn Ehegemale, der nicht völlig in die Klasse der fein besaiteten Naturen gezählt werden kann, — und nach dessen Tode mit dem Herrn Schwager, Wilhelm Ernst, der längst gewohnt war, über

Alles in erster und letzter Instanz zu verfügen, und keinerlei
Widerspruch gegen seine Bestimmungen zu dulden, nament=
lich wenn dieser von weiblicher Seite erhoben wurde, er,
der aus dem großen Ehe=Sacke des Baco von Verulam
unter den 99 Aalen die einzige Viper erhascht hatte. Wir
erfahren dieses Alles aus Briefen, welche die treuergebene
Mutter an ihren Stiefsohn schrieb, da dieser 1705 und
1706 auf der Universität, und 1707 und 1708 in Frank=
reich, Belgien und Holland sich befand. Sie hat sich bis
zu dieser Epoche allezeit gut mit ihm vertragen, hat sogar
sorglich seines finanziellen Vortheils sich angenommen, und
ihn von den kleinen Vorkommnissen des täglichen Lebens
in Kenntniß gesetzt, wodurch auch uns die Möglichkeit
gegeben worden, in die Geheimnisse der fürstlichen Kemenate
den einen und andern Blick zu werfen. So schreibt sie
dem Sohne nach Jena im Jahre 1705: „Ew. Liebden
excusse ist mir recht angenehm, daß Ihr Fleiß, so sie im
Studiren haben, sie so lange im schreyben abgehalten hat.
ich hätte sonst bald gedacht, als ob bei Ihnen ganz ver=
gessen wehre, — die Versicherung aber, so Ew. Liebden
in ihrem werdten schreyben duhn, perschwadiren mir ganz
eines andern, — bitte nichts mehres alß mir jeder Zeit
ein wenig amitié vor mir zu conserviren. Wir leben
hier noch à L'ordinaire wie Ew. Liebden bekannt ist.
außer daß Ew. Liebden papa in 4 Tagen nicht auß dem
Bette kommen ist, der apetit ist auch gar schlecht, welches
alles der starke Sect und tabac verursachen. mir ist alß
recht angst darbey und sorge, daß wenn er so continuiret,

es endlich ein übel Ende nehmen muß, es hilft kein abraten und da er doch siehet wie übel er sich darauf findet. Ich habe heute gehört daß Ew. Liebden Gelder wider nicht gezalt worden, wie M. Marschall schreibt, — das gelt ist in gar großer rarität hier und wird doch so vieles eingenommen. Künnffigen Dienstag kommt Grashof her, dan wird Ew. Liebden papa nochmals anfragen lassen wie es darmit zugeth. Glaube aber, der Kantzler wird nicht viel darnach fragen, weil er Herzog Wilhelm Ernst eigenen Befehl nicht nach kombt. ich schließe die ich Zeit lebenß mich nennen werde Ew. Liebden treuergebene mutter und Dienerin Ch. D. S." — — Und weiter am 10. Februar 1706 theilt sie nicht ganz Unähnliches dem Sohne mit: „Daß Ew. Liebden so gütig und mir zu der Gevatterschaft graduliren, auch sich durch dero Wertes schreyben nach meiner gesundheit informiren wollen, dar vor bin Ihnen höchstens aubligiret, — ich bin ein dag etliche sehr stark vom husten incommodiret gewest, daß balt einen bassisten an der Stimme abgeben kann, glaube die schlittenfart ist ville schult daran, — in Gleich Seine Durchlaucht mein Herr sich auch wider incommodiret befunden weil er etwas mehres getrunken wie es wohl wehre nötig gewest, hoffe aber, es sol balt wider sich endern und besser werden, Mons. Marschall wird Ew. Liebden müntlich sagen wie es jetzunt mit Ew. Liebden papa ist. wormit schließe die ich alle Zeit sein werde Ew. Liebden getreue mutter und Dienerin Charl. Dor. Sophia." — Also ein fürstlicher Gemahl, der vom Krankenbett nur aufsteht, um durch

eigne Schuld sofort wieder dahin zurückgebracht zu werden,
— ein regierender Herr Schwager, der wie es scheint,
mit großer Konsequenz die Sparsamkeit nach allen Seiten
durchführte — ein Kanzler der vorzugsweise nach eignem
Ermessen verfuhr und die ihm gegebenen Befehle nur in
so weit respektirte als sie mit seinen Absichten in Einklang
zu bringen waren, — das gewährt einen Einblick in
Lebensverhältnisse, die wahrlich nicht zu den beneidens=
werthen gezählt werden können.

Für den jungen Prinzen aber schöpfen wir daraus
die Ueberzeugung daß er niemals gänzlich der Mutterliebe
entbehrte, und daß auch auf sein junges Leben die Strahlen
dieser belebenden Kraft gefallen sind. Auch an Ermah=
nungen zur Frömmigkeit und zu einem gottgefälligen
Wandel wird es nicht gefehlt haben. War doch der gestrenge
Herr Oheim Wilhelm Ernst ein Muster von Zucht und
Ehrbarkeit, der nie einen Gottesdienst versäumte, und sich
bereits in seinem 9. Lebensjahre den ehrenvollen Bei=
namen des Durchlauchtigsten Predigers erworben
hatte, weil er damals in dem großen Saale seines väter=
lichen Schlosses, der Wilhelmsburg in Weimar, eine Predigt
gehalten hatte über den Text Apostelgeschichte 16, 31.*)
Aber selbst diese Religions=Uebungen scheinen der Herzogin
nicht genügt zu haben. Denn als der Prinz Ernst August
im Herbste des Jahres 1706 die Universität Jena ver=

---

*) (16, 31. Sie sprachen: Glaube an den Herrn Jesum
Christum, so wirst du und dein Haus selig!)

laſſen und ſich auf Reiſen begeben hatte, ſchrieb ſie ihm am 15. September von den Schrecfniſſen, die über Stadt und Land verbreitet worden waren durch den unver= mutheten Einfall des Königs Karl XII. von Schweden, welcher auf dieſe Art bekanntlich den Kurfürſten Auguſt den Starfen zwang im Frieden von Altranſtädt der Polniſchen Krone zu entſagen und den neugewählten König Stanislas Leczinski anzuerkennen. Sie erzählt dem Sohne von der Angſt die man vor den Schweden habe, und daß der Hofmarſchall Reinbaben an den König geſandt worden ſei, um eine Salvegarde für das Land zu erbitten: „Es iſt auch viel Schrecfen der nicht auszuſprechen iſt. Von Weiſſenfelz hat die Herrſchaft ſchon alles weggeſchafft. Weimer iſt ſo vol flüchtlingen daß die fictualien woll ſollen anfangen deuer zu werden. Gott fan Alles zum Beſten wenden wan wir Ihn nur fleiſſig anrufen, welches ich hoffe, Ew. Liebben auch duhn werden, ſie wiſſen wol wie man hier ſo ſchläfferig darinnen iſt und daß ſo gar kein guter ſchein noch wie a Lordinaire gegeben wirbt, daß auch glaube, die ſtraſſe des Krieges deswegen uns auch betreffen wirbt, wan wir nicht in die rute fallen, alßo hoffe Ew. Liebben werden nicht ermangeln Gott fleißig anzuruffen, auf daß vielleicht umb der unſchuldigen willen der allerhöchſte ſeine ſtraſſe endern wolle. Hertzog Wilhelm Ernſt hat wider ſeine alte incommoditet glaube von Schrecfen gehabt. Ew. Liebben papa iſt heute ausgefaren, licht ſonſt noch con= tinuirlich im bet, ſonſt fan von hier nichts neues ſagen.“

So stellt sich für uns aus diesen wenigen Zügen
ein Bild zusammen, welches die Kindheit und Jugend des
Prinzen zwar nicht im glänzenden Schmucke gesättigter
Farben, aber doch in einigen kräftig markirten Umrissen
uns vor Augen führt. Der Herzog Wilhelm Ernst hält
in fester Hand die Zügel des Regiments, sorgt für Handel
und Gewerbe durch Aufrechthaltung der öffentlichen Sicher=
heit, Einrichtung einer fahrenden Post und Austheilung ver=
schiedener Stadt= und Jahrmarkts=Privilegien, — stellt sein
Contingent zur Reichsarmee im Kriege gegen Ludwig XIV.,
ohne dadurch die schauderhafte Verwüstung der Pfalz und
die Zerstörung des Heidelberger Schlosses hindern zu können,
— erholt sich dann durch die Besitznahme der Jenaischen
Erbportion, — führt in Folge des Beschlusses des Regens=
burger Reichstags von 1699, mit dem 1. März 1700
den neuen Gregorianischen Kalender ein, indem er dieses
Datum unmittelbar auf den 13. Februar folgen ließ, —
und trug sich schon in seinem Innern mit manchen Plänen
für Erbauung neuer Kirchen und Vermehrung und Ver=
besserung der Schulanstalten, zu welchem Ende dann
während der Jugendjahre Ernst Augusts eine ängstliche
Genauigkeit in allen finanziellen Fragen vorherrschend
gewesen sein mag. Einstweilen aber fand doch der Herzog
gerathener mit der Erbauung des Jagdschlosses zu Etters=
burg voranzugehen, wozu ihn möglicherweise das Beispiel
seiner Frau Schwägerin gereizt hatte, die in den Jahren
1702—1704 das sogenannte gelbe Schloß vollständig neu
hatte bauen lassen. Das mag ein Auskunftsmittel gewesen

sein, ersonnen von der sorgsamen Gattin, um dem Gemahl ebensowohl eine Beschäftigung darzubieten, als auch um ihn mit der Familie vielleicht in einer dem mitregierenden Herzog würdigeren Wohnung zu sehen, als das seither bewohnte rothe Schloß gewähren mochte; — die Wilhelms= burg konnte als Residenz des ältern Bruders nicht lockend erscheinen, indem mit diesem manche widerwärtige Streitig= keiten durchzukämpfen waren. Denn obschon nach der gemeinschaftlich empfangenen Huldigung im Jahre 1683 ein Vertrag die gegenseitigen Rechte und Beziehungen der beiden Brüder geregelt hatte, und demzufolge u. a. alle Verordnungen im Namen der beiden Herzoge erlassen wurden, so liegt doch selbstverständlich in dem Zustande der Doppelregierung so hinlänglicher Stoff zu Zank und Hader, daß auch bei weniger verschiedenartigen Indi= vidualitäten an eine Verhütung derselben schwerlich gedacht werden kann. Wie viel erklärlicher daher in dem vor= liegenden Fall, wo der ältere, ernsthafte und nüchterne Bruder in festbestimmter, energischer Weise seines Wegs einherschritt, wenig Rücksicht nehmend auf den schwachen Johann Ernst, der dann den Aerger über so manche unliebsame Erfahrung mit jenen der Gemahlin bedenk= lichen Mitteln zu ersticken suchte. Wir dürfen jedoch hier nicht übersehen, daß im Kreise seiner Familie dem armen Herrn manch bittrer Kelch dargereicht wurde. Unablässig schwang der Todesengel seine Hippe, und eins nach dem andern sah er diejenigen von seiner Seite gerissen, die ihm die nächsten waren. 1686 starb der älteste Sohn

Johann Wilhelm, nicht gar lange nach der Geburt; 1690 die Tochter Eleonore Christiane und 1691 die Tochter Johanna Auguste, beide im jugendlichsten Alter. 1694 verlor er die Gemahlin. 1696 den ersten Sohn zweiter Ehe, Carl Friedrich; 1701 die kaum geborne Tochter Christiane Sophie, und 1704 die siebenjährige Marie Louise. Es gehört nicht grade eine übermäßige Empfind=samkeit dazu, um durch solche Erfahrungen seinen Lebens=muth geknickt zu fühlen.

Unter diesen Familien-Zuständen mögen die ersten Lebensjahre unsers Prinzen nicht sehr heiter verflossen sein. Die von der Natur ihm bestimmten Jugendgespielen werden ihm geraubt, und von andern Altersgenossen ver=nehmen wir erst, als er sich auf Reisen begiebt und ihn der Bruder seiner Stiefmutter, der Prinz Casimir von Hessen=Homburg begleitet. Dieser war fast von gleichem Alter mit Ernst August, nur zwei Jahre jünger; die Schwester nahm sich seiner und der jüngern Brüder mit rührender Liebe an; nach dem Tode ihres einzigen Sohnes 1715 veranlaßte sie dieselben ihren beständigen Wohnsitz in Weimar aufzuschlagen.

Vergegenwärtigen wir uns die Lokalitäten, innerhalb deren das junge Leben sich abspann, so haben wir vor uns die im Jahre 1654 neuerbaute Wilhelmsburg, ein stattliches Gebäude, von der Umgebung durch einen Graben geschieden, über den hinweg auf Pfeilern der sogenannte rothe Gang in das rothe Schloß führte. Der jetzige Paradeplatz vor dem Reithause war ein Teich, seit 1646

durch eine Kanalschleuse mit der Ilm verbunden, und der
Schauplatz nautischer Vergnügungen der fürstlichen Herrn.
Das grüne Schloß, die jetzige Bibliothek, war damals
unbewohnt; es hatte nur die traurige Bestimmung erhalten,
die Ausstellung der Leichen Johann Ernst's 1707, sowie
früher dessen ersten Gemahlin 1694, in seinen Räumen
geschehen zu lassen. Sein Aeußeres aber mag damals
fast vortheilhafter ausgesehen haben als heutigen Tags;
denn zierliche und schlanke Thürmchen, buntbemalte Giebel
und Arkaden, gewährten dem Ganzen einen heitern Charakter. Sehr viel mußte dazu der Lustgarten beitragen,
der, mit Steinbrüstung umfriedet, sich über den ganzen
Fürstenplatz und den von dem jetzigen Fürstenhause und
dessen Garten eingenommenen Raum erstreckte, zierlich in
Blumenbeete abgetheilt war, und in der Mitte eine Wasser-
kunst enthielt die in mehreren Etagen sich verjüngend
erhob und mit Statuen geschmückt war. Um so mehr
stach nun aber das Innere der Stadt ab; der Markt und
die Straßen waren nur nothdürftig gepflastert, und theil-
weise durchlief ein offener Bach ihre Richtung. Von den
niedrigen Häusern war ein Theil von Holz und Lehm
gebaut, nur wenige größere Gebäude traten als bemerkenswerth hervor, wie das Rathhaus, das jetzige Stadthaus,
einige Ritterhäuser, und die Peter- und Paulskirche. Das
jetzige Zuchthaus ward erst 1713 erbaut, aber daneben
stand der Lützelburger Hof; der ganze Carlsplatz bildete
einen großen Teich am Stadtwalle; die verfallne Jacobs-
kirche ward 1712 ganz niedergerissen und neu aufgebaut;

von den vier Thoren war das Frauenthor das stattlichste,
dessen Thurm an der Esplanade stand, und mit vier ver=
schiedenen Spitzen ausstaffirt war. Wo der Besucher sich
jetzt des Parks und seiner Annehmlichkeiten erfreut, war
freies Ackerland mit Wiesen untermischt; nur in der Nach=
barschaft der jetzigen Ackerwand zog sich der sogenannte
welsche Garten hin, über den jetzigen Alexanderplatz und
den daneben liegenden Theil der Anlagen, auf welchem
seit 1650 die sogenannte Schnecke erbaut war, ein hoher
Bau mit schneckenförmiger Treppe und einer Plattform,
auf welcher dann und wann von den regierenden Herren
offene Tafel gehalten wurde.

Wie es mit dem Unterricht des Prinzen beschaffen
gewesen, darüber lassen sich nur Vermuthungen hegen, die
nicht zu Ungunsten desselben auslaufen. Denn wohl mag
als sicher angenommen werden, daß ein so gestrenger und
würdiger Herr wie Herzog Wilhelm Ernst, der, leider zu
spät für den Unterricht dieses Neffen, den berühmten Jo=
hann Matthias Gesner als Konrektor an sein neu gebautes
und neu dotirtes Gymnasium berief, sein besonderes Augen=
merk darauf gerichtet haben werde, daß der dereinstige Re=
gierungs=Nachfolger neben den ritterlichen Uebungen auch
die geistigen Exercitia nicht verabsäume. Und daß die Frau
Herzogin Stiefmutter es an gut gemeinten und eindring=
lichen Ermahnungen nicht habe fehlen lassen, dürfen wir
aus den Bruchstücken ihrer Briefe an den Sohn mit
größter Sicherheit schließen. Ob nun der wohlgelahrte
und durch eigenthümlich komische Programme sich aus=

zeichnende Rektor Philipp Grosgebauer den Unterricht
leitete, oder ob von andern weniger hervortretenden Lehrern
das Beste gethan ward, immerhin ist es nicht zu über=
sehen, daß der junge Prinz schon in seinem 14. Jahre für reif
erachtet wurde die Universität zu beziehen, wie wir aus
nachstehendem Schreiben des, ein Jahr früher in Königs=
berg gekrönten ersten Preußischen Königs, Friedrich I. an den
Herzog Johann Ernst erfahren: „Wir haben aus Ew. Liebden
freundvetterlichem Schreiben de dato Weymar den 7. No=
vember jüngsthin vernommen wasgestalt und warumb die=
selbe entschloßen dero ältesten Printzen Liebden zu Unserer
Universität nach Halle zu verschicken, und was Sie deshalb
an Uns gelangen lassen wollen; Wie Uns nun solches
gar angenehm ist: Also haben Wir auch sofort Vorsehung
gethan, das gedachtem Printzen wehrender Zeit die Er zu
Halle sein wirdt, alle geziemende Ehre, respect und ver=
langte Willfährigkeit allda erwiesen werden solle, nichts
mehr wünschend als daß er von solchem Seinen sejour
wohl profitiren und Ew. Liebden alles Selbst verlangte
Vergnügen deshalb zu nehmen Ursach haben mögen. Dero
Wir übrigens zu erweisung angenehmer freundschaft stets
geflißen verbleiben. Geben zu Cölln an der Spree, den
20. Novemb. 1702 Friderich R.“ —

Daß die Wahl unter den verschiedenen Universitäten
auf Halle fiel, gereicht denen, die diese Bestimmung zu
treffen hatten, zu nicht geringer Ehre. Noch waren keine
zehn Jahre verflossen seitdem die Universität daselbst ge=
stiftet worden. Die übermüthig gewordene Unduldsamkeit

der in Leipzig den Ton angebenden Orthodoxen hatte 1690
den großen juristischen Reformator Christian Thomasius
aus seinem dortigen Lehrstuhl zu verdrängen vermocht.
Der am Hofe zu Berlin mächtig wirkende Geist der Kur-
fürstin Sophie Charlotte, geleitet und gehoben durch Männer wie Leibnitz, erkannte den Gewinn der hier zu machen
war. Thomasius erhielt in der Ritterakademie zu Halle
einen Hörsaal, und eröffnete daselbst in deutscher Sprache,
der Erste der dies wagte, seine Vorlesungen über Logik,
Moral, Naturrecht u. s. w. vor den zahlreich sich einfin-
denden Zuhörern. Das war der Anfang der Universität
Halle, welche im Jahre 1694 als solche definitiv gegründet
wurde, und sich bald als ein Sitz edler Geistesfreiheit
dokumentirte, wie er seit langer Zeit vergebens in Deutschland gesucht worden war. Durch die Berufung von August
Hermann Franke und andern geistesverwandten Männern
überragte die junge Hochschule bald alle ältern Schwestern
an wissenschaftlicher Bedeutung.*)

Daß unser fürstlicher Student die Zeit seines Aufenthalts in Halle mit nachhaltigem Nutzen verwendet, dürfen
wir aus verschiedenen Andeutungen mit Fug und Recht
schließen. Denn er erwarb sich dort die persönliche Theilnahme mehrerer der vorzüglichsten Lehrer, unter denen er
selbst den berühmten Johann Franz Buddeus wegen seiner
Klarheit und Deutlichkeit besonders bevorzugte, weshalb

---

*) Vergl. Hettner, Literaturgeschichte des 18. Jahrhunderts,
Th. III B. 1. S. 101 ff.

der Gedanke nahe liegt, daß er der spätern Berufung dieses Professors nach Jena nicht fern gestanden habe. Auch war ihm namentlich August Hermann Franke aufrichtig zugethan; ein Brief desselben an den Fürsten, als dieser zwanzig Jahre später am Sarge seiner Gemahlin stand, giebt davon redendes Zeugniß. Und als er von Halle aus nach Jena übersiedelte, wo er bei seiner Ankunft am 13. Mai 1705 durch einen „Glückes-Zuruf" von Christian Friedrich von Milckau empfangen wurde, hielt es der damalige Decanus Jo. Caspar Posnerus für unerläßlich, solch freudiges Ereigniß durch eine oratio panegyrica am Sonntage Exaudi festlich zu bezeichnen; in der desfalsigen Anzeige finden wir nachfolgende Stelle: Illud vero sine omnium praedicatione ac laude praetermitti non debet, in illustri nuper Halensium Academia, florem eruditorum, in formando ac profuturis scientiis imbuendo Ejus ingenio, eo laborasse successu, ut talem Ipsum appareret futurum, qualem omnes sperarent. Ceterum eodem sapientiae instituto, eodem felicitatis omine atque augurio, Salanae Nostrae novissime ingressus est spatia, Musasque istas, propiori longe devotionis vinculo suas, in florentissima hac ipsarum sede invisit; quo vicissim a tanti Principis veluti solis exortu, haud vulgarem spem atque solatium, et quandam quasi laetitiam diei recipiunt.

Was hiervon auf Rechnung des sonnengleich strahlenden Musensohnes, was etwa auf die des dereinstigen Regenten zu stellen sein dürfte, wird uns allerdings immer etwas unklar bleiben.

In unmittelbarem Anschluß an die Studienzeit ward Ernst August auf größere Reisen gesandt. Schon im September 1706 finden wir ihn in Brüssel, wo er in Begleitung des Prinzen Casimir von Hessen wesentlich der Uebung in der französischen Sprache obliegen sollte.

Es sah bunt genug aus in der Welt in die der acht-zehnjährige Prinz hinaustrat. Die heimathlichen Gauen Thüringens waren bedroht von der hereinbrechenden Fluth Schwedischer Kriegsschaaren, mit denen der abenteuerliche König Karl XII. das Kurfürstenthum Sachsen überzog; und während des ganzen Winters 1706 auf 1707 gehör-ten Schwedische und Polnische Truppen in Weimar und Umgegend zu den häufig wiederkehrenden Gästen.

In den Niederlanden aber, denen sich der junge Rei-sende zugewandt hatte, spielten die wirkungsvollsten Scenen des Spanischen Erbfolgekriegs. Erst im Mai desselben Jahres 1706 hatte Marlborough bei Ramillies das ganze französische Rheinheer unter dem Marschall von Villeroi total vernichtet, und hieburch ganz Brabant, das Spani-sche Flandern und Hennegau wieder unter die Botmäßig-keit des Hauses Oesterreich gebracht. Und während unser Prinz in Brüssel weilte, stürmte Eugen von Savoyen mit deutschen Truppen die französischen Belagerungsschanzen vor Turin, und säuberte damit fast ganz Italien von den Franzosen.

Ob diese Zeit die richtige war, um dem alt gewor-

denen Ludwig XIV., auf den jetzt Schlag auf Schlag die
Unglücksfälle eindrangen, in Versailles die Aufwartung zu
machen, dürfte zweifelhaft erscheinen. Es gehörte jedoch
einmal zu der Erziehung eines jungen Prinzen, einige
Zeit im Glanze jenes Hofes sich zu sonnen. Ueber die
Reise selbst und den Aufenthalt in Paris besitzen wir
keine Mittheilungen aus Briefen oder Tagebüchern der
Reisenden; nur die Schreiben sind erhalten, in welchen
die treue Stiefmutter Bericht ertheilt von dem was in
der Familie und der Heimath sich zugetragen, und nur
aus vereinzelten Andeutungen entnehmen wir oberflächliche
Kenntniß von den Begegnungen und verschiedenen Aufent=
haltsstationen der Prinzen. So erfahren wir beiläufig
daß die persönliche Vorstellung bei Ludwig XIV. nicht so
leicht zu erreichen war, wie ähnliches in unsern Tagen der
Fall sein mag; es bedurfte dazu für unsere beiden Prin=
zen der besondern Protektion der Herzogin Elisabeth Char=
lotte von Orleans, geb. Prinzessin von der Pfalz, jener
interessanten Erscheinung von edelster Natürlichkeit, die
weibliche Herzensgüte mit männlicher Charakterstärke, reine
Gesinnung mit derbem Humor und witzigem Freimuth
inmitten einer mehr als zweideutigen Hofgesellschaft ener=
gisch bewahrte, und in ihren mit origineller Laune geschrie=
benen Briefen uns den anziehendsten Beitrag zur Charak=
teristik der damaligen Periode hinterlassen hat.

Während nun der junge Prinz es sich in Paris
wohl gefallen ließ, so daß die gute Mutter Sorge trug,
er werde sich nicht wieder in der Weimar'schen Solitude

gewohnen können, sie wolle aber suchen allerhand Verän=
derungen zu machen, der neue Saal sei bald fertig, so
daß nach der glücklichen retur Ball darin gehalten werden
könne, — während dieses ganzen Winters sah es trüb=
selig genug aus in Weimar und in dem väterlichen Schlosse.
Die Schweden lagerten noch immer in der Nachbarschaft, und
der Herzog Johann Ernst konnte seit Neujahr das Bett nicht
mehr verlassen und verfiel in eine langsame Abzehrung.
Die Herzogin war selbst eine Zeit lang unpaß, aus Angst
wegen ihres Herrn, und hatte überhaupt „vielen chagrin,
so daß sie nicht wußte was anfangen!" Der Herzog Wil=
helm Ernst bezeigte schlechte brüderliche Liebe; er hatte wäh=
rend der ganzen Zeit wo sein Bruder krank lag nicht einmal
nach diesen fragen lassen, und die Schwägerin argumen=
tirte daraus nichts Gutes für die Zukunft. Sie hatte
ihre Hoffnung auf das Frühjahr gesetzt, und auf das
schöne Wetter, welches einen günstigen Einfluß auf die
Besserung ihres Herrn herbeiführen werde; aber als der
Frühling gekommen war, und mit ihm die ersten Tages=
stunden des 10. Juni aufleuchteten, da saß die Fürstin
vor einem schwarzgeränderten Briefe, in welchem sie dem
Sohne folgendes gemeldet: „Durchlauchtigster Prinz, sehr
werther Sohn. Nachdem der allerhöchste Gott nach seinen
Alweißen rath gefallen meinen hertz gelibten Herrn heut
morgens Klocke 4 auß dieser sterblichkeit zu sich in die
ewige Freude zu nehmen auch nun dardurch mich in den
betrübten wittwenstand gesetzet und Ew. Liebden und dero
Geschwister zu weißen gemacht hat, finde mich alßo aubligirt

Ew. Liebden von dießen betrübten Dodesfall part zu geben, da bey auch mit betrübten Gemüt zu berichten daß so gleich in den moment da Ew. Liebden Herr Vatter verschiden Hertzog Wilhelm Ernst durch seyne Bebiente alles versigeln laßen, auch von allen bebinten meines Seeligen Herrn den Hantschlag nehmen laßen, umb sich auf dieße Weyße in der possession der Vormuntschafft zu setzen, weil nun von dero Herrn Vatter 3 schreyben habe, eins nach Goota, daß andere nach Zerbst Ew. Liebden und dero schwester Vormuntschafft betreffent, das dritte an mich selbst meines Sohnes Vormuntschafft betreffent, erwarte alßo mit ehrsten von Ew. Liebden dero ressolution, wie ich mich hierinnen mit beiden ehrsten schreyben verhalten sol, wormit Ew. Liebden in Gottes schutz befehle und Gott bitte Ew. Liebden mit kräfftigen Trost zu assistiren, ich werde bis an mein Grab seyn Ew. Liebden treu ergebene Mutter und Dienerin."

Der Herzog Wilhelm Ernst hatte doch wohl nicht ganz Unrecht, jedem Versuch von Anfang an kräftig entgegen zu treten, der darauf abzielte, einen fremden Fürsten als Vormund des jugendlichen Mitregenten einzuschwärzen. Im Plane mußte das lange gelegen haben, das beweisen die Schreiben welche Johann Ernst in Betreff der Vormundschaft hinterließ; demnach ist auch leicht zu vermuthen, daß das Geheimniß nicht ganz unverletzt blieb, und aus dem gelben Schloße mehr davon nach der Wilhelmsburg hinübergeflattert war, als der Herzogin-Wittwe angenehm sein konnte. Aber in der Form hätte der Herr

Schwager wohl milder sein können. War es schon mehr
als auffallend daß er während der monatelangen Krank=
heit seines Bruders ihn nicht besuchte, ja, nicht einmal
nach seinem Befinden sich erkundigte, so war es wiederum
eine eben so nutzlose Maßregel, daß er wenige Tage nach
dem Tode Johann Ernst's das tägliche Trauergeläut inhi=
birte und solches nur einen um den andern Tag gestattete.
Die Herzogin=Wittwe „hatte davon, wie sie schreibt, einen
Schrecken, den sie so bald nicht überwinden konnte, da es
nur darauf abgesehen war sie zu ärgern und ihren seeli=
gen Herrn auf alle Weise zu beschimpfen." Man wandte
zwar vor, daß nach einem alten Receß verfahren werde;
da jedoch bei den verschiedenen vorhergegangenen Sterbe=
fällen sowohl der ersten Gemahlin Johann Ernst's wie
seiner mehreren Kinder das Trauerläuten jeden Tag zur
bestimmten Stunde erklungen war, so konnte sich die Her=
zogin von der Gültigkeit des Recesses und der Stichhaltig=
keit des Vorwandes nicht überzeugen. Wilhelm Ernst ließ
sich jedoch durch keine Klagen und Beschwerden von dem
Wege abbringen den er eingeschlagen hatte, um sich die
alleinige Vormundschaft über seinen Neffen zu sichern.
Viele leidenschaftliche Briefe der verwittweten Herzogin
flogen noch nach Paris und Brüssel, und alle verfolgten
den alleinigen Zweck, den Stiefsohn dahin zu bestimmen
daß er die. Hülfe und Unterstützung des Herzogs von
Gotha und des Fürsten von Zerbst anrufen möge, die
Beide als Vormünder im Testament bestätigt seien. Allein
der junge Prinz war entweder selbst einsichtig genug die

Form vom Wesen zu unterscheiden, oder er befolgte die zweckmäßigen Rathschläge seiner Begleiter; genug, er wandte sich zwar schriftlich an die denominirten Mitvormünder, aber nur um sie zu bitten, sie möchten seinen Herrn Oheim menagiren und seine Frau Mutter auf andere Gedanken bringen. Diesem Ansuchen ward von jener Seite rasch entsprochen, und schon im August erschien ein Gesandter von Gotha und Zerbst in Weimar, welcher die Herzogin-Wittwe zu einem Vergleiche vermochte, den diese unter vorbehaltener Genehmigung ihres Herrn Vaters, des Landgrafen von Cassel, annahm, wesentlich bewogen durch die Ueberzeugung, daß sie bei Weiterführung dieses Streits auf die Unterstützung des in erster Reihe interessir= ten Stiefsohns nicht rechnen könne. Und somit blieb Wilhelm Ernst alleiniger Vormund.

Seinen Einfluß als solcher verwandte er sofort da= hin, den Neffen zu bestimmen, daß er nicht direkt von Paris über Brüssel nach Haus zurückkehre, sondern den folgenden Winter die Universität Utrecht besuche. Und so war das Jahr 1708 bereits herangekommen, als Ernst August seine heimathlichen Penaten wieder begrüßte.

Das Leben, welches nun für ihn begann, war reich an unangenehmen Aufregungen aller Art, deren Grund zum Theil in den gegebenen Verhältnissen, zum Theil aber auch wohl im Charakter des jungen, heftigen Prin= zen lag. Das früher bestandene gute Einvernehmen mit der Stiefmutter war durch die Vorgänge seit dem Tode des Vaters wesentlich beeinträchtigt; die Herzogin stand nunmehr nicht blos ihrem Schwager sondern auch ihrem Stiefsohne in gereizter Stimmung gegenüber. Mit letzterem war sie bald in mehrfachen Streitigkeiten verwickelt, welche theils die Verlassenschaft ihres Gemahls (1708) theils die Zinsen ihres Witthum-Amts Großbrembach (1712) betrafen. Von Seiten der Fürstlichen Höfe zu Dresden, Cassel, Darmstadt und Gotha geschahen wiederholt Schritte um diese Zwistigkeiten auszugleichen. Da jedoch mehrere andere Irrungen im Lauf der folgenden Jahre entstanden, wie z. B. im Jahre 1712 wegen der Küche und der Kellerei, 1713 wegen der Berufung des Geistlichen im Witthum-Amte Harbisleben, 1714 wegen des Gerichtsstandes der Witthum-Bedienten, 1715 wegen der Verlassenschaft des Prinzen Johann Ernst*), 1716 wegen der Wohnung im rothen Schloß, — so sah sich die Herzogin-Wittwe veranlaßt, das Reichs-Kammergericht anzurufen, wodurch Ernst August in einen kostspieligen Proceß verwickelt ward. Der Vermittlung des Herzoglichen Hofes zu Gotha gelang es, diese Streitigkeiten beizulegen, und unter dem 23. Mai 1718 einen Receß zu Stande zu bringen, in welchem obige Irrungen größtentheils zu Gunsten der Herzogin ihrem Ende zugeführt wurden.

Obgleich nun, nach diesem Vertrage alle Mißhelligkeiten gehoben sein sollten, so hatte sich doch das Mißtrauen so sehr der Gemüther bemächtigt, daß selbst kleine Neckereien, wenn auch nur der Dienerschaft, schon Be-

---

*) Stiefbruder von Ernst August, geb. 1696, gest. 1715.

schwerden von einer oder der andern Seite erregten, welche vielleicht bis zum Tode der Herzogin (1738) fortdauerten. Denn Letztere machte ganz im Geheimen zu Harbisleben am 13. Mai 1727 ihr Testament, in welchem sie ihre Schwester Eleonore*), und ihre Bruderskinder Friedrich Carl und Ulrike Sophie**) zu Erben einsetzte. Obgleich der Herzog Ernst August von dem Inhalte dieses Testaments erst nach dem Tode der Herzogin Kenntniß erhielt, so muß er doch eine, seinem Interesse zuwider laufende Disposition geargwohnt haben, denn er erließ am 1. Mai 1736 insgeheim an die Landesregierung in Weimar ein Rescript, worin anbefohlen ward: den Arzt der Herzogin Mutter, Leibmedicus Dr. Müller zu vereiden, daß er von deren herannahendem hohen Todesfall schleunige Nachricht ertheile, denjenigen, welcher von Seiten des Fürstlichen Hauses Hessen von dem Nachlasse Posseß ergreifen wolle, in Verhaft zu nehmen, und den Witthums-Hofmeister von Münchhausen so wie der Herzogin Secretär Lauhn nach erfolgtem hohen Todesfall in Arrest zu bringen.

Aus diesem allen geht klar hervor, daß der angeführte Vertrag nichts weniger als eine vollkommene Aussöhnung bewirkt hatte. Daß in dieser Beziehung mancherlei Schuld auf Seiten Ernst August's ruhte, darf ebenfalls angenom-

---

*) Prinzessin Eleonore Margarethe von Hessen-Homburg, geb. 23. Sept. 1679, Dechantin zu Herford, gest. 24. Dec. 1763.
**) Kinder des Prinzen Kasimir Wilhelm von Hessen-Homburg, geb. 23. März 1690.

men werden; so z. B. in Betreff der Wohnungs-Verhält-
nisse. Die Witthums-Wohnung der Herzogin war im
rothen Schlosse*); allein Ernst August der darin ebenfalls residirte, wünschte es nach seiner Verheirathung im
Jahre 1716 allein zu bewohnen, und stellte daher der
Herzogin-Wittwe die Alternative entweder das grüne oder
Gartenschloß**) zu beziehen, oder sich mit einem jährlichen
Miethzins von 400 Thlr. abfinden zu lassen. Wäre nun
ihre Wahl vorzugsweise auf jenes grüne Schloß gefallen,
so hätte sich dennoch die Absicht, ihre Residenz dorthin zu
verlegen, nicht ausführen lassen, denn dasselbe war nur
von der Seite des Gartens***) zugänglich, letzterer aber
ward von Ernst August verschlossen gehalten. So zog
denn die Herzogin vor auf die ihr angewiesene Wohnung
gegen den jährlichen Miethzins zu verzichten, und bezog lieber
ihr eignes Haus, das gelbe Schloß, welches sie 1702—4 erbaut hatte. Dort residirte sie im Winter, während sie
den Sommer in dem Witthumsschloß zu Harbisleben ver-
lebte, oder sich auch nach Großbrembach begab, wo sie das
sogenannte Fischhaus vergrößern ließ, welches jedoch in
spätern Zeiten ganz abgetragen wurde.†)

---

*) Das jetzige Ministerium des Cultus.

**) Die jetzige Bibliothek. S. oben S. 23.

***) Jetzt der Fürstenplatz.

†) Die Herzogin scheint in den letzten Jahren ihres Lebens
Weimar wegen zunehmender Kränklichkeit nicht verlassen zu haben,
wenigstens findet sich keine Spur in den fast 200 Bände starken, die

Ein Jahr nach der Rückkehr von seinen Reisen, im April 1709, ward Ernst August mit zurückgelegtem 21sten Jahre volljährig und in Folge dessen von Wilhelm Ernst zum Mitregenten ernannt, dem von jetzt an zwar der hausgesetzlich bestimmte Antheil an den Einkünften, aber möglichst wenig von der Regierungsgewalt zufloß. Der Herzog Wilhelm Ernst war damals 47 Jahr alt und hatte seit 26 Jahren die Regierung geführt. Hatte schon die Gemeinschaft der Regierung, oder richtiger das Principat, die Behauptung der eigentlich ausübenden Macht und Gewalt, mit Johann Ernst III. zu manchen verdrießlichen Zwistigkeiten Veranlassung gegeben, so fehlte doch diesem die Energie, um gegen den begabteren Bruder sich behaupten zu können, und die Folge davon war blos, daß der jüngere Herzog sich mißmuthig zurückzog und seinen

---

Herzogin Wittwe und ihren Nachlaß betreffenden Akten. Sie starb nach achttägigem Krankenlager in ihrem Schloß zu Weimar, am 29. August 1738 Abends 9 Uhr, und ward am 1. September Abends nach 10 Uhr in dem Churfürstlichen Begräbniß der Stadtkirche feierlichst beigesetzt, obgleich sie den Wunsch ausgesprochen hatte an der Seite ihres Gemahls in der Fürstlichen Gruft der Hofkirche zu ruhen. Herzog Ernst August ließ nach ihrem Ableben den Witthums-Secretär Lauhn mit Stadtarrest belegen, ein Schicksal welchem der Hofmeister von Münchhausen durch seine zufällige Abwesenheit in Erfurt entging. Der Nachlaß der Herzogin ward von Notar und Zeugen inventirt und unter Siegel gelegt, worauf mit den fürstlichen Erben von Hessen viele Streitigkeiten entstanden die erst 1777 (unter Carl August) endigten.

Verdruß im Weine zu ertränken suchte. In dem Neffen Ernst August aber erwuchs dem Herzog Wilhelm Ernst ein weit schwierigerer Gegner. Imponirte auch der Jugend des eben erst mündig gewordenen Mitregenten die sichere, abgeschlossene Haltung des pedantisch strengen Oheims, der auf so manche glücklich durchgeführte Staatshandlungen und auf eine Reihe der wohlthätigsten Verordnungen und Einrichtungen mit berechtigtem Selbstgefühl hinweisen konnte, so mußte doch bei dem hellen Geist und der energischen Willenskraft des jungen Fürsten das Gefühl der aufgezwungenen Ohnmacht sich bald stärker geltend machen. Es kann daher nicht Wunder nehmen, wenn das Gängelband des Oheims demselben von Tag zu Tage unerträglicher ward, und er wieder und wieder Versuche machte sich desselben zu entledigen, um so mehr, da das Verfahren des Oheims ihm in direktem Widerspruche mit seinen angeerbten und vertragsmäßigen Rechten zu stehen schien. Schon beim Beginn des J. 1710 hatte sich der Unmuth so gesteigert, daß Ernst August in einer Beschwerdeschrift folgende Punkte namhaft machte, welche gegen die Bestimmungen der verschiedentlichen Haus=Recesse der Jahre 1629, 41, 62, 72, 85 anstießen und deren Abänderung vor allen Dingen zu geschehen habe:

1) Jede Communication zwischen den beiden regierenden Fürsten sei unterblieben.

2) Das Kirchengebet sei trotz geschehener Remonstration geändert worden, und so auch der Kanzleistyl,

der Art, daß in Verordnungen und andern Erlassen der Name des jüngern Fürsten ausgelassen werde.

3) Gemeinschaftliche Diener würden bestellt oder abgesetzt ohne den jüngern Fürsten zu fragen.

4) In die Commun-Cammer geschähen viele unberechtigte Eingriffe.

5) Die Besoldungen und Deputate der Hof-Capelle seien übermäßig erhöhet.

6) Die Strafgelder der besondern Diener Ernst Augusts würden zur Commun-Cammer gezogen, statt an die Particular-Cammer abgegeben zu werden.

7) Die Verpflichtung der gemeinschaftlichen Diener sei unterblieben.

8) Einzelne Particular-Diener des Herzogs Wilhelm Ernst würden aus der Commun-Cammer besoldet.

9) Es sei seit mehr als zwanzig Jahren keine Commun-Cammer-Rechnung zur Examination und Justifikation gebracht worden.

Der junge Fürst hütete sich wohl, diese Beschwerden gegen die Person seines regierenden Herrn Oheims zu richten, bezeugte vielmehr von Anfang an durch alle Streitigkeiten der kommenden Jahre hindurch einen tiefen Respekt gegen denselben. Aber die Räthe und Diener des Herzogs waren ihm verantwortlich für alles vermeintliche Unrecht welches ihm zugefügt würde, und gegen sie ergoß sich die Schale seines wildesten und unversöhnlichen Zornes. Jetzt war es der Geheime Rath und Kanzler von Rappold, der alles Geschehene und Unterlassene zu büßen hatte.

Als bis zum März 1710 auf die obigen Beschwerdepunkte
eine Abhülfe noch nicht geschehen war, ließ Ernst August zu
der Drohung sich hinreißen, er werde den Kanzler erschie=
ßen oder ihn erschießen lassen. Wilhelm Ernst mahnte zur
Ruhe, und erbot sich nach Strenge der Rechte Justiz zu ab=
ministriren, erklärte jedoch zugleich, daß, solange der Kanzler
keines Verbrechens überführt sei, er denselben in nachdrück=
lichen Schutz genommen haben wolle. Ein hierauf folgender
lebhafter Briefwechsel führte zu keiner Verständigung; als
jedoch Ernst August unter dem 4. Juli seinen früheren
Beschwerden eine bittere Klage über unterlassene Communi=
cation wegen einer bevorstehenden Ilmenauer Bergwerks=
Conferenz und Gewerkentages hinzugefügt hatte, ward end=
lich eine Commission von drei Mitgliedern niedergesetzt,
welche die Beschwerden zu untersuchen hatte. Ein Erfolg
hiervon war aber vor der Hand nicht zu bemerken, und
Ernst August ließ sich dadurch zu wiederholten Drohungen
hinreißen, welche zuletzt den Herzog Wilhelm Ernst zu ener=
gischen Maßregeln nöthigten. Wir erfahren sie aus einem
Briefe desselben, der am 23. September an den auf seinem
Jagdschlosse München*) sich befindenden Neffen gerichtet
ist, und worin er ihm erklärt: „daß, wofern Ew. Liebden
Ihre Uebereilung nicht von selbst erkennen und durch hin=
längliche satisfaction selbige redressiren, Ich mein Haupt
nicht sanfte legen will, bis Ich dergleichen wegen der mir
zugefügten äusersten und auf extremiteten hinauslauffende

---

*) Südlich von Weimar bei Taunrode gelegen.

3*

Bekränk= und Beleidigungen von Ew. Liebben vor dem
ganzen Lande erhalten, auch Meine und der unschuldigen
Meinigen resp. fürstliche Ehre, Regierung, wie auch Leben
und Güther in solche zuverläffige Sicherheit gesetzt, damit
sowohl bey meinem Leben als auch nach meinem in Got=
tes Handen stehenden töblichen Hintritt jedes in behöriger
securitaet seyn möge. Und weil nechstdem Ew. Liebben
daß Sie mehrerwehnte Ihre töbliche Trohungen, nachdem
Sie schon alles versucht, zu vollziehen keinen Anstand
nehmen würden, schrifftlich und öffentlich zu declariren
ebenmäßig kein Bedenken tragen, auch allem Ansehen nach
nunmehro nur auf eine dazu bequehme Gelegenheit wartten,
So habe Ew. Liebben davon abzuhalten, Unglück zu ver=
hütten, auch allenfalls mich an jemand erholen zu können,
der beyden geheimen Räthe, Marschall und Mühlpfort
mich zu versichern und selbige gestern Abend in ehrliche
Gewahrsam bringen zu laffen höchst genothdrängt resol-
viren müssen."

Wir lernen hieraus die damaligen speciellen Rath=
geber Ernst August's kennen. Der Geheime Rath Mühl=
pfort war trotz des Widerspruchs des Letzteren vor wenigen
Monaten von Wilhelm Ernst aus dem Dienst entlassen
worden, und diesem daher vielleicht nicht ohne genügenden
Grund sehr verdächtig. Der Geheime Rath Marschall
genannt Greif hatte Ernst August während der Universi=
täts=Jahre und auf seinen frühern Reisen begleitet. Wir
werden ihm in spätern Jahren noch wiederholt begegnen,
jedoch in der entgegengesetzten Rolle des treuesten Dieners

und Ministers von Wilhelm Ernst; als solcher wurde er von dem wüthendsten Hasse Ernst August's verfolgt, der selbst nach dessen Tode noch in manchen Maßnahmen der Regierungsbehörden „Marschallianische Principien" witterte.

Wilhelm Ernst hatte es für räthlich erachtet einen Ausschuß der Landstände herbeizuziehen, welchem die Differenzen zwischen den beiden Fürsten vorgetragen wurden, und der mit dem obigen Briefe vom 23. September nach dem Jagdschloß München abgesandt wurde. Ernst August empfing die Herrn zwar sehr höflich und scheinbar ruhig, ließ sich jedoch auf eine direkte Antwort nicht ein, sondern wollte vorher mit seinen Räthen conferiren. Das Resultat dieser Conferenz war ein öffentliches Patent vom 30. September, in welchem Ernst August feierlichst gegen die Proceduren des Herzogs Wilhelm Ernst protestirte und die Arretirung der beiden Geheimen Räthe für eine offenbare Verletzung der Recesse und Haus=Verträge wie auch Beschimpfung Seiner selbst erklärte. Die eben vorher, am 27. September eingelaufenen vermittelnden Schreiben der fürstlichen Vettern von Eisenach und Gotha erwiederte er in eingehender Weise, und nahm ihre weitere persönliche Vermittlung für sich in Anspruch. Obschon von dieser Seite hierauf anfänglich entgegen gehalten ward, es sei besser nur schriftlich sich an Wilhelm Ernst zu wenden, da bekanntlich es sehr schwer sei, persönlich Zutritt bei demselben zu erhalten, so ward doch von Gotha=Altenburg am 11. October der Hofrath Baron Bachoff von Echt nach

Weimar gesandt, und es gelang am 4. November einen Ausgleich zu Stande zu bringen, der wesentlich folgendes enthielt:

1) Alles Vorgefallene solle der Vergessenheit übergeben werden, die Recesse sollten genau beobachtet, und die Punkte welche Ernst August urgirt, ohne Verzug entschieden werden.

2) Die Beschwerden über den Kanzler von Rappold von Seiten Ernst August's solle dieser binnen drei Monaten beweisen, jenem dann aber jede Vertheidigung frei stehen, und er inzwischen in Amt und Ehren geschützt sein.

3) Die beiden gefangenen Geheimen Räthe werden nach Unterzeichnung eines Versicherungsscheines auf freien Fuß gestellt.

Damit war einstweilen die Ruhe wieder hergestellt, und es blieb auch das Verhältniß äußerlich befriedigend, vielleicht weil Ernst August unter den obwaltenden Verhältnissen es vorzog, sich möglichst oft außerhalb der Stadt Weimar aufzuhalten, vorzugsweise auf dem Jagdschloß München, doch auch hin und wieder in Ilmenau. Er benutzte auch die ihm gegebene Muße, um mit der Außenwelt in persönlicher Berührung zu bleiben. Als Kaiser Joseph I. im April 1711 gestorben war, und sein Bruder, der König Karl III. von Spanien, unter dem Namen Karls VI. zum Römischen König und künftigen Kaiser gewählt, im December desselben Jahres seinen feierlichen Einzug in Frankfurt hielt und dort von dem Kurfürsten von Mainz gekrönt ward, da befand sich auch der Herzog

Ernst August unter den deutschen Fürsten, welche diese
Haupt- und Staats-Aktion durch ihre Gegenwart verherr-
lichten.

Seine Rückkehr nach Haus beschleunigte er nicht grade,
denn wir finden ihn im Januar 1712 in Hildburghausen,
zum Besuch bei dem dortigen Herrn Vetter, und mit verschiedenen Plänen für die Zukunft beschäftigt, wie aus
nachstehendem Schreiben an seine getreuen Räthe hervorgeht:

„Sowohl dem bißher unterschiedlich in Weimar ge-
gehabten Verdruß und die Gelegenheiten zu mehreren
Mißverständniß mit meines Herrn Vetters Gnaden zu
evitiren, als sonsten zu profitiren, bin ich nach Hildburghausen gangen in der intention auch andere Höfe zu
frequentiren. Nachdem aber weder mein Naturell, Constitution nach Einkommen solches dessein zu continuiren,
auch die von des Prinzen von Hildburghausen und andern
angerathene campagne*) nicht vor nützlich angesehen;
So habe mir vorgenommen diesen Winter mich wiederum
nacher Weimar zu begeben, und meinen Staat und equipage wie es mein Stand erfordert, einzurichten und meine
eigene menage zu führen, auch dahin zu sorgen, wie mit

---

*) Es waren die letzten Akte des langjährigen Bündniß-Krieges
gegen Frankreich, in welchem Marlborough und Prinz Eugen ihre
Lorbeern errungen hatten. Grade jetzt, im Januar 1712, wurden in
Utrecht die Verhandlungen eröffnet, welche im April 1713 zum Frieden führten.

und vor der Zeit, ehe mein Bruder durch eine vortheil=
hafte Heyrath mir vorkomme, ich mich vermählen könne.
Wie nun meine Absichten auf die Prinzessin zu Zeitz,
Köthen, Salfeld und Comtesse von Hanau, und ich über
dieses alles getreuen Anrath und Bedenken hierburch er=
fordere, Also stelle auch dero vernünfftigen Ueberlegung
anheim, ob bey angehenden Friedens Tractaten mit einer
engen equipage mich zu Utrecht aufzuhalten rathsam
sey. Zu dem Ende ich zugleich vernehmen will, woburch
solches Vorhaben könnte bestritten und wie meine domes-
tique Angelegenheiten beobachtet werden, und zweiffle
nicht, es werden des Herrn Vetters Gnaden wann Sie
schon von dero eigenen mich nicht secondiren sollten, doch
nicht verhindern, daß die Landstände mit einem erklecklichen
adjuto zu Ausführung ein und andern Vorhabens unter
Armen greifen."

Die Rathgeber des Herzogs versammelten sich zu
Ilmenau am 26. Januar 1712; es waren die beiden
Gebrüder und Geheime Räthe von Marschall genannt
Greif, der Hofrath Alberti und der Geheime Secretär
Müller. Ihr Gutachten fiel nach Ausweis des Sitzungs=
Protokolls folgendermaßen aus:

„1) Bei der campagne müßte der Hauptzweck sein,
sich entweder nur umzusehen, oder dem Kriege zu folgen.
Erstern Falls brauche man nur gleichsam einen Postritt
zu thun, und sey keine besondre equipage nöthig. Krieg
zu verfolgen gehe auch nicht an, weil a) Ihre Durchlaucht
zum künfftigen Landes=Regiment gebohren, denn da wür=

ben Sie in der campagne darzu nichts profitiren; b) Litte es dero Constitution nicht; c) Würden
Ihro Durchlaucht ihre passiones selbst wißen, welche dadurch mehreres angefeuert werden könnten; d) Ermangele
das wichtigste, daß es mit einem Regimente anzufangen,
welches schwer aufzubringen seyn würde, maßen solches
entweder erkaufet oder angeworben werden müßte, so Ihrer
Durchlaucht nicht anzurathen.

2) Nach Weimar sich vorjetzo zurückzubegeben sey bedenklich, weil a) die Ursachen des Weggehens noch dauer-
ten; b) man besorge, es würden neue ja mehrere Ver-
brießlichkeiten entstehen; c) Ihro Durchlaucht sich ungleichen
judiciis unterwerfen würden, wenn Sie Sich sofort wieder
nach Weimar begeben sollten; d) die Landstände aufs
künftige an das adjuto schwer dran gehen würden. Wenn
aber allenfalls Ihro Durchlaucht nicht zu bewegen, von
der Subsistenz zu abstrahiren, so gienge der Anrath
dahin, daß Ihro Durchlaucht des regierenden Herrn Herzogs Gnaden solches umb Glimpfs und guten Vernehmens
willen zu vernehmen geben, und Dero Gedanken sich
darüber ausbitten möchten. Posito, daß Ihro Durchlaucht nicht nach Weimar gingen, so ist überleget worden,
was alsdann zum wenigsten diesen Winter über zu thun.
Eine Reise vorzunehmen, sey die Jahreszeit entgegen, sowohl die Zeit an sich zu kurtz alles dasjenige zu veranstalten was dazu erfordert. Blieben also die Höfe übrig.
An auswärtige Höfe noch zur Zeit zu gehen, finden sich
sehr viele Bedenklichkeiten. Hielt man also dafür, daß

Ihro Durchlaucht diesen Winter über noch ferner zu Hild=
burghausen, weil Sie mit der Herrschaft allda schon be=
kannt weren, subsistiren oder einen andern Hof der Ernesti=
nischen Linie erwehlen könnten.

3) Ob Ihro Durchlaucht anzurathen, eine eigne
menage in Weimar anzustellen? Wollten Ihro Durch=
laucht der oben angeführten trifftigen Gründe ohnerachtet
nach Weimar gehen, so würde zwar zu ihrer Beruhigung
und Erspahrung des mehrern sonst besorgenden Aufgangs
eine eigne menage anzustellen nicht undienlich seyn.
Weiln aber hierbey wohl zu überlegen, wie nicht allein
die Einricht= sondern auch die Fortführung zu bestreiten,
mithin sowohl zu jener Verlag als zu dieser die Noth=
wendigkeiten zu besorgen, so hätten Ihro Durchlaucht vor=
hero wohl zu bedenken, ob der Revenues hierzu hinläng=
lich und wo der Ueberrest allenfalls herzunehmen. Damit
nun man nichts verfehle, sondern Sr. Durchlaucht ge=
wissenhaft alles vorstelle, so könne man nicht verhalten,
daß zur Bestreitung obangeregter Einricht= und Fortsetzung
der eigenen menage, nebst Abgabe, Diener=Besoldung,
Kleidung, Libree wenigstens 12000 Thlr. erfordert werde.
Nachdem nun Sr. Durchlaucht wißend, daß außer dem
wenigen Getrehdigt aus dero Rentkammer zu Ihrem Theil,
wenn anders alles ordentlich einkommt, mehr nicht als
5693 fl. oder aufs höchste 6000 fl. zu heben, die Land=
stände aus oben angeführten Ursachen schwer angehen
würden, ein mehrers als bereits geschehen beyzutragen;
Ueber dieses auch, umb den Segen Gottes beyzubehalten

Ihro Durchlaucht sich zu prüfen hätten, ob Sie über die Nothdurfft eine andere usage machen wollten, besonders da die landschaft zu oneriret, daß die Schulden nicht abgetragen werden könnten, und doch sonst kein ander extraordinaires als die Landschaft zu ergreifen: So würde das meiste auf Ihrer Durchlaucht Ueberlegung und Christfürstlichen Entschluß ankommen. Man würde indeßen als treuen Dienern zukomme, nicht ermangeln alle Occurenzien Ihrer Durchlaucht zu prospiciren zu besorgen, und behöriger Orten unterthänigst Vorstellung zu thun.

4) daß sich Ihre Durchlaucht verheyratheten, were bey denen von Ihnen mündlich angeführten und sonst sich findenden Umständen nicht zu widerrathen, jedoch hätten Ihro Durchlaucht sehr behutsam in der Choisirung der Person zu verfahren, sowohl zu bedenken, ob Sie Sich vor jetzo und durch was vor Beystand sonsten im Stande fänden eine Heyrath aus- und fortzuführen.

5) Zu welcher Person Ihrer Durchlaucht anzurathen? Die Zeitzische Parthie *) fände man zwar, dem vorgegebenen Reichthumb nach, sehr avantageus, weiln aber Ihre Durchlaucht selbst schon viele Bedenklichkeiten, so vor wichtig und

---

*) Prinzessin Dorothea Wilhelmine, geb. 20. März 1691, gest. 19. März 1743; vermählt 27. Sept. 1717 an Wilhelm III. Landgrafen von Hessen-Kassel. Ihr Vater, Moritz Wilhelm von Sachsen-Zeitz regierte von 1681—1718, und mit ihm erlosch diese Linie. Die Mutter Maria Amalia war eine Tochter des Churfürsten Friedrich Wilhelm von Brandenburg und früher Wittwe des Herzogs Carl von Mecklenburg-Güstrow.

erheblich zu halten, darbey fanden, so wollte man davon abstrahiren. Bei Köthen *) weren die avantagen, daß die Prinzeſſin wohl erzogen, und auch die Ausſteuer wie auch das, was ſonſt zu hoffen, wichtig, allein der Stand der Prinzeſſin Frau Mutter dürffte im Wege ſtehen. Die Saalfeldiſche **) iſt wohlerzogen, die übrigen avantagen aber ſind ſchlecht. Bey der Comtesse d' Hanau ***) ſey nichts auszuſetzen. Es käme auch noch die Prinzeſſin Herzog Augusti zu Zörbig †) in consideration, wobey die avantage daß ſie eine einzige Tochter, von der Frau Mut=

*) Die Prinzeſſin Eleonore Wilhelmine von Anhalt= Köthen, geb. 7. Mai 1696, heirathete zwei Jahre ſpäter, 1714, den Herzog Friedrich Erdmann von Sachſen=Merſeburg. Schon nach dreimonat= licher Ehe verwittwet, ward ſie dennoch ſpäter die Gemahlin Ernſt Auguſt's. Ihre Mutter, Giſela Agnes, Wittwe des Fürſten Emanuel Lebrecht von Anhalt=Köthen, war die Tochter des Balthaſar Wilhelm von Rath, und wurde zur Reichsgräfin von Nienburg erhoben. Ihre Kinder wurden für erbfolgefähig erklärt durch Vergleich vom 28. Juni 169⁸ und kaiſerliche Beſtätigung vom 12. März 1699.

**) Prinzeſſin Sophie Wilhelmine von Sachſen Saalfeld, geb. 9. Auguſt 1693, welche ſpäter, 1720, den Fürſten Friedrich Anton von Schwarzburg=Rudolſtadt heirathete.

***) Kann nur die Gräfin Charlotte Chriſtine, geb. 2. Mai 1700, gemeint ſein, obgleich ihr Alter für die jetzt projektirte Heirath noch nicht paßte. Sie heirathete ſpäter den Erbprinzen Ludwig von Heſſen= Darmſtadt, und ſtarb bereits 1726.

†) Prinzeſſin Caroline Auguſte, geb. 10. März 1691, unver= mählt geſt. 23. Sept. 1747, Tochter des Herzogs Auguſt von Sach= ſen=Zörbig (Seitenlinie von S.=Merſeburg); die Mutter, Hedwig, war Tochter des Herzogs Guſtav Adolph von Mecklenburg=Güſtrow.

ter wohlerzogen, der Herr Vater und die Frau Mutter
haußhaltig und die sich durch Geld in guten Stand gesetzet; es sey auch bey dieser Partie noch eine besondere
Erbschaft zu erwarten, zu geschweige der Allianz mit der
Crohne Dennemarck. Bey allen diesen Partien aber sey
erforderlich, daß Ihro Durchlaucht die Prinzeßinnen sehen,
jedoch vor der Zeit der intention an keinem Orte sich
merken ließen.

6) Nach Utrecht zu gehen, were, wenn Ihre Durchlaucht das ferme propo hätten, sich zu ihrem Vortheil
und künfftighin des Landes besten zu occupiren, höchst
rühmlich, nützlich und ersprießlich, alleine, es wollte vor
allem eine Bemeisterung der affecten, gewißes propo,
gute oeconomie und ein gewisser fond, daßelbe zu bestreiten, vornehmlich aber eine tüchtige, sowohl des Hofs
insgemein als des Haußhalts, wie auch der Staaten kun-
bige und unerschrockene Person, welche mit Ihrer Durchlaucht fortgiengen, erfordert werden. Dieses weren aber
Pränota von solcher Wichtigkeit, an deren glücklichen Suc-
cess Ihrer Durchlaucht Heil und Wohlfahrt hange, des
Landes Bestes in Zukunfft, vieler Ursachen wegen, auch
mit darauf ankomme, und dahero von Ihro nochmals zu
überlegen, und wegen Mangel der Zeit einstweile die Besorgung ihrer Nothwendigkeit und Staats, möglich so wie
jetzo zu bedenken."

Aus allen diesen Projekten ward vorläufig gar nichts;
Ernst August kehrte im März 1712 nach Weimar zurück,
und fand dort weniger Veranlassung als früher, sich über

Eigenmächtigkeiten des ältestregierenden Herrn zu beschweren. Wilhelm Ernst betrieb in diesem Jahre den Bau
der Jakobskirche, und im folgenden die Einrichtung des
Zuchthauses, und fand in dieser speciellen Beschäftigung
wohl ein Genüge für seinen thätigen Geist. Der Neffe
aber hielt sich möglichst von der Residenzstadt entfernt,
und pflegte mit Leidenschaft des edlen Waidwerks, hauptsächlich auf dem bevorzugten Münchener Revier. Dabei
kam es dann mitunter zu allerhand Kollisionen, namentlich zwischen den niedern Jagdbeamten, welche die streng
geschiedenen Reviere nicht immer mit äußerster Gewissenhaftigkeit respektiren mochten. Ernst August selbst aber
beschuldigte stets nur den Oberjägermeister von Göchhausen,
gegen den er vielfache Beschwerden bei dem Herrn Oheim
einreichte, ohne daß jedoch ein besonderer Erfolg davon zu
verspüren wäre.

Der Aufenthalt auf dem einsam gelegenen Jagdschlosse,
das rücksichtlose Verfolgen des Hauptzweckes, der Jagd,
bei Sturm und Wetter, durch Thäler und Höhen, trotz
Nacht und Nebel, — die dadurch veranlaßte Regellosigkeit
des täglichen Lebens, wohl zweifelsohne in Verbindung
mit Ausschweifungen bei Tafel und sonst, — alles das
blieb nicht ohne nachtheiligen Einfluß auf die Gesundheit
des jungen Fürsten. Hatten doch seine Räthe, dem eignen
Urtheil Ernst August's völlig beistimmend, seine körperliche
Constitution für ungeeignet erkannt die Strapazen eines
Feldzugs zu ertragen. Jetzt muthete er diesem Körper
nicht weniger zu. Dadurch bereitete er wiederum Sorge

unb Kümmerniß anderer Art für den alternden Oheim, der gar gern je eher je lieber eine Heirath für den jungen Herrn zu Stande gebracht hätte. Der persönliche Verkehr zwischen beiden war aber längst auf das möglich geringste Maß beschränkt worden, und so blieb dem Oheim nur übrig in häufigen Briefen seine Besorgnisse und Rath= schläge dem Neffen ans Herz zu legen. In welch gemüth= voller Weise dies manchmal geschah, geht besonders aus einem Schreiben vom 23. November 1714 hervor: „Nach= dem aus väterlicher, wohlmehnender Vorsorge mich heute Ew. Liebben Zustandes erkundigen lassen, habe ich erfahren müssen, wie sich Selbige anitzo nicht einheimisch sondern auf dem Lande befänden. Ew. Liebben kann ich hierbey nicht bergen, daß mich darüber hertzlich betrübet, weil mir bewußt und ich gewiß versichert worden, daß deroselben Gesundheit noch nicht völlig hergestellet und diese neblichte Witterung, wie Ew. Liebben selbst vernünfftig ermeßen werden, denenselben äuserst zuwieder. Ersuche diesemnach dieselben freundvetter= und väterlich, in Erwegung, daß sonsten sowohl Dero Seele als auch das fürstliche Hauß bey bekanntlich sich findenden Umbständen in Gefahr ge= setzet werden könnte, je eher je besser auf völlige Herstellung Dero Gesundheit ernstlich zu denken und die bisher vor= geschlagenen Mittel mit erforderter nöthigen und beständ= bigen diaet zu gebrauchen und anzuwenden. Ich versehe mich zu Ew. Liebben dessen umb so mehr, je gewisser die= selben glauben können, daß Ew. Liebben Wohlstand fast meine einzige Sorge und Bekümmerniß sey, und ich dieses vor eine besondere marque Dero vor mich zu habenden öffters contestirten egards erkennen werde, und verbleibe mit aller tendresse p. p."

Ob solche Ermahnungen einige Wirkung hervorgebracht, darüber fehlt es uns an jedem Fingerzeig; der Entschluß, aus dem regellosen Leben in den ruhigen Ehestand überzutreten, ward dadurch vor der Hand nicht gezeitigt. Und doch ward dies bald zu einer Frage von der höchsten Wichtigkeit. Wilhelm Ernst war nach Trennung seiner kinderlosen Ehe im J. 1690, unvermählt geblieben, und als nun im J. 1715 der jüngere Stiefbruder Johann Ernst im Alter von 18 Jahren mit Tode abging, machte sich die Nothwendigkeit einer baldigen Vermählung des einzigen Stammhalters der Weimarischen Linie bringend gelten. Ernst August zählte bereits 27 Jahre; daß er früher sich mit dieser Frage eingehend beschäftigt hatte, haben wir oben gesehen; doch konnte er, dem es im Leben nicht an Energie und Willenskraft gefehlt hat, sich nicht recht dazu entschließen, die ersten nothwendigen Schritte zu thun. Man hatte vorzugsweise die Augen auf die bereits früher erwähnte, im jugendlichen Alter verwittwete Herzogin Eleonore Wilhelmine von Sachsen-Merseburg, geb. Prinzessin von Anhalt-Köthen geworfen. Der Prinz sollte nun im Herbst 1715 seine Aufwartung in Köthen machen, und zwar zu einer Zeit, wo die junge Wittwe sich dort bei ihrer Mutter aufhielt; sein Entschluß scheint mehrfach wankend geworden zu sein, und es kann daher kaum auffallen, wenn man sich von verschiedenen, auch

anscheinend unberufenen Seiten die größte Mühe gab, ihn
zu einem Schritte anzufeuern, von dem man sich den
größten Erfolg versprach. Ein gar liebenswürdig origi=
neller Brief einer verwittweten Frau von Schwarzenfels
mag davon Zeugniß ablegen. Sie schreibt an Ernst Au=
gust unter dem 5. October 1715: „Durchlauchtigster Herzog,
gnädigster Fürst und Herr! Ew. fürstliche Durchlaucht
haben gantz nit nebig mith derro gantz ergebenften Dienerin
Exlifen zu machen; ich danke vir den gnebigsten Briff.
Und erkihne mich nach derro gnebigsten Erlaubniß zu
sagen daß ich sehr bebribt ersehe das mein gnebigster
Hertzog die gewisse und ihnen höchst nebige Afehr so auf
die lange Bank schibt. Engels Hertzog auf was warden
sie, Erstlich findet so etwas gubes andere Libhaber, Und
zum andern birfte die so schene gelegenheit so balbe sich
nit wider zeichen, da zumal Durchlaucht die Hertzogin zu
Merseburk auch hin kömbt. Wann nun Unmaßgeblich
Ew. Durchlaucht ampassang nach Leibzich oder nor borch
gingen nach Köben, Ein bar Dage Ehe als Durchlaucht
die Hertzogin von Merseburk, da könden sie ihre Augen
zu rathe nehmen. Und sich Bihle erkundigen lassen aparth
was das Zeitliche bebrift. Und wie etwan die Hertzogin
zu Merseborf gesint sey; man predentihret von Ew.
Durchlaucht keine Eihl sondern das sie alles wohl über=
legen, Und nor eine Visit heiße. — — Allerliebster Engels=
Hertzog was ich schreibe aus brehen und (wan Es mir
erlaubt) aus mütterlichen Hertzen her, und ist kein bruppen
blubt in mir so Es nit auffrichtig und ohne Falsch mith

Beaulieu Marconnay.   4

Ew. Durchlaucht meynet, deswegen ich auch huffe das es mein werdester Hertzog nit ungnedig nehmen werden."

Ob nun die weibliche Ueberredungskunst den Aus=schlag gegeben, ob noch andere Mittel in Anwendung ge=bracht worden? — wir wissen nur, daß die Vermählung des Herzogs schon am 24. Januar 1716 auf dem Schlosse Nienburg an der Saale vollzogen wurde. Der alte Herr Oheim interessirte sich gar sehr für das Zustandekommen dieser Parthie, und nachdem die Verlobung stattgefunden, schrieb er sofort an die Mutter der Braut, gratulirte der=selben zu einem so lieben künftigen Schwiegersohn, rühmte der Frau Tochter christfürstlich tugendhaftes Gemüth und angenehme humeur, und beschwor sie, „das christliche Werk des ehesten durch Priesterliche copulation entlich vollziehen zu lassen." Und da dieses nun nach Wunsch stattgefunden hatte, schreibt er dem jungen Ehemann folgenden Brief, d. d. 1. Februar 1716: „Ew. Liebden kann ich gewiß versichern, daß ich niemahls die Feder mit größerer Freude angesetzt, als anitzo, da ich aus dero freundvetterlichen Schreiben ersehen, wie ihre Mariage zum gewünschten Schluß und Vollziehung gediehn. Ich gratulire dazu von Grunde meines Hertzens, und wird mein Höchster Wunsch im Zeitlichen allzeit dieser seyn, daß durch Ew. Liebden unser fürstliches Haus wiederumb erbauet werden möge, und solches umb so mehr, da dasselbe in dem Gesamten Chur= und fürstlichen Hause das älteste ist. Ew. Liebden Frau Gemahlin Liebden empfehle ich mich freundlich, und verbleibe lebenslang mit großem plaisir Ew. Liebden ergebenster p. p."

Der Wunsch des alten Herrn sollte jedoch durch diese Ehe nicht in Erfüllung gehen, denn von den Kindern welche die Herzogin Eleonore Wilhelmine gebar, überlebten den Vater nur drei Töchter, und erst aus der zweiten Ehe desselben sollte der Stammhalter des Weimarischen Hauses hervorgehen.

Von der Herzogin rühmen Zeitgenossen, sie sei eine religiöse und sehr gescheute Prinzessin, die ihren Gemahl auf die artigste Weise zu „adouciren" wußte. Sie erlebte es nicht, daß Ernst August in den alleinigen Besitz der Regierung trat, denn schon nach zehnjähriger Ehe ward sie am 30. August 1726 ihrer Familie entrissen, zwei Jahre vor dem Ableben des Herzogs Wilhelm Ernst. Sie mag daher die mancherlei Verdrießlichkeiten treulich mit ihrem Gemahle getheilt haben, die für diesen aus den sehr bald mit erneuerter Heftigkeit wieder auftretenden Zwistigkeiten über die gemeinschaftliche Regierung und das von Wilhelm Ernst hartnäckig behauptete Principat hervorgingen. Völlig geruht hatten die Beschwerden von Seiten Ernst August's nie. Von Zeit zu Zeit erschienen Particular-Diener von ihm, entweder der Secretär Denstedt, oder der Rentschreiber Eulenstein, vor der Regierung, der Commun-Cammer, dem Consistorio, und brachten Beschwerden ihres Herrn vor. Mit dem Beginn des Jahres 1718 aber häuften sich diese Missiven, und es verging bald keine Woche, wo nicht mehrere Klagen angebracht wurden.

4*

Es soll selbst bei diesen Beschwerden sein Bewenden nicht behalten haben, sondern zum öftern vorgekommen sein, daß dieselben mit „bedrohlicher intimidation" begleitet waren, die sich bis zu dem Präsidenten von Hofmann hinauf erstreckten.

Wilhelm Ernst fand sich dadurch veranlaßt, den Reisemarschall von Uffel an Ernst August zu senden, um den Grund der Unzufriedenheit und der Beschwerden zu vernehmen; derselbe sollte auch zugleich zu erkennen geben, wie geneigt Serenissimus Regens wären, allen gegründeten Klagen, auch denen gegen einen oder andern Bedienten abzuhelfen.

Diese Maßregel blieb jedoch vor der Hand ohne Erfolg, da Ernst August auf eine mündliche und specielle Darlegung sich nicht einließ. Erst nachdem wiederholt ein Schreiben vom 9. Juli 1718 die genaue Angabe der Beschwerden verlangte, antwortete er unter dem 16. Juli in einem eigenhändigen Briefe, und forderte, unter Bezeigung seines tiefsten Respektes vor dem Familien-Oberhaupte, und Betheurung devotesten Gehorsams, nicht mehr und nicht weniger, als daß gewisse Punkte, die er überreichen werde, von der gesammten Regierung geprüft werden möchten, daß aber „die gesambte Regierung, wie in dergleichen Fällen andrerwerts mehr geschehen, zuförderst von Neuem verpflichtet, und sotann, vor anzustellender collegialischen Unterrethung ein jedweder Rath sein pflichtmäßiges und gegründetes Gutachten ohne daß einer mit dem andern darüber communicirt, zu beiderseitiger information und Erleuterung besonders und schrifftlich von sich zu stellen angewiesen werden möge."

Nachdem hierüber am 18. Juli eine Berathung im Regierungs-Collegium stattgefunden und Jeder der Beisitzer sein Gutachten zu Protokoll gegeben, die einstimmig dahin ausfielen, daß solche unerhörte und gegen die Recesse von 1629 und 57 laufende Zumuthungen, als die Ehre des Collegii kränkend, zurückgewiesen werden müßten, erging am 20. Juli die Antwort, daß die gravamina von Ernst August mit aller aufrichtigsten Sorgfalt geprüft werden sollten, die von ihm gestellten Verlangen aber nicht erfüllt werden könnten.

Die gegenseitige Stellung der Fürsten ward dadurch noch schroffer, und der Streit ging von nun an immer rascher seinem Culminationspunkte entgegen, wobei nicht zu verkennen, daß Ernst August in der Wahl seiner Rathgeber nicht sehr glücklich gewesen war.

Er hatte wegen der Differenzen mit seiner Stiefmutter, die beim Reichsgerichte im Rechtsgange befangen waren, und wegen verschiedener Processe mit dem Grafen Hatzfeld, es für nöthig erachtet, sich nach einer geschickten und qualificirten Persönlichkeit umzusehen, welcher er die Besorgung dieser und anderer Angelegenheiten anvertrauen könne. Er fand eine solche in dem S.-Hildburghausischen Hof- und Consistorialrath Dr. Stempel, und beabsichtigte demselben Sitz und Stimme bei der Regierung und dem Consistorium in Weimar zu verleihen. Auf diese Bedingungen trat Stempel in seine Dienste. Das scheint dem

Herzog Wilhelm Ernst keineswegs genehm gewesen zu sein; da jedoch nach Inhalt der Recesse nicht füglich etwas dagegen zu machen war, beabsichtigte er nun auch noch seinerseits einen neuen Rath für beide Collegien zu ernennen. Darüber war wiederum viel Zwist entstanden, und vorläufig hatte Stempel seinen Sitz nicht einnehmen können. Dieser Mann war es nun wesentlich, der in allen Differenzen die Feder führte und Ernst August mit seinem Rathe zur Seite stand. Die Streitigkeiten im Jahre 1718 nahmen einen immer mehr erbitterten Charakter an, und Wilhelm Ernst konnte sich nicht enthalten in mehreren Schreiben wiederholt auf die bösen und eigennützigen Rathgeber hinzudeuten, die den Herzog Ernst August veranlaßten die guten Intentionen des Oheims in Zweifel zu ziehen. Zugleich muß die öffentliche Stimme sich nicht aufs vortheilhafteste über den Hofrath Stempel ausgesprochen haben, — denn Wilhelm Ernst erließ unter dem 14. November 1718 zwei Schreiben, nach Hildburghausen und nach Coburg, worin gesagt wird: „daß von dem p. p. Stempel verschiedene bedenkliche Dinge referirt werden wollen, weshalb gebeten wird im Vertrauen mitzutheilen, wie sich derselbe aufgeführt, was etwa diesfalls bei dortiger Regierung vorgekommen, und wie überhaupt seine conduite gewesen sei."

Von Hildburghausen lief bald eine Antwort, vom 17. November, ein, die nicht sehr tröstlich lautete: „Des ehemaligen allhiesigen Hof= und Consistorialraths Stempel conduite betreffend, können Wir nicht bergen: Wie derselbe in nurerwehnten seinen hiesigen Diensten in seinen Ambts = Verrichtungen viele passiones geheget, Andern vorzubringen gesuchet, sich in Dinge so ihm nicht aufgetragen gewesen eingemischet, bey vorgenommener Correction sich eigensinnig und trotzig bezeiget, ohne vorhergepflogene collegialische deliberation sich des Vortrags angemaßet, und sonsten sich vielfältig so aufgeführet, daß es seinem Characteri unanständig gewesen."

Von dieser, obgleich sehr geheim geführten Correspondenz kam dem Herzog Ernst August etwas zu Ohren. Er ließ den Hofrath von Zech am 2. Januar 1719 zu sich aufs Zimmer kommen, und dort einen mit eigner Hand geschriebenen Aufsatz abschreiben, welcher an die Gesammt=Regierung gerichtet war, und sich in sehr starken Ausdrücken über die erwähnte Maßregel ausläßt. „Es befremdet mich nicht wenig, daß die gesambte Regierung gegen meine particulier=Bediente ohne mein Wißen und Verlangen auf eine so heimtückische Art und Weise zu inquiriren sich anmaßet. Ich würde mit leichter Mühe von eines und des andern Lebens=Lauf gleichfalß viel erfahren können wenn Ich hier und dar deswegen Nachfrage halten wollte; Ich hätte aber bißhero Ehrenhalber solches zu thun billig Bedenken getragen. — — Ich zöge mir dieses gar sehr zu Gemüthe; — — es wäre eine abermahlige Probe was die Regierung vor mich für unvergleichlichen egard trägt. Durch solche irregularitäten würde ich genöthigt meine Stellen im Collegio zu besetzen; — — ich würde auch künftighin Selbst fleißig in die

Collegia kommen, und ihre Geheimnisse einsehen. Die Regierung wäre höchst unleiblich, wenn Ich was erinnern ließe, und nähme alles gleich für reprochen auf; — — ich verlangte aber nun zu wißen, wie man zu diesem heimtückischen inquisitions-actu gekommen, und wer das unwahrhafftige Schreiben nach Coburg angegeben."

Die Regierung legte dieses Schreiben dem Herzog Wilhelm Ernst vor, da sie nur auf seinen Befehl gehandelt. Letztrer sandte den Hofrath von Zech wieder an Ernst August, um demselben zu eröffnen: er habe mit Bedauern ersehen, daß derselbe die Regierung so hart angreife; er werde nunmehr auf Mittel und Wege sinnen müssen, das Collegium nachdrücklich zu schützen um die nöthige Ruhe zu erhalten; und weil der Herr Vetter geäußert, Sie wollten ehestens selbst in die Regierung kommen, so würde der regierende Herr Herzog dagegen die Anstalt machen wie Sie es für gut und nöthig hielten.

Dem Commissar erwiederte Ernst August, wie er mit betrübtem Gemüthe ersehe, daß die Regierung „abermals den regierenden Herrn Herzog bei dieser Sache vor das Loch zu stecken suche," da er ja nur mit der Regierung zu thun habe, und diese, ohne ihm zu antworten, alles ihrer Gewohnheit nach sofort an den regierenden Herzog gebracht; vor diesem habe er alle devotion und Ergebenheit. Er bitte sich von der Regierung eine hinlängliche Antwort aus auf seine früher gestellte Frage.

In ähnlichem Sinn gingen noch verschiedene langstylige Schreiben hin und her, und Wilhelm Ernst ver= fügte dann: „daß in Zukunft in Dingen, die auf Differen= zien zwischen den beiden Herzogen ihr Absehen haben, oder die 'gesamten Collegia concerniren, weder bei diesen noch von gesamten Dienern dergleichen Anzeigen, als bißher per secretarium, und durch Billet, Memoria= lien oder sonst privatim geschehen, weiter angenommen werden sollten."

Einen praktischen Erfolg hatte diese Verfügung nicht, denn die Boten des Herzog Ernst August erschienen nach wie früher mit Aufträgen ihres Herrn, die zwar mitunter nicht angenommen werden wollten, jedoch in der Regel an ihre Adresse gelangten. Dagegen aber glaubte der jüngere Herzog sich jetzt doppelt in seinem Rechte, wenn er in denjenigen Aemtern, deren Einkünfte an Domanial= geldern, Zinsen, Frohnden u. s. w. in seine Particular= Cammer flossen, eine unbeschränkte Selbstherrschaft aus= übe, und die Gesammt=Regierung vollständig ignorire. Daburch entstanden eine Menge von Verwirrungen, welche in nachtheiligster Weise in das Leben und die Privat= Verhältnisse der Amts=Eingesessenen eingriffen. Wilhelm Ernst versuchte, durch wiederholte schriftliche Mahnungen seinen Neffen von seinem Unrecht zu überzeugen, doch blieben seine Bemühungen fruchtlos. Verschiedene andere Umstände trugen vielmehr dazu bei, den jungen Herzog noch halsstarriger zu machen. Wegen der Ilmenauer Bergwerke und der dort geführten Rechnungen bestanden Meinungs= verschiedenheiten, welche zu den heftigsten Feberkämpfen

Veranlassung gaben; sie müssen mit so weniger Beschränkung auf Ort und Personen geführt worden sein, daß sie sogar ein ausführliches Schreiben der Königin Christiane Eberhardine von Polen, Churfürstin von Sachsen d. d. Dresden 25. September 1719 an Ernst August veranlaßten, worin derselbe unter genauester Hinweisung auf die vorhandenen Uebelstände, im eigenen Interesse aufgefordert wird, den untüchtigen Bergdirektor zu suspendiren, und den intendirten Stollen durch interimistische Commissarien weiter führen zu lassen, indem nur so der größte Schaden abgewendet werden könne. Und als ob es an allen diesen Mißhelligkeiten noch nicht genug sei, mischte sich Ernst August auch noch persönlich in Differenzen, welche zwischen dem Herzog Wilhelm Ernst und dem Ober= hofprediger und General=Superintendenten Treuner ob= walteten. Letzterer war im Jahre 1715 von Augsburg berufen worden, jedoch nach nicht langer Zeit über ver= schiedene Punkte der Kirchen=Ordnung mit Wilhelm Ernst zerfallen und namentlich über die landesherrliche Gewalt in Kirchensachen mit der Regierung in Zwiespalt gerathen. Ernst August hatte sich in diesen Streitigkeiten ganz auf die Seite des Superintendenten gestellt. Im Jahre 1719 zeigte sich ein Weg aus diesen Verwicklungen heraus zu= kommen, indem der Herzog von Meiningen den Treuner nach Coburg berief. Aber Ernst August stemmte sich da= gegen und suchte durch Briefe seinerseits die Berufung rückgängig zu machen.

Endlich riß dem Herzog Wilhelm Ernst die Geduld. Er

griff zu einem äußersten Mittel, welches er im Jahre 1702 schon einmal seinem verstorbenen Bruder Johann Ernst III. gegenüber bei ähnlichen Verwicklungen mit bestem Erfolge angewandt, und ließ ein gedrucktes Patent im ganzen Lande durch Anschlag veröffentlichen, in welchem er allen Beamten und Unterthanen zu wissen gab, daß ähnliche Eingriffe wider das ihm zustehende Landesprincipat wie im Jahre 1702 auch jetzt wiederum geschehen wollten, — daß einseitige Befehle gegeben seien, wodurch die Beamten turbiret, die Unterthanen an ihren Rechtsmitteln gehindert, dieselben überdem hart und übel behandelt würden. Deßhalb werde befohlen, solchen einseitigen Befehlen nicht zu gehorsamen und sich nur an den regierenden Landesherrn zu halten. Was dem entgegen vorgenommen werde, sei nichtig und unkräftig; Beamte, die sich nicht an der Ordnung der Instanzen halten würden, seien zur Verantwortung zu ziehen, wogegen allen Uebrigen landesfürstlicher Schutz versprochen werde.*)

Dieses Mandat war nur seit wenigen Tagen in allen Städten und Ortschaften des Landes durch öffentlichen Anschlag zu Jedermanns Kenntniß gebracht worden, als auch schon überall daneben ein zweites Mandat von Ernst August angeheftet wurde, worin derselbe sich über die Nichtachtung der alten und neuen Verträge des fürstlichen Hauses beschwert, sowie darüber, daß auf sein bescheidenes Erinnern keine Aenderung erfolgt, vielmehr

---

*) S. Beilage B.

durch ein einseitiges gedrucktes Mandat zu seiner merklichen „blame“ die Gesammt-Regierung verletzt worden sei.
Aus Respekt gegen den Herrn Vetter wolle er auch diesen „affront“ ertragen und sich der ordentlichen Rechts-
mittel bedienen. Er mache aber den getreuen Unterthanen
den Unfug und die Unstatthaftigkeit des vermeinten Mandats hierdurch bekannt, widerspreche seinem Inhalte öffentlich, und erwarte von Jedem, daß er sich nicht durch unkräftige Befehle werde abspenstig machen lassen; gegen
andersgesinnte werde er die behörige Ahndung vorkehren;
im übrigen protestire er wider alle Thätlichkeiten unter
Berufung an den Römischen Kaiser.*)

Die traurigen Konflikte, unter denen nicht blos der
innere Friede des Fürstenhauses, sondern auch sein äußeres Ansehen leiden mußte, waren demnach bis zu einer
Höhe hinaufgetrieben worden, daß sich fast erwarten ließ,
es werde nunmehr von jeder Seite mit Anwerbung von
Truppen vorgeschritten, und damit dem Lande zu andern
nachtheiligen Folgen des Zwistes auch noch der Bürgerkrieg
bescheert werden. Dem setzten nun freilich ebensowohl der
heilsame Respekt vor Kaiser und Reich, wie der vollständige
Mangel an den nothwendigen Geldmitteln die erforderlichen Schranken. Doch begegnen wir vielfachen Beweisen
der erbittertsten Stimmung auf beiden Seiten. Die von
Ernst August publicirten Patente wurden in allen Häusern
und in allen Dörfern gesammelt und bei 10 Thlr. Strafe

---

*) S. Beilage C.

ben Empfängern abgefordert. An Unterſuchungen gegen
Einzelne, wegen Verdachts heimlich zurückbehaltener Exem=
plare fehlte es babei nicht. Und 14 Tage ſpäter erließ
Wilhelm Ernſt ein Circular=Reſcript an ſämmtliche Herrn
ſeines Hofes, worin er ihnen eröffnet: „Demnach Uns
vorkommen, ob ſolte Unſers freundlich geliebten Vetters
Liebben beſchwerlich fallen, wenn einige von Unſern Ca=
valiers bey deroſelben ſich zur Aufwartung anmelden,
bergleichen auch von Dero Gemahlin Liebben wegen ber
Dames vermercket worden ſehn ſoll, im übrigen auch
Sie lieber ſähen, wenn ſich Dero Hof=Cavaliers und
Angehörige des Umgangs mit den Unſrigen enthielten.
Und wir denn in allen Sr. Liebben Vergnügen zu be=
förbern ſuchen, zumahlen Uns ſchon ehedem mißfällig
vorkommen, daß Sr. Liebben von einigen ber Unſrigen,
ſo nicht gerufen geweſen, über die Gebühr beläſtigt wor=
ben: Alß begehren Wir vor Uns und Ihro Liebben
hiermit gnäbigſt, es wollen ſämtlich Unſere Cavaliers, und
zwar ſowohl Sie ſelbſt alß ihre Weiber und Töchter,
auch ſämtlich bey ſich habenber unter Unſerer Special-
protection ſtehenber Familie, ſich biß auf andere Ver=
orbnung, ber Aufwartung bei hochgedacht Ihren Liebben
äußern, unſere Cavaliers auch gleich jenen nunmehro
es halten, oder im wiebrigen Fall ernſten Einſehens, Straf,
auch Caſſation gewärtig ſehn ſollen. Auch hat ein je=
ber bies Umlaufs=Patent zu praeſentiren. Andem ge=
ſchieht Unſer Wille p. p.“

Ernſt Auguſt ließ auch ſeinerſeits es nicht an ge=

hässigen Maßnahmen fehlen. Seine Verbindung mit dem obenerwähnten General-Superintendenten Treuner ward immer enger, und durch dessen Vermittlung scheint es ihm auch gelungen zu sein, den Regierungs-Präsidenten von Hofmann auf seine Seite herüberzuziehen. Denn Letzterer, welcher lange Jahre hindurch der vertraute Diener von Wilhelm Ernst gewesen war, ward plötzlich von Letzterem im Januar 1720 in Personal-Arrest und Untersuchung gezogen, ohne daß über die Veranlassung zu dieser überraschenden Maßregel irgend etwas verlautete. War Ernst August seither gegen die Gesammt-Regierung schroff gewesen, so nahm er sich jetzt ihres Präsidenten mit 'größtem Eifer an, ohne jedoch etwas auszurichten. Hier begegnen wir auch dem ersten Aufkeimen und raschen Wachsen seines fulminanten Hasses gegen den Geheimen Rath von Marschall, genannt Greif, der Hofmanns Nachfolger geworden war. Die Versuche den Angeschuldigten wenigstens von der Untersuchungshaft zu befreien, blieben ebenso erfolglos wie die Bemühungen den regierenden Herzog von der Unschuld des Verhafteten zu überzeugen. Wie die Sachen einmal lagen, durfte dem Letzteren das warme Interesse des Neffen allerdings sehr verdächtig erscheinen. Dieser verzweifelte jedoch nicht am endlichen Gelingen seines Vorhabens, und nachdem die Untersuchungshaft bereits 8 Monate gedauert, ward durch Treuners Vermittlung ein Uebereinkommen mit Hofmann abgeschlossen, wonach dieser, falls er durch Ernst August die Freiheit wiedererlangte, sich verbindlich machte, seine Angelegen-

heit rechtlich auszuführen, — deren Abolition weder zu
suchen noch anzunehmen, — Alles zu entdecken was gegen des jüngern Herzogs Vortheil und Befugnisse in den
Collegien gehandelt worden, — vor ausgeführter Sache
nicht aus dem Lande zu gehen und zu dessen Versicherung
ein Kapital von 24,000 Thlr. freiwillig vorzuschießen und
dasselbe, so lange es seiner Durchlaucht gefällig, gegen
4% jährliche Interessen in Dero fürstlichen Händen zu
lassen.

Ernst August's Einfluß war jedoch nicht mächtig genug um die Vorbedingung dieser Cautionsbestellung zu er-
füllen. Hauptsächlich war sein Absehen dahin gerichtet
direkt bei Kaiser und Reich die Intervention zu beantragen. Heftig und lebhaft wie er war, mochte er diese
Absicht und die beßfalls erforderlichen Vorbereitungen weniger vorsichtig besprochen haben als dies seinem Interesse
gemäß gewesen wäre. Der ruhig besonnene Oheim hatte
nicht sobald von diesen Plänen Kenntniß erhalten, als er
auch schon seinerseits solche Maßregeln zur Ausführung
brachte, die nicht blos den Absichten des Neffen zuvor-
kamen, sondern auch diese selbst zu verhindern geeignet sein
konnten. Einmal nähmlich reichte er schon unter dem 3.
September 1720 ein Schreiben unmittelbar beim Kaiser
ein, in welchem die obwaltende Streitigkeit dargestellt und
die Bitte ausgesprochen ward, es möge für den Fall seines
Todes zur Sicherung der Beamten und Angestellten ein
Kaiserliches Protectorium erlassen, und für den König
von Polen als Churfürsten zu Sachsen ein Conservato-

rium, zur Beaufsichtigung und eventuellen Ausführung des Schutzbriefes, ausgefertigt werden. Zum andern eröffnete er specielle Beziehungen zum churfürstlichen Ministerium in Dresden. Der Hof- und Kammerrath Alberti war zur Michaelis-Messe 1720 nach Leipzig gesandt worden, um dort, an dem Versammlungsorte fast aller höheren Beamten des Landes, über die Verlängerung der Verpfändung des Amts Schul-Pforte zu verhandeln. Dieser mußte den Ministern eine Denkschrift überreichen und durch mündliche Erläuterungen unterstützen, worin das Ersuchen gestellt war: der König möge durch besonderes Schreiben den Herzog Ernst August zur Herstellung des Friedens und Unterlassung alles dessen was solchen hindern könnte, ermahnen, und namentlich abrathen von der Anbringung einer Intervention in der Hofmann'schen Angelegenheit beim Kaiserlichen Hofe; der Sächsische Gesandte in Wien möge beauftragt werden, für den Fall, daß vom Herzog Ernst August etwas bei kaiserlicher Majestät angebracht werden sollte, dagegen Vorstellung zu thun, damit kein Proceß verhänget, sondern die Partheien zum Vergleich ermahnet würden. Die sächsischen Minister, denen der traurige Zwiespalt mehr als genügend bekannt war, und die geneigt gewesen zu sein scheinen, den Rathgebern Ernst August's die größte Schuld zuzuschreiben, hielten dafür, daß die erbetenen Maßregeln möglichst rasch getroffen werden müßten, weil sonst zu befürchten, daß noch weit unangenehmere Folgen daraus entstehen „und dem Kaiserlichen Hofe drein zu schlagen gewünschte

Gelegenheit gegeben werden dürfte, welches doch zu sehr nachtheiliger Consequenz und zum augenscheinlichen Präjudiz, nicht allein des gesammten Erneftinischen, sondern auch des hohen Churhauses am Ende ausschlagen möchte." Ihr Bericht ging demnach dahin, der König möge als caput familiae den Versuch machen, ob entweder durch seine Vermittlung den bisherigen Irrungen abgeholfen werden könne, oder ob nicht wenigstens eine solche mediation zu erlangen sein möchte, „welche Sr. Majestät um Respekts und anderer Ursachen willen sich ohnedieß füglich nicht entziehen lassen können." Darunter kann wohl nur verstanden werden, daß der König der einzig richtige Schiedsrichter in dieser Angelegenheit sei.

Der König residirte damals in Warschau. Das Ministerium nahm die Sache so ernst, daß es selbst die durch diese Entfernung nothwendig eintretende Verzögerung nicht verantworten zu können glaubte. Denn unter dem 29. October 1720 schreiben aus Dresden die Chursächsischen wirklichen Geheimen Räthe direkt an Ernst August, und geben ihm zu bedenken, daß man von ihm referire, er wolle mit dem arretirten Präsidenten von Hofmann causam communem machen, und sei sogar bei Römisch Kaiserlicher Majestät interveniendo sich zu regen gesinnt; er müsse schlecht berathen sein, während er doch früher die Differenzen, die sein Vater gehabt, geschlichtet habe; es sei zu hoffen, es werde Sr. Durchlaucht auf diese heilsamen principia je eher je besser zurückkommen, und damit das gute Einvernehmen im fürstlichen Hause wieder hergestellt sein. Der König werde dieserhalb selbst schreiben; die Geheimen Räthe hätten inzwischen wegen ihrer Pflichten, die sich auf die Erhaltung des hohen Chur- und fürstlichen Hauses zu Sachsen Ehre, Glimpf, Nutzen und Vortheil gründe, vorläufig dieses Sr. Durchlaucht zu Gemüthe führen müssen.

Ein ähnliches, natürlich anders motivirtes Schreiben erging an den Herzog Wilhelm Ernst, damit es nicht das Ansehen gewinnen möge, als ob Letzterer dieses Vorgehen veranlaßt habe, und damit das Ministerium um so mehr für unparteiisch gehalten werden könne. Der Hofrath Alberti hatte nicht umsonst davor gewarnt, daß alle Ver- suche bei dem jüngern Herzog ohne jeden Effekt sein wür- den, sobald er merken sollte, daß die Veranlassung dazu von dem regierenden Herzog ausgehe.

Der Brief des Königs ist aus Warschau vom 20. No- vember 1720 datirt. „Wir haben nicht ohne Gemüths- bewegung wahrnehmen müssen, daß früheres gutes Ein- vernehmen gänzlich unterbrochen worden, und Ew. Liebden zweifelsohne auf Veranlassung solcher Personen, welche entweder von der Verfassung des fürstlichen Hauses und denen vorhandenen ältern und neuern Verträgen keine hin- längliche Information haben, oder auch wohl darunter, daß Mißhelligkeiten im fürstlichen Hause erreget und unter- halten werden, ihre eigne Convenienz suchen, sich bewegen laßen demjenigen was dero Vetter Liebden angeordnet und vorgut gefunden, öffentlich zu widersprechen, und solches sogar durch gedruckte mandata denen Vasallen und Unter-

thanen bekannt zu machen. — — Wir können nicht umhin,
Ew. Liebden hierdurch in freundvetterlichem Wohlmeinen
zu Gemüthe zu führen, wie schlechten Vortheil dieselben
aus dergleichen Mißhelligkeiten zu gewarten und wie ver=
kleinerlich und nachtheilig es überhaupt dem Gesamt Chur=
und Fürstlichen Hause Sachsen sehe, sich untereinander
selbst durch solcherlei beschwerliche Zwistigkeiten und Wei=
terungen zu schwächen, die arcana domus zu beßen merk=
lichen Schaden, Hinderung gemeinsamer Geschäfte und des
Hauses Wohlfahrt zu offenbahren, und durch immer neue
Verbitterung größere und kostbare Weitläufftigkeiten und
gänzliche Zerrüttung zu veranlassen. — — — Wir
sind versichert, Sie werden nach dero bekannten guten
Einsicht, von selbst vernünftig ermessen, daß Ihro nichts
vorträglicher sehn könne, alß mit oftgemelter Sr. Liebden
das vorige gute Vernehmen zu erneuern, den Frieden und
Einigkeit im fürstlichen Hause zu ihrer selbst eigenen Be=
ruhigung wieder herzustellen, und alles dasjenige, was
daran nur in einige Wege hinderlich sehn kann, aus dem
Wege zu räumen. — — — Wir haben in dieser Absicht
auch an Sr. Liebden geschrieben, und sind von Deroselben
bekannten Christlichen und friedliebendem Gemüthe gewiß
persuadiret, Sie werden Sr. Liebden keine vergebliche
avance thun lassen, mithin zu behderseitigen Vergnügen
denen bisherigen Differentien die Abhilfe verschaffet wer=
den können.“

Diese ganze, scheinbar so fein angelegte Episode machte
auf Ernst August nicht den geringsten Eindruck; er war

5*

einerseits zu selbständig und beharrlich auf seine eigene
Anschauung und Willensmeinung gestellt, um durch solche
Ermahnungen berührt zu werden, andrerseits auch nicht
gutmüthig und leichtgläubig genug, um das immerhin
ungewöhnliche Vorgehen des Dresdner Ministeriums nicht
mit sehr mißtrauischen Augen zu betrachten. Sein Antwortschreiben an den König, vom 16. December, begnügt
sich damit, die Schuld aller Differenzen auf das Ministerium des Herzogs Wilhelm Ernst zu schieben, welches zwar
eine gemeinsame Behörde sei, jedoch in ihren Werken vollkommen einseitig verfahre und alles dem Herzog Ernst
August zum Tort thue. Zugleich aber richtete er einen
Brief an den General-Feldmarschall und Cabinets-Minister, Grafen Flemming, worin er des vom König erhaltenen Schreibens erwähnt, dasselbe auch mit allem
ersinnlichen Danke verehrt, dabei jedoch zugleich angiebt,
es sei „von Seiten des fürstlich Wilhelm Ernst'schen Hof's
und ministerii die Sache nunmehro dergestalt aigrirt worden, daß eine gütliche Beilegung kaum zu hoffen stehet.
Weil Ich versichert bin, daß Mein werthester Herr Ge-
neral-Feld-Marschall als ein erleuchteter und equitabler
Ministre gar bald einsehen werden, daß die von niedrig
gesinnten Gemüthern mir und den Meinigen gemachten
imputationes ohne Grund sehen, so bitte Mir von deroselben die besondre Gefälligkeit aus, daß Ihro Königlichen
Majestät Sie Mein Schreiben nicht allein vortragen, sondern auch zugleich dahin cooperiren wollen, damit bei
Ihro Majestät die ungleichen insinuationen Meiner Gegner

nicht etwa zu Meinem besorglichen Nachtheil einigen ingress finden mögen." In Dresden und Warschau aber
schien man von diesen Angelegenheiten übergenug genossen
zu haben, und bekümmerte sich nicht weiter um die strei-
tenden Parteien.

Während dem hatte der inhaftirte Präsident von
Hofmann sich direkt nach Wien gewandt, und um eine
Kaiserliche Commission gebeten. Daß dies ganz besonders
auf Betrieb von Ernst August geschehen, erhellt daraus,
daß dieser sein Factotum, den Hofrath Stempel zu der
gleichen Zeit nach Wien sandte, um die angebrachte Be-
schwerde zu unterstützen und die daraus sich ergebenden
Consequenzen persönlich zu betreiben. Sofort sandte nun
auch Wilhelm Ernst den Geheimen Rath von Marschall,
genannt Greif, nach Wien, um dahin zu wirken, daß die
verlangte Kaiserliche Commission hintertrieben, so wie daß
nicht etwa auf Erlaß des Personalarrestes gegen Caution
erkannt werde. Die genaue Beobachtung des Thuns und
Treibens von Stempel ward ihm ebenfalls zur Pflicht
gemacht, so wie auch die Beschleunigung des früher erbetenen protectorium. Dabei hatte er sich der Mithülfe
des Agenten Schlegel, des Königlich Polnischen Gesandten
Edlen Herrn von Zech und des Kaiserlichen Reichshofraths Baron von Lyncker zu bedienen, welche alle von
diesen Angelegenheiten hinlänglich informirt waren.

Alle diese Herrn kannten das Terrain genau, und
benutzten diese Kenntniß aufs vortheilhafteste. Der Hofrath Stempel mußte unter dem 8. Januar 1721 berichten,

daß des Präsidenten von Hofmann Gesuch auf keinen Erfolg zu rechnen habe; von Seiten des Herzogs Wilhelm
Ernst sei schon so trefflich vorgebauet worden, daß Ernst
August „mit einer Kaiserlichen Commission nicht grati-
ficirt werden möge." Dasselbe wiederholt er unter dem
15. Januar und giebt zugleich Nachricht von einem Reichs-
hofraths-Conclusum vom 11. Januar, wodurch das seit-
herige Verfahren bestätigt worden.

Jetzt versuchte Ernst August durch persönliche Ein-
mischung der ganzen Sache eine andere Wendung zu
geben, und reichte ein dahin zielendes unmittelbares Gesuch beim Kaiser ein. Und es fehlt nicht an verschiedentlichen Anzeichen, daß darauf hin ein günstiger Bescheid
wäre erlassen worden, wenn nicht inzwischen der Präsident
von Hofmann Anfangs März plötzlich gestorben wäre.
Damit hatte diese Sache ein Ende.

Wilhelm Ernst traute jedoch dem Frieden nicht, und
brachte mittelst Eingabe vom 26. April 1721 beim Kaiser
das Protectorium in Erinnerung. Solcher direkter Anträge waren aber noch manche nöthig, und obgleich der
Agent Schlegel und der Meiningen'sche Hofrath Lauten-
sack sich der Sache eifrig angenommen, vergingen dennoch
beinahe zwei Jahre, während welcher manch ärgerlicher
Zwist zu Hause dem alternden Herrn das Leben schwer
machten. So sah er sich u. a. im Laufe des Jahres 1722
genöthigt, den besonders dienstfertigen Sendboten Ernst
August's, den Secretär Denstedt, arretiren zu lassen,
wodurch wiederum ein neues weitläuftiges Verfahren beim

Reichshofrath veranlaßt wurde. Endlich erschien unter dem 19. Januar 1723 das Kaiserliche Protectorium, begleitet von folgendem Kaiserlichen Rescripte an Ernst August:

„Carl der Sechste, v. G. G. erwehlter Römischer Kaysser, zu allen Zeiten Mehrer des Reichs Durchlauchtig=Hochgeborner Lieber Oheimb und Fürst. Dero Liebden bleibet hiermit ohnverhalten, wasmaßen bey Unß des regierenden Hertzogs Wilhelm Ernst zu Sachsen=Weimar Liebden wegen der von dero Liebden auß allzufrühzeitiger Regiersucht und Anstifftung übler Rathgeber denen pactis familiae und ferneres errichtete recessen zuwieder unternommen, auch mittelst angeschlagenen öffentlichen patenten zu des gantzen Landes Verwirrung angemaste Mit=Herrschaft und Theilhaber ahn den fürstlichen regiment, weniger nicht gegen die gemeinschafftlichen Räthe, Bediente, Landstände, und Vasallen außgelassener zu seiner Zeit außzuübender Bedrohungen und sonstiger wiedriger ohnverdienter aufführung Klagend angebracht und umb ertheilung Unßer Kayserl. Hülff rechtens geziemend gebetten habe;

Wan Wir nun von obhabenden allerhöchsten Kayserlichen Ambts wegen einen jeden wider unrechtmäßige gewalt zu Schützen schuldig und geneigt seynd, folgliche Unßer Kayserliches in abschrifft hierneben gehendes Protectorium für die dermahligen und künfftige gesambte, wie auch des regierenden Hertzogs Liebden particulier-Räthe und Bediente, sodan die gemeinschaftlichen Landstände, nebst denen ihrigen und ihrem Vermögen unter heutigen dato außfertigen und hierüber das Conservatorium Sr. des Königs in Pohlen als Churfürsten zu Sachßen Liebden zugleich mit aufftragen laſſen; Alß ergehet Unſer gnädigſter und ernſtlicher Befehl ahn dero Liebden hiermit, daß Sie sothanen Unſern erlaſſenen protectorio und Conservatorio zuwider, auch was demſelben zum Abbruch gereichen möge, ferner nichts verhengen noch unternehmen, ſondern ſich deme bey Vermeidung der darin angeſetzten ſtraffe generoß bezeugen, soban dem recht und Billigkeit denen compactis zufolge mehr alß denen übeln rathgebung ſtatt thue, mit den fernern Reichs-Vätterlichen ernſten ermahnen dieſer Unſerer Kayſerl. wohlmeinenden Verordnung schuldigſten Vollzug zu leiſten, und auf fernere Uebertrettung zu anderweithen Reichs-Constitutions mäßig mittlen Keinen anlaß zu geben. Hieran beſchicht Unſer ernſtlicher Will und Meynung und Wir verbleiben Dero Liebden mit Kayſerl. gnade und allen guten Wohlbeygethan. Geben in unſerer Stadt Wien am 22. Januar 1723."

In dem ausführlichen und ſehr wortreichen Protectorium ſind zuvörderſt alle Beschwerden des Herzogs Wilhelm Ernſt aufgezählt, und es iſt nicht daraus zu erſehen, daß darüber die Gegen-Partei gehört worden; ſie werden vielmehr als bewieſen angenommen; und wenn ſchon der Römiſche Kaiſer als gemeinſames Oberhaupt ſeinen Schutz und Schirm über alle Unterthanen ausbreite, ſo wolle Sr. Majeſtät doch noch beſonders des Herzogs Wilhelm Ernſt Räthe und Landſtände noch beſonders ſchützen gegen alle Thätlichkeiten, welche für sie wegen ihres bewiesenen Gehorsams befürchtet werden könnten; ebenmäßig sei auch der König in Polen als Churfürst zu Sachsen zum Conservatore und Beschützer ernannt, gesetzt und geordnet; „Und gebiethen darauf allen und jeden Churfürsten, Fürsten, 2c. 2c. 2c. insgesambt und absonderlich Sr. des Herzogs Ernst August zu Sachsen = Weimar Liebben ernst und festiglich mit diesem Brief und wollen daß sie obangedeutet Unserm Kayserlichen protectorio zuwider nichts thun, handeln oder fürnehmen, noch Sr. des Königs in Pohlen als Churfürsten zu Sachßen Liebben an dießen Unsern Kayserlichen conservatorio in keynerley Weiß noch Weege hindern, irren oder auffhalten, noch auch solches andern zu thun gestatten 2c. 2c. 2c.“

Es mag gleich hier die Notiz Platz finden, daß die Kosten dieses Protectorii sich auf die respektable Summe von sechstausend Thaler beliefen, — ein Betrag, der mit Berücksichtigung des damaligen Geldwerthes und der wahrlich geringfügigen Bemühung des Kaiserlichen Reichshofraths füglich als horrend bezeichnet werden kann. Es wird daher auch nicht Wunder nehmen, daß von den beiden Herzogen keiner die Bezahlung übernehmen wollte; natürlich wurde daher dem Ausschuß der Landstände zugemuthet, sich dieser ehrenvollen Leistung zu unterziehen. Quidquid delirant reges, plectuntur Achivi! Der Ausschuß hatte jedoch für diese Auszeichnung gar kein Verständniß, und weigerte sich rundweg dieselbe anzunehmen. Es ist dann aus den Akten nicht weiter zu ersehen, wer gezahlt hat, doch liegen Andeutungen vor, daß diese Kosten den später zu erwähnenden Schulden des Herzogs Ernst August zugerechnet wurden.

Der Erfolg dieses Dazwischentretens der Kaiserlichen Machtvollkommenheit war ein über alle Erwartung günstiger. Während früher die Vermittlungsversuche der verwandten Sächsischen Höfe keine irgend erwähnenswerthe Wirkung gehabt hatten, fanden sie jetzt, bei ihrer Wiederaufnahme, ein ganz anderes Entgegenkommen. Es tauchte die Idee auf, eine Mediations-Conferenz zu halten, auf welcher die abgesandten Minister der andern Höfe versuchen sollten, die Differenzen vollständig zu schlichten und Grundsätze aufzustellen, in Folge deren in Zukunft eine Wiederholung solcher ärgerlichen Zerwürfnisse nicht möglich sei. Dieser Gedanke fand auf allen Seiten den erwünschten Anklang; eine lebhafte Korrespondenz zwischen den verschiedenen Regierungen beseitigte die auch hier nicht ausbleibenden einzelnen Schwierigkeiten, und mit dem Beginn des Monats Juni versammelten sich die berufenen Minister in Weimar. Als solche waren erschienen: 1) von Seiten des nächsten Agnaten, des Herzogs Johann Wilhelm von S.-Eisenach, der Geheime Rath und Regierungs-Präsident Christian von Griesheim, als eigentlicher Mediations-Minister, der von beiden Herzogen als solcher designirt war. 2) von Seiten des Churfürsten von Sachsen der Geheime Rath Christoph Jost von Zanthier, gewissermaßen als Stellvertreter des Erstern. 3) von Seiten des Herzogs von S.-Meiningen der Geheime Rath

Adolph Ernst von Diemar, vom Herzog Wilhelm Ernst
designirt. 4) von Seiten des Herzogs von S.-Salfeld
der Geheime Rath Georg Wilhelm von Reinbaben, vom
Herzog Ernst August designirt. Aus ihren mitunter recht
mühevollen Arbeiten, die in einer Reihe von Protokollen
niedergelegt sind, und die Zeit vom 3. bis 30. Juni in
Anspruch nahmen, ging ein Vergleich hervor, welcher die
Beziehungen der beiden Herzoge in 23 Abschnitten fest
regelte. Die getroffenen Bestimmungen geben uns ein
deutliches Bild von der Zwiespältigkeit der beiderseitigen
Ansprüche und von der Verwirrung in der Verwaltung
und Justizpflege, die bis dahin geherrscht haben muß.
Ein höchst wichtiges Zugeständniß war gleich im Anfang,
daß Ernst August sich herbeiließ, das durch die pacta
majorum eingeführte Landes-Principat anzuerkennen, und
zwar dergestalt: 1) daß der regierende Herzog das Gebot
und Verbot im Lande habe; 2) daß derselbe in den Pri-
vat-Angelegenheiten der Unterthanen, in Kirchen-, Militär-,
Civil- und Criminalsachen alles allein entscheide, ohne
Communication mit dem jüngern Herzog, jedoch im gesammten Namen. 3) In Reichs-Angelegenheiten und
Haus-Sachen, so wie bei der Gesetzgebung, bei Anstellungen
und einigen andern genau festgestellten Angelegenheiten ist
vor der Expedition mit dem jüngern Herzog zu communiciren, d. h. Rath und Ueberlegung zu pflegen und dessen
Einwilligung zu erlangen. 4) Die Gesammt-Regierung
soll die etwaigen Zwiste der andern Collegien entscheiden.
5) Die Art der Communication kann sowohl durch einen

Particular-Rath, wie durch einen Gesammt-Rath geschehen. 6) Im Verhinderungsfall eines Particular-Raths kann der regierende Herzog schriftlich oder durch Gesammt-Räthe die Communication erlassen; die Resolution muß baldigst gegeben werden, sonst wird nach Majorität der Räthe verfahren. 7) Im Fall einer Meinungsverschiedenheit ist von der Gesammt-Regierung ein Vortrag cum rationibus den beiden Herzogen vorzulegen. 8) Bei gleicher Stimmenzahl hat der regierende Herzog den Ausschlag zu geben. 9) Wäre der jüngere Herzog außer Landes, so hat in Sachen, bei denen periculum in mora, der regierende Herzog zu entscheiden und davon Notifikation mitzutheilen. 10) Der jüngere Herzog soll die Collegien-Sitzungen besuchen dürfen; es muß dann aber der erste Stuhl für den regierenden Herzog frei bleiben. 11) Die Rechnungen der Commun-Cammer sollen in Gegenwart eines vom jüngern Herzog dazu beorderten Dieners monirt und justificirt werden. Mit den Rechnungs-Dispositionen für das kommende Jahr wird zugleich ein summarischer Extrakt über Einnahme und Ausgabe des abgelaufenen Jahrs dem jüngern Herzog vorgelegt. 12) Die Propositionen an die Landstände werden gleichfalls communicirt. 13) Ebenso etwaige Commissionen, die in Justizsachen anzuordnen sein dürften. 14) Beschwerden der Unterthanen gegen eine Particular-Cammer hat die Gesammt-Regierung zu instruiren und zu entscheiden. 15) Die Particular-Räthe und Bediente sollen vor der Gesammt-Regierung Recht geben und nehmen. 16) Ebenso in Untersuchungsſachen. 17) In den Aemtern des jüngern Herzogs ſollen die verpflichteten Beamten allein Juſtiz exerciren, und die Particular-Räthe kein Verhör anſtellen; Beſchwerden dagegen werden an die Geſammt-Regierung verwieſen. 18) Alle Jurisdictionslaſten ſind von den Rechnungsbeamten auf Requiſition der Geſammt-Regierung zu zahlen. 19) An Particular-Diener ſollen aus der Commun-Cammer- und Landes-Kaſſe keine Beſoldungen und Zulagen gezahlt werden, ohne des jüngern Herzogs ausdrückliche Genehmigung. 20) Der bisherige Kanzleiſtyl und das Kirchengebet werden beibehalten. 21) Neue Bauten von Commun-Gebäuden hat der jüngere Herzog eventuell bei dem regierenden Herzog zu beantragen. 22) Für die Beſoldungen ſämmtlicher Geſamt-Räthe und Diener ſoll nicht mehr als 13,000 fl. jährlich ausgegeben werden. 23) Bei der nunmehrigen Beendigung der Differenz ſoll alles Vorgefallene vergeſſen ſein, und ſoll keinem Diener etwas nachgetragen werden.

So war denn endlich der Friede in möglichſt glimpflicher Weiſe wieder hergeſtellt worden. Nicht, als ob es fortan bis zum Tode Wilhelm Ernſt's im Jahre 1728 an Vorſtellungen und Beſchwerden Ernſt Auguſt's gefehlt hätte; Letzterer befliß ſich jedoch dabei einer großen Mäßigung, wozu wohl weſentlich der Umſtand beitrug, daß er ſich häufig in finanziellen Verlegenheiten befand und zur Loswickelung der Hülfe des Oheims bedurfte.

Ein eclatanter Fall dieſer Art war ſchon während der Mediations-Verhandlungen an den Tag getreten. Es fand sich, daß Ernst August persönliche Schulden contrahirt hatte, die sich gegen 80,000 Thlr. beliefen; zugleich erklärte derselbe, daß er mit seinen bisherigen Einnahmen nicht auszukommen vermöge. Wilhelm Ernst hatte nun seinerseits in diesem Augenblicke das größte Interesse den Herrn Neffen bei guter Laune zu erhalten, damit die im besten Flusse befindlichen Mediations-Unterhandlungen nicht etwa durch neue Querelen gestört werden möchten. Es ward daher zu dem vorzugsweise beliebten Mittel gegriffen, der getreuen Landschaft die Lösung dieser delikaten Frage anzuvertrauen, und ihr die Proposition gestellt:

1) Die Schulden des Herzogs Ernst August mit 80,000 Thlr. zu übernehmen;

2) Demselben ein jährliches Adjuto (sic) von 8000 Thlr. zu gewähren;

3) Die Kosten der Primogeniturfache zu übernehmen (wovon weiter unten ausführlicher die Rede sein wird);

4) Den beiden Herzogen das Gebäude vor dem Frauenthor zu überlassen (welches? ist nicht näher bezeichnet *).

Aus der Erklärungsschrift der Stände vom 2. Juli geht nun aber hervor, daß es bei den obigen Forderungen durchaus nicht sein Bewenden hatte, sondern daß von Seiten des regierenden Herzogs ausdrücklich die Aequalität verlangt worden war, d. h. daß dem einen Herzog grade so viel wie dem andern bewilligt werden müsse.

---

*) Kann nicht wohl ein anderes sein als das Jägerhaus.

Eine schriftliche Forderung liegt zwar nicht vor, doch kann dieselbe auch mündlich gestellt worden sein. Man könnte es spaßhaft nennen, wenn es nicht im Grunde tief betrübend wäre, in dieser Erklärungsschrift zu lesen, wie die getreuen Stände sich drehen und winden, um von diesen exorbitanten Forderungen sich frei zu machen, und wie ihnen doch der Muth fehlt, um aus den angeführten Prämissen den einzig richtigen Schluß der Verweigerung zu ziehen. Sie erklären zwar die Uebernahme der Schulden für eine pure Unmöglichkeit, weil viele tausend Unterthanen kaum im Stande seien die bisherigen Lasten zu tragen, die Acciseinnahme heruntergekommen, und die Landschaft ohnehin mit Schulden belastet sei. Allein die Erwägung, daß sie verbunden seien, den Herzogen ihre Devotion zu bezeigen, veranlaßt sie zu dem Anerbieten, zweimal vierzigtausend Thaler für beide Herzöge binnen 20 und mehr Jahren abzutragen, aber die laufenden Zinsen auf ihre Kasse zu übernehmen. Auch zu dem jährlichen adjuto von 8000 Thlr. seien sie nicht im Stande, doch erbieten sie sich, beiden Herzögen gemeinschaftlich 10,000 Thlr. für dieses Jahr auszuzahlen. Hinsichtlich der Primogenitur-Kosten wiederholen die Stände ihre Bereitwilligkeit, dieselben zu zahlen, und ebenso machen sie sich ein Vergnügen daraus, den Herzögen die vor dem Frauenthore stehenden Gebäude eigenthümlich zu überlassen.*)

---

*) S. Beilage D.

Trotz dieses opferbereiten Entgegenkommens der Stände, und unerachtet des Bedenkens, daß es doch einigermaßen schwer gefallen haben dürfte, irgend einen Rechtsgrund für die aufgestellten Forderungen zu bezeichnen, erklärte dennoch Ernst August diese Bewilligungen für nicht genügend. Die getreuen Stände müssen ihrerseits ebenfalls Beweggründe gehabt haben, welche sie bestimmten bis an die äußerste Grenze der Leistungsfähigkeit zu gehen, und überreichten schon am 3. Juli eine zweite Erklärungsschrift, nach deren Inhalt sie sich zu noch 5000 Thlr. mehr für jeden Herzog, und somit nunmehr im Ganzen zu der Summe von 100,000 Thlr. bereit finden ließen, jedoch unter der ausdrücklichen Bedingung, daß ihnen diese übernommene Bezahlung nicht nur zu künftiger Consequenz nicht gereichen solle, sondern auch daß sie mit dergleichen oder andern extraordinären und ungewöhnlichen Verwilligungen auf 25 Jahre lang gnädigst verschont bleiben, mithin auch die jetzt übernommene Bezahlung zu einer präjudicirlichen Steuerung, Erbpflicht oder schuldigen Gerechtigkeit nicht angezogen werden solle.

Solche Reversalen wurden denn auch am 31. Juli 1723 feierlichst ausgestellt und vollzogen.

Mit dem Zustande der Finanzen des Herzogs Ernst August muß es doch nicht gar so bedenklich ausgesehen haben, denn er begann im folgenden Jahre den Bau des Lustschlosses Belvedere, ein Stündchen südlich von Weimar, das er durch italienische Baumeister aufführen ließ, und dessen Umgebungen er durch schöne Park-Anlagen

und durch eine in damaliger Zeit berühmte Orangerie
zu einem gesuchten Vergnügungsort für Einheimische und
Fremde machte.

Während der ganzen Zeit der Regierungskonflikte
hatte Ernst August jedoch noch ein anderes Ziel im Auge,
welches er mit anerkennungswerther Energie festhielt,
unerachtet der mannichfachen Störungen, welche durch jene
Familien-Spaltungen hervorgerufen wurden, ein Ziel,
durch dessen Erreichung er sich ein unsterb-
liches Verdienst um sein Haus und sein Land
erwarb: die Verhandlungen nähmlich, die er bei dem
Reichshofrath in Wien eröffnet hatte, um das Recht
der Primogenitur in seinem Hause einzuführen.

Die erste Anregung zu diesem wichtigen Staats-Akte
ging jedoch nicht von ihm aus; schon in den Jahren
1685 und 1686 hatten verschiedentliche Korrespondenzen
dieserhalb zwischen dem Herzoge Johann Georg von S.-
Eisenach und den Brüdern Wilhelm Ernst und Johann
Ernst von S.-Weimar stattgefunden. Der Erstgenannte
hatte sich brieflich an die Herzöge von Weimar gewandt,
dieselben an die über jenes Thema verschiedentlich stattgehabten Unterredungen erinnert und gebeten, man möge
sich jetzt entschließen und eine entsprechende Instruktion
dem gemeinschaftlichen Gesandten in Wien zukommen lassen,
„damit bei jetziger Lehns-Negociation am Kaiserl. Hofe
unter der Hand dasselbe zugleich practiciret und nicht
etwan künftig eigene Kosten deshalber aufgewendet werden

müssen". Beide Herzöge stimmen in ihrer Antwort mit jener Ansicht überein, „da wir auß den Exempeln anderer fürstlicher Häuser im Reiche befinden, daß solche pacta zu derer sonderbahrem flor und Auffnahme außgeschlagen;" — man möge daher von Eisenach ein project sothanen pacti fördersamst communiciren. — Dieser Entwurf ließ aber längere Zeit auf sich warten, und da inzwischen im Jahre 1686 der erstgeborne Sohn Johann Ernst's wenige Wochen nach seiner Geburt gestorben war, entstand auf der Eisenacher Seite ein juristisches Bedenken, welches in einem Schreiben vom 16. August j. J. zur Sprache gebracht wurde. Man würde, schrieb man, die disposition gern mitgetheilt haben, wenn dieselbe nicht durch den Tod des ältesten Prinzen variabel gemacht, und jetzt ganz anders eingerichtet werden müßte. Ueberhaupt sei ein ganz anderer Fall; in Eisenach werde das Primogenitur-Recht per dispositionem paternam inter filios, in Weimar aber per pactum inter fratres introduciret; — eine Gesammt-Vollmacht und Instruktion sei daher nicht wohl möglich; es möge jedes fürstliche Haus für sich die Kaiserliche Confirmation nachsuchen. Vorläufig sei aber der Gesandte bereits instruirt, das beiderseitige dessein bei dem Reichshofrath zu incaminiren. — Von Weimar aus ward hierauf unter dem 24. August geantwortet: es sei von Anfang an die Intention dahin gegangen, mittelst eines gemeinsamen Vergleichs per dispositionem inter filios praesentes et futuros solch jus primogeniturae einzuführen, wodurch die Posterität beiber Linien verbunden würden. Per pactum inter fratres könne es nicht geschehen, da ja der zweite Bruder schon per pacta et providentiam majorum bereits längst im Besitz der Mitregierung sei, und ihm nicht zugemuthet werden könne dieselbe aufzugeben; die vorhabende disposition geschehe ebenmäßig ratione futurae posteritatis. Es liege daher keine diversität vor, und es würde das Werk besser und füglich conjunctim negotiiret. — Dieser Deduction wußte man in Eisenach nichts weiter entgegen zu stellen, und theilte demnach von dort aus unter dem 12. September ein Concept mit. Allein wenige Tage darauf, am 19. September 1686, starb der Herzog Johann Georg von Eisenach ganz unerwartet eines plötzlichen Todes auf der Jagd, und damit fand die gemeinschaftliche Negociation, wie auch jedes weitere Vorschreiten in dieser Angelegenheit ein einstweiliges Ende. Daß übrigens auch in dieser Frage eine Verschiedenheit der Ansichten unter den zur Berathung Berufenen vorlag, und eine vielleicht einflußreiche Opposition möglicher Weise eine Schwenkung der leitenden Principien herbeigeführt haben konnte, das geht aus einem votum hervor welches sich bei den Akten befindet. Ob dasselbe von dem Hofrath Schmidt oder von dem Hofrath Gerhard herrührt, welche Beide als mit der Consultation über das Eisenacher Concept beauftragt genannt werden, oder ob nicht vielmehr ein Eisenacher Rath seine ohnmaßgeblichen Bedenken in die Wagschale hat werfen wollen, darüber läßt sich nicht einmal eine Vermuthung aufstellen, da die Unterschrift

fehlt und das Aktenstück selbst unzweifelhaft nur eine Ab=
schrift ist. Der Curiosität halber dürfen wir diese Herzens=
ergießung eines standhaften Conservativen nicht völlig mit
Stillschweigen übergehen. Er sagt: „Das Primogenitur=
Wesen ist 1) ein fremder, 2) in Teutschland hiebevor nicht
erhörter, 3) dem Fürstenstande und Einigkeit ebenbürtiger
Brüder oder Vettern höchstschädlicher und dahero 4) ganz
ungleicher und unbilliger dominat, — giebt auch heut
zu Tage Sach' und Anlaß zum Abfall von der wahren
Evangelischen Religion und Annehmung des Pabstthums,
wie die heutigen leibigen Exempel genugsam ausweisen.
Und kann daneben dasselbige von einem Herrn allein
bona conscientia nunmehr nicht eingeführt werden, weil
es der im Vertrage de anno 1629 gemachten Wehmari=
schen Ewigen General=Satzung und dem Fürst=Väterlichen
Testamente e diametro zuwider laufen würde. Ueberdies
ist nicht wohl einzusehen, wie die heutige fürstlich Eise=
nachische Linie in eben sonderlich größerem Respekt leben
würde, wann allein der erstgeborne Herr, der Landes=
regierung und Einkünfte wegen, besser versorgt wäre, die
übrigen jungen Herrn aber crepiren und von dem meisten
fürstlichen Respekt abgewiesen sein sollten. In summa,
die Einführung eines rechten formal Primogenitur=Wesens
hat allein das Absehen auf äußerlichen splendor, hölt
gleichsam Fleisch vor seinem Arm, und setzet das Ver=
trauen nicht so sehr auf Gott." — —

Der Verfasser dieser religiös=staatsrechtlichen Diatribe
gegen die intendirte gottlose Neuerung hatte jedenfalls die

Genugthuung, daß vorläufig nicht mehr davon gesprochen wurde. Erst 30 Jahre später zeigte es sich, daß der einmal gelegte Keim langsam und unmerklich Wurzel gefaßt hatte.

In dem Ehe-Contrakte des Herzogs Ernst August und der Herzogin Eleonore Wilhelmine, d. d. Köthen am 24. Januar 1716 finden wir folgende Stelle:

§ IX. „Schließlich und zum Neunbten, weiln wir Herzogin Eleonore Wilhelmine in Erwägung gezogen, was denen fürstlichen Häusern aus benen vielfältigen Vertheil- und Zergliederungen Ihrer Fürstenthümer und Landen, obschon solche nur respectu der Intraden geschehen, vor Nachtheil und Zerrüttung pflegen zuzuwachsen, hingegen wie durch Aufrichtung des primogenitur Rechts der splendeur und Autorität einer Familie conserviret werden kann, so haben wir gegen Unsers freundlich geliebten Herrn Gemahls Liebden wohlmeinend angetragen, obgedachter Vertheilung vors künfftige aufzuheben, und angeregtes Recht der ersten Geburth in dero fürstlichen Linie und bei fürstlicher Posterität einzuführen.

Gleich wie Wir Herzog Ernst August nun ohnedieß vorlängst gleiche Gedanken gehabt und gemeint gewesen, allem demjenigen, was die Macht und splendeur Unsers fürstlichen Hauses vermindern kann, entgegen zu gehen, und die Primogenitur einzuführen, also haben Wir kein Bedenken gefunden, auch deßfalls mit Unßer freundlich geliebten Frau Gemahlin Liebden einen verbindlichen Schluß zu faßen, gestalt wir denn nicht allein allen Vertheilungen,

Zergliederungen und Vereinzelungen, sowohl jetzo als in
Zukunft kräfftigst absagen, sondern auch mehr angeregtes
jus primogeniturae in Unserer fürstlichen Linie und bei
Unserer fürstlichen Posterität in allen Fällen hiermit
in bester Form Rechtens, und zwar sowohl quoad
Allodialia als Feudalia, darunter jedoch Unßerer künff=
tigen Frau Gemahlin Liebben eigenthümliches Vermögen
nicht zu verstehen ist, eingeführt haben wollen,
dergestalt und also, daß nach Unserem in Gottes Hand
stehenden Todesfalle Unser ältester Sohn, und nach dessen
seeligem Hintritt wiederum dessen ältester Sohn und dann
so lange Unsere fürstliche Posterität wehret, jeder Zeit
derjenige, welchem es wie nach dem Recht der Erst=Ge=
burth insgemein gebühret, allein succediren soll. — Und
wie wir ferner nicht ermangeln wollen, besondre Verord=
nung, wie es mit den andern Unßern fürstlichen Kindern
und folgender nachgebohrner Posterität ratione appanagii
gehalten werden soll, zu machen, also werden Wir auch
bemüht sein, alles was zu mehrer Festsetzung sothanen
eingeführten Rechts der ersten Geburth dienlich sein mögte,
beizutragen. — Welche Introduction der Primogenitur
Wir Hertzogin Eleonore Wilhelmine acceptiret, und wie
Uns unßers freundlich geliebten Herrn Gemahls Liebben
fürstlich versprochen, es dabei lediglich bewenden zu lassen,
also thun Wir hingegen wiederum dieses Versprechen, daß
Wir niemals entstehen werden, solch hochnützlich Werck
überall mit befördern zu helfen."

Der Wortlaut dieser Bestimmung der Ehepacten läßt

die Ansicht zu, als habe Ernst August geglaubt, diese wich=
tige Neuerung lediglich als eine Familien = Angelegenheit
behandeln zu können. Ganz in demselben Sinne ist auch
sein Testament vom 4. August 1717 abgefaßt, worin er
gleichfalls bestimmt, daß jedesmal der Erstgeborne und
dessen Posterität, in dessen Abgang der zweitgeborne und
dessen Posterität u. s. w. wie es in den Ehepakten ver=
abredet, als rechter wahrer Universalerbe instituirt sein
solle: „dergestalt und also, daß mehrgedachter unser Printz
und alle dessen successores in obgedachter maße nach dem
jure primogeniturae — — — — einzig und allein
succediren, und denen postgenitis eine fürstliche Abfin=
dung reichen und verabfolgen lassen soll." Letztere wird
für den ältesten Nachgebornen auf 5000 Thlr., für die
folgenden auf 4000 Thlr. jährlich festgesetzt.

Die Anschauung, daß es sich hier um eine einfache
Familien=Institution handle, muß jedoch bald darauf einer
bessern Ueberzeugung gewichen sein, denn unter dem
4. October 1717 berichtet die Regierung: „sie habe bei
dem Extrakt des Testaments nichts zu erinnern gefunden,
halte vielmehr dafür, daß die einzuführende primogenitur
dem gesammten Fürstenthum und Land zum gedeihlichen
Aufnehmen gereichen werde." Und zwei Tage später, am
6. October, ward in der Gesammt=Regierung, d. h. im
Ministerrathe unter Vorsitz beider Herzoge, für nöthig
erachtet, der Landschaft consens zu erfordern, — weil
man aber sofort zu einem allgemeinen Landtag nicht ge=
langen könne, möge man einige vom engern Ausschuß

vorladen und ihnen den propos zu vernehmen geben, auch selbigen überlassen, auf was vor Art Sie nach= gehends diese Affaire an die Uebrigen von der Landschaft bringen wollen.

Diesem gemäß erschienen am 21. October: der Ge= heime Rath Wildvogel für die Universität Jena, der Ober= schenk von Gleichen zu Tannroda, der Oberjägermeister von Göchhausen zu Buttelstedt, der von Mandelsloh zu Neumark, und der Rath von Weimar. Der denselben vorgelegte wichtige Staatsact muß bei ihnen auf keinerlei divergirende Meinungen gestoßen sein, denn schon am 23. October überreichten sie ihr Gutachten, welches sich folgendermaßen ausspricht: „— — und gleichwie dieselben bei der gnädigst anbefohlenen und hierüber unterthänigst gepflogenen deliberation gefunden, daß die zu etablirende Primogenitur den Wohlstand und splendeur des hoch= fürstlichen Hauses glücklichst erhöhen könne, und daß die daran hauptsächlich part nehmende Wohlfahrt des ge= sammten Weimarischen Landes und Unterthanen zugleich mit anwachsen müsse, und mithin dieselbe in Unterthänig= keit anzurathen sei, — also haben Sr. hochfürstlichen Durchlaucht sie solches hiedurch in treugehorsamster De= votion zu erkennen geben sollen, werden auch in Unter= thänigkeit nicht ermangeln, hierüber ihrer nicht mit an= wesenden Mitstände Gutachten vermittelst gebührender Communication einzuholen und nach dero Erfolg davon unterthänigst Eröffnung zu thun."

Es scheint jedoch bei diesem ersten Gutachten sein

Bewenden gefunden zu haben; es finden sich wenigstens keine weiteren Spuren irgend eines Vorgehens der Landschaft in dieser Angelegenheit. Höchsten Ortes mag man überhaupt auf diesen ganzen Consens kein besonderes Gewicht gelegt haben, denn das Gesuch an den Kaiser um Confirmation war bereits am 12. August 1717 nach Wien abgegangen.

In diesem Gesuche schildert der Herzog den Zustand der dem fürstlichen Hause angehörigen Lande, welche durch die vielfältigen Theilungen dahin gediehen, daß es unmöglich sei weiter zu subdividiren, und sollte nach bisherigen principiis eine communion statuirt werden, so mögte unter seiner Posterität nichts als Uneinigkeit und Zwietracht zu besorgen sein. Dieser passus ist, beiläufig erwähnt, sehr charakteristisch für die Schilderung der Zustände, unter denen der Herzog selbst als Mitregent zu leiden hatte. Er bittet demnach unter Beifügung der Extrakte aus den Ehepakten und aus dem Testamente, „sothanes jus primogeniturae auf meine Descendenz aus Kaiserlicher Macht und Gewalt zu confirmiren, je offenbarer der Zustand meines Hauses es erfordert und Meiner Landschaft selbst daran gelegen, daß sie durch Vertheilung nicht ferner geschwächet und zu Uebertragung der Reichs- und Crays-onerum mehr und mehr inhabil gemacht, sondern lieber so viel möglich in esse erhalten und bei etwa begebenden Anfällen wieder verstärkt werden möge.“

Unerwartet rasch erfolgte hierauf ein Conclusum des Reichshofraths-Collegium vom 7. December 1717, wonach der extractus testamenti in forma authentica, und eben so dem Inhalte des relati gemäß der consens der nächsten Agnaten und Vettern beizubringen sein würde.

Damit scheint es aber seine besondern Schwierig= keiten gehabt zu haben, denn bis zum Jahre 1721 ruht die Angelegenheit vollständig. Es war dies die Zeit, wo die Differenzen wegen des Principats zwischen den beiden Mitregenten den höchsten Punkt erreicht hatten. Unter solchen Umständen war schwerlich daran zu denken, daß die Einwilligung des Herrn Oheims erlangt werden könne. Dieselbe war freilich für die Hauptsache bereits ertheilt, indem der alte Herr, gleichwie der Herzog Johann Wil= helm von Eisenach, die Ehepakten unterschrieben hatte. Mit welchem Mißtrauen der Herzog Wilhelm Ernst die Schritte seines Neffen verfolgte, erhellt auch aus einem Höchsten Rescript an den bevollmächtigten Agenten Schlegel in Wien, d. d. 7. März 1721: „Demnach verlautet, ob wollten Unsers freundlich geliebten Herrn Vetters Ernst August, Herzog zu Sachsen, Liebden, dero primogenitur= Sache an Kaiserlichem Hofe anbringen lassen, und Euch dazu gebrauchen: als begehren Wir vor Uns und hoch= gedachten Ihro Liebden hiemit gnädigst, Ihr wollt, wenn Ihro Liebden an Euch dießfalls etwas werden gelangen lassen, solches vorher an Uns als regierenden Landes= fürsten in Unterthänigkeit berichten."

Wie sich der Herr Schlegel aus dieser intricaten Lage zwischen Ambos und Hammer herausgezogen, bleibt uns verborgen. Wir sehen aber, daß Ernst August grade um

dieselbe Zeit neuen Muth zur Arbeit schöpft. Am 17. März
1721 erneuert er in einem Schreiben an den Kaiser sein
Gesuch um Bestätigung, legt Ehepakten und Testament in
Original vor, und bezieht sich hinsichtlich der Einwilligung
der nächsten Agnaten auf die gedachte Unterschrift der
Ehepakten.

Das Reichshofraths=Collegium aber hatte sich augen=
scheinlich bei der raschen Decernirung des ersten Inter=
locuts übermäßig angestrengt, und bedurfte daher einiger
billigen Ruhe. Die dazu in Anspruch genommene Zeit
von 3 Jahren mochte jedoch dem Herzog Ernst August
etwas zu sehr in die Länge gedehnt erscheinen, und so
wendet er sich denn unter dem 25. Februar 1724 wieder=
holt an den Kaiser, „da an der Beschleunigung und der
Sache Richtigkeit um so mehr gelegen, als Meiner Ge=
mahlin Liebden sich wiederum von Gott mit Leibesfrucht
gesegnet befindet und vielleicht einen Prinzen zur Welt
bringen möchte, der hernachmalst, wenn die Sache nicht
vorher zu Stande kommen und Ew. Majestät allergnä=
digste Confirmation erfolget wäre, in Meinung daß er
durch seine Geburth schon ein ihm unzubenehmendes Recht
zur Mitsuccession in die väterlichen Lande nach der jetzt
vorwaltenden Regimentsform erlanget hätte, leichtlich
Schwierigkeiten und seinem erstgebornen Bruder Verdruß
machen dürfte!!" — Auch in dieser Eingabe wird wieder
Bezug genommen auf die Einwilligung der Agnaten durch
Unterschreibung der Ehepakten, außerdem aber noch an=
geführt, daß Herzog Wilhelm Ernst noch eine aparte Er=

klärung abgegeben habe, — was jetzt auch nicht weiter überraschen kann, da in dem vorhergehenden Jahre die Versöhnung zwischen Oheim und Neffen stattgefunden hatte, die denn auch von nun an nicht weiter, wenigstens nicht öffentlich, gestört ward. Ferner wird in dieser Eingabe darauf hingewiesen, daß in der Eisenacher Linie das Primogenitur=Recht bereits eingeführt sei, und daß für die Gothaische Gesammtlinie, falls diese einst in Weimar succediren sollte, kein Präjudiz vorliege, da die gegenwärtige Disposition sich ausdrücklich nur auf die Weimarische Linie beziehe.

Solche bringende Vorstellungen mußten das Herz des Referenten treffen, und bereits unter dem 2. September 1724 konnte der Agent Schlegel berichten, daß am 31. August folgendes conclusum ergangen sei: „Publicatur resolutio Caesarea, laut deren Ihro Kais. Majestät gehorsamsten Reichs=Hof=Raths Gutachten allergnädigst approbirt haben; et in conformitate ejus fiat expeditio Primogeniturae. Wobei Ihro Kais. Majestät für gut befunden haben, daß von Fürsten Herrn Impetranten geschehener Anzeige nach, mittelst Dero Herrn Vettern Hertzog Wilhelm Ernsten, denen gesambten Herrn Landständen die von Ihro Kais. Majestät zum aufnehmen selbigen fürstlichen Hauses und des Landes allergnädigst ertheilte Primogenitur Confirmation gewöhnlicher Maaßen zur wissenschaft und Ihrer Darnachhaltung gebracht werde. —"

Im Februar 1725 langte das Kaiserliche Diplom in Weimar an, und ward von Ernst August dem regieren=

den Herrn Oheim übergeben, um den Landständen davon
Eröffnung zu machen, wobei zugleich eine Danksagung da=
für erfolgte, daß Serenissimus Regens zu Abtragung
der Primogenitur=Kosten die Landstände disponirt hätten.
Am 21. März erschienen sodann in der Geheimten Raths=
Stuben vor dem Obermarschall Marschall als Kanzler
und dem Geheimen Rath von Reinbaben, die Mitglieder
des Landständischen Ausschusses: 1) Hr. Professor Beck,
für die Universität; 2) Hr. v. Mandelsloh, 3) Hr. v.
Milckau, für die Ritterschaft; 4) Hr. Bürgermeister Eichel=
mann von Weimar, wegen der Städte. Das Protokoll
meldet uns, daß die Feierlichkeit sehr kurz und trocken
vorübergegangen: „Hr. Obermarschall eröffnet, das Di-
ploma sei eingelaufen, und man wolle ihnen das Original
übersenden, welches sie in ihrem consessu publiciren
könnten; wenn solches zurückgegeben, sollten sie auch eine
copiam vidimatam erhalten, und überlasse man ihnen
sodann den modum wie sie es an die übrigen Landstände
bringen wollten. — Hr. Prof. Beck danket pro commu-
nicatione, hänget einen Wunsch an, und wollten schon
alles besorgen.“

Da die Kosten dieser Haupt= und Staats=Aktion von
den Landständen übernommen worden, so scheint damit
ein großer Stein vom Herzen Ernst August's gefallen zu
sein. Schon bald nach der ersten Einleitung der Sache
schrieb er unter dem 26. Juni 1718 an den Kurfürsten
von Mainz: „er habe vernommen, wie in dergleichen
Fällen Sr. Liebden einem und andern fürstlichen Hause

die Taxe généreusement erlassen, und deshalb nehme er in sonderbaren Vertrauen die Freiheit um eine gleiche solche Gütigkeit zu bitten." — Der Kurfürst war Tauf= pathe von Ernst August's erstem Sohne; er antwortete unter dem 30. September: die Auslagen bei der ihm untergebenen Reichshofraths=Canzlei und zu deren nöthigen sustentation seien überaus groß, die Einnahme aber kaum anreichig, — nichts desto weniger aber wolle er Sr. Liebden doch aus besondrer Neigung ein Drittel an ob= bemelter Tax zu gute kommen lassen.

Die Zusammenstellung aller verursachten Kosten ergab nun beim Schluß der Verhandlungen die Summe von 6863 fl. 30 kr. Rh. Diese specificiren sich folgender= maßen: 5763 fl. 30 kr. für den Original=Taxschein; 300 fl. zur Facilitirung der Expedition; 200 fl. für die goldene capsul; 400 fl. dem Herrn Referenten; 200 fl. dem Rath und Agenten von Schlegel. Für das, was da= durch erreicht worden, ist diese Ausgabe selbst bei dem damaligen Geldwerth jedenfalls eine äußerst mäßige.

Nach der befriedigenden Beendigung dieser Ange= legenheit wandte Ernst August seine Aufmerksamkeit mehr auf die innern Zustände des Landes, um nach der statt= gehabten Versöhnung mit dem Oheime durch praktische Bethätigung an dem Wohle der Unterthanen gewisser= maßen seine Berechtigung zu dem von ihm erhobenen An= spruch auf umfassendere Mitregierung zu beweisen. Als besonders bemerkenswerth mag hier erwähnt werden, daß

er das Dorf Koppanz bei Jena, welches in dem unse-
ligen Bruderkriege zwischen dem Kurfürsten Friedrich II.
und dem Herzog Wilhelm im Jahr 1450 zerstört worden
und seitdem eine Wüstung geblieben war, wieder aufbauen
ließ, und die einziehenden Bewohner mit verschiedenen
Freiheiten ausstattete. Von der Erbauung des Lustschlosses
Belvedere, welche in diese Zeit fällt, ist bereits oben die
Rede gewesen. Auch den Wissenschaften ward jetzt ein
größerer Theil der Zeit gegönnt als früher; Ernst August's alter Lehrer Buddeus hatte den berühmten Philo-
logen Johann Mathias Gesner als Conrektor des Gymnasiums nach Weimar empfohlen, und das Wesen dieses
Gelehrten scheint ihm sympathisch gewesen zu sein, —
was ihn jedoch später nicht hinderte demselben als Günstling und Freund des Geheimen Raths von Marschall
gen. Greif seine Ungnade empfinden zu lassen.

Mitten unter diesen Beschäftigungen ward er durch
den für ihn höchst schmerzlichen Verlust seiner Gemahlin
betroffen; wie bereits oben erwähnt, ward dieselbe am
30. August 1726 ihm durch den Tod entrissen. Zehn
und ein halb Jahre hatte die Ehe gedauert, und acht
Kinder hatte die Herzogin ihrem Gemahle geboren, drei
Prinzen und fünf Prinzessinnen. Von diesen waren der
älteste Sohn, die zweite und die dritte Tochter in jugend-
lichstem Alter ihrer Mutter bereits vorangegangen.

Dieser Verlust war einer der wesentlichsten Beweggründe, daß der Herzog im folgenden Jahre eine Reise
nach Oesterreich und Ungarn unternahm; er benutzte den

Aufenthalt in Wien, um mit dem Kaiser Karl VI. und
dem Prinzen Eugen von Savoyen, „dem edlen Ritter,"
in nähere Verbindung zu treten, was seine Ernennung
zum K. K. Feldmarschall-Lieutenant zur Folge hatte.

Eine in den Akten erhaltene „kurtze Vorstellung die
Anwesenheit Ihrer hochfürstlichen Durchlaucht des Herrn
Hertzog Ernst August zu Sachsen-Weymar am Kayserlichen Hofe betreffend. Wien den 6. September 1727."
ist für damalige Zeit und Zustände zu charakteristisch, als
daß sie hier übergangen werden dürfte.

„Demnach Seine Hochfürstliche Durchlaucht durch den
unvermutheten im Augusto des abgewichenen 1726. Jahres
erfolgten töblichen Hintritt Ihrer sehr tugendhaften und
hochvernünftigen Frau Gemahlin Eleonora Wilhelmina,
die eine Printzessin aus dem hochfürstlichen Hause Anhalt-
Cöthen und Wittib Herrn Friedrich Erdmanns Hertzogens
zu Sachsen-Merseburg war, in die empfindlichste Bekümmerniß gesetzet worden, haben Sie beschlossen dan und
wan aus Ihrer Residenz Weymar wegzubleiben, wie Sie
dan ohnlängst resolviret, in Gesellschaft des Kaiserl. General - Wachtmeisters Herrn von Wutginau nach dem
Kayserlichen Hofe zuerst Sich zu begeben, solches jedoch
ohne einige suite zu thun, 'und zwar unter dem Namen
eines Grafen von Reuss. Ihro Durchlaucht hielten bey
Ihrer medio July 1727 geschehenen Ankunft in Wien
Sich gantz incognito, und gaben niemand als des Printzen
Eugen hochfürstliche Durchlaucht die visite, welche dazu-
mahlen mit sehr wichtigen Geschäften überhäuft, nur gantz

kurtz und generaliter Sich explicirten.*) Weil Ihro Excellenz der Herr Graf Wurmbrand, mit welchem der Herr General von Wutginau umständlich geredet, nach vielen vorhergegangenen favorablen Versicherungen gerahten, an den Reichshof vice Kantzler Grafen von Schönborn vornehmlich Sich zu adressiren, zugleich auch mit ihm wegen der bey beyderseits regierenden Kayserlichen Majestäten zu suchenden Audienzien vorläufig zu sprechen, inzwischen aber Ihro Durchlaucht eine Reise nach Ungarn vorgenommen hatten, so verfügete Sich der Herr General von Wutginau zu benantem Ministro dem Herrn Reichs= hof vice Kantzler nach dessen Zurückkehr von Neu=Schön- born, und legete im Namen Ihrer Durchlaucht bey dem= selben ein Compliment ab, welches Ihro Excellenz mit sehr gütigen Expressionen beantworteten, viele Conte- stationen beyfügende, wie Sie erfreut wären Ihro Durch- laucht hier zu sehen, daß Sie Ihro genommene Ent= schließung den Kayserlichen Hof zu besuchen auf alle Wehse billigten und bey der Retour Ihrer Durchlaucht aus Un= garn auf das erste avertissement bei Ihrer Kayserl.

---

*) Es darf hier daran erinnert werden, daß grade zu dieser Zeit ein allgemeiner Europäischer Krieg drohete. Preußen war dem Herrenhauser Vertrag vom Sept. 1725 abtrünnig geworden, und hatte im Ott. 1726 ein Bündniß mit Oesterreich und Rußland ge- schlossen. England und Frankreich vereinigten sich darauf mit Schwe- den, Dänemark und Sardinien. Doch ward einstweilen durch den Congreß von Soissons der Friede noch bis zum Jahre 1733 er- halten.

Beaulieu Marconnay.   7

Majeſtät Sie melden, auch ſonſt gerne alles beytragen würden, was zu Ihrer Durchlaucht Vergnügen nur immer gereichen könne; beſonders gaben Ihro Excellenz zu erkennen, wasmaßen Sie glaubeten, es ſey am reputirlichſten und vor Ihrer Durchlaucht Selbſteignes Intereſſe das erſprießlichſte, mithin Deroſelben auf alle Weyſe anzurathen, daß Sie bey Ihrer dermahligen erſten Anweſenheit von demjenigen, was Sie etwa anzubringen haben möchten, abſtrahireten, anſtatt deſſen aber den Grund der Bekanntſchaft zu legen und nach und nach von den guten Dispoſitionen zu profitiren ſucheten.

Einer gewiſſen vornehmen Dame, welche bey beyderſeits regierenden Kayſerlichen Majeſtäten in particularem Credit und Gnaden ſtehet, hat man mit der behörigen circumſpection einige Nachricht von Ihrer hochfürſtlichen Durchlaucht löblichen Abſichten zu ertheilen vor etlichen Tagen die bequeme Gelegenheit gefunden, da man ſie dan zugleich dahin vermocht, Ihrer Maj. der Kayſerin ein und anderes vorläufig zu hinterbringen. Ihre Sentiments ſtimmten mit des Herrn Grafen von Schönborn ſeinen völlig überein, nehmlich Ihro Hochfürſtliche Durchlaucht möchten belieben den Anfang davon zu machen, daß bey denen Kayſerlichen Majeſtäten Sie Sich inſinuireten und den Printzen Eugene wie auch diejenigen mit denen Ihro Durchlaucht familierement umgingen, ſorgfältig cultivireten, ohne gleich anfänglich Vorſchläge zu thun oder etwas zu begehren. Durch dieſe Ihro Selbſt glorioſe

Bescheidenheit und kluges menagement würden Sie Sich den Weg bahnen, indem, was Sie intendireten, künftighin desto glücklicher den Zweck zu erreichen, dahingegen nichts gewisser als daß wan man zu einer Zeit, da die Conjunctur noch nicht vorhanden, ein Geschäft hier vortrüge, oder solches wohl gar pressirete, man den Printzen und die Kahserlichen Ministros nur von Sich entfernen, folglich sowohl die eigne Persohn, welche doch alle consideration verdiene, als die Affaires unbeliebt und schwehr machen dürffte. Das weitläufftige Systema und die maximen des hiesigen Hofes müße man auf eine eigne Ahrt beurtheilen, und diese wohl observiren falls man reussiren wolle. An andern Höfen, wo der Absichten und Negotien nicht eine solche Menge, auch die Einrichtungen anders beschaffen wären, seh es leicht eine resolution auszuwürken, an dem Kahserlichen müßte man Geduld tragen und auf ein favorables tempo es ankommen laßen.

Dahin gehen ebenmäßig die Antworten des bewußten Herrn Hof-Kriegs-Rahts, der sein unveränderlich devotestes attachement bezeiget und mit vieler cordialität zu redlicher assistenz sich erbiethet. Man muß Ihm, wenn man seine Rationes hört, nothwendig behpflichten; denn wem wäre wohl lieber, als solchen ehrlichen und experimentirten Leuten die Sachen bald zu endigen und neue vorzunehmen; Sie sehen sich aber obligiret, eine bequeme occasion abzuwarten und den Baum nicht eher zu rühren, als bis die Früchte reiff.

Die Ursachen welche den Kahserlichen Hof bewegen

7*

können höchstgedachten Herrn Hertzogs Hochfürstliche Durch=
laucht Sich auf eine specielle Weyse zu versichern, und
noch außer der Reichsverbünblichkeit von etwas mehreren
mit der Zeit zu profitiren, wird das hocherleuchtete Kayser=
liche Ministerium zwar wohl von Selbst begreiffen, den=
noch führet man in denen discursen nachfolgende haubt=
sächlich an:

1) Daß das hochfürstliche Hauß Sachsen=Weymar
das erste von der hertzoglich Sächsischen Ernestinischen
Linie, und allerdings considerabel, imgleichen daß das=
selbe wegen seines Fürstenthums Weymar ein besonderes
votum auf Reichs= und Creis=Tagen allein führe, auch
sonst an andern mit participire.

2) Daß die Weymarischen Aemter, Vasallen, Land=
saßen und Unterthanen in einem von Gott ziemlich ge=
segneten Stande sich befinbeten und weder an Leuten noch
Mitteln kein Abgang sich ereigne, wie denn das Land zu
Werbungen ungemein wohl situiret.

3) Daß des in Wien anwesenden Herrn Hertzogs
Ernst August hochfürstliche Durchlaucht welche in Ihrem
besten Alter nehmlich von 39 Jahren, und 10 Jahre ver=
mählet gewesen, Ein Liebhaber guter Ordnungen und An=
stalten, ingleichen rechtschaffener Leute und in specie der
Soldaten, würklich mitregierender Landesherr, auch nach
dem in Gottes Hand stehenden Töbtlichen Hintritt Ihres
Herrn Vettern Wilhelm Ernst der Ao. 1662 gebohren
und Ao. 1683 die Regierung angetreten, von einem hohen
Alter und ohne Erben, allein regierender Herr werden.

Es wäre auch, weil diejenigen Differenzien so zwischen beyden Durchlauchtigsten Herrn Regenten obgeschwebt, und von gewissen Persohnen fomentirt worden durch den vor etlichen Jahren errichteten Vergleich beygeleget, dermahlen unter Ihnen eine gute Harmonie und existente casu keine Weitläufftigkeit zu besorgen.

4) Giebt man den Kayserlichen Ministris ferner zu erkennen daß hochgedachte Seine Durchlaucht eine besondere Neigung und Begierde tragen Ihrer Kayserlichen Majestät bey allen Fällen Proben von Ihrer patriotischen devotion zu geben, und wan der von Ihrer Kayserl. Majestät rühmlichst intendirte friedliebende Zweck nicht sollte erhalten werden, willig und bereit seyn, Ihr äuserstes bißfalls zu thun, und im Wercke zu erweisen wie redlich Sie es meinen. Des Herrn Grafen von Wurmbrand Excellenz bey der letzten Absendung in das Reich in Weymar zu sehen, hatten Sie zwar nicht das Vergnügen gehabt, von Ihro habe es jedoch vor dieses mahl nicht sondern von andern Umständen dependiret. Den Abgang ersetzeten Sie nun durch Ihre Anherokunfft und Ihre Selbsteigene mündliche Versicherungen die aus einem Teutschen reblich fürstlichen Gemüthe herflößen. Dannenhero auch nicht zu zweifeln, Ihro Kayserliche Majestät würden diese Ihre Demarche mit allergnädigsten Augen ansehen und daß dero hocherleuchtestes Ministerium darauf besonders reflectiren, auch seine Gefälligkeit bißfalls bezeigen würde.

Jetzterzählete und mehr andere Motive, die man dem

Herrn Reichshof vice Kantzler und oberwähnter Dame,
wie auch dem Herrn von Lackowitz zu Gemüthe geführet, sind particulariter dem Kayserl. General von
der Cavallerie Herrn Grafen von Hamilton der bey dem
Printzen Eugene und Ihro Excellenz dem Herrn Grafen
von Schönborn in großem credit stehet, umständlich in-
sinuiret worden, und zwar etliche Stunden vorher als Er
vor 8 Tagen nach Neu-Schönborn, allwo Ihro Durchlaucht mit einer gewißen compagnie sich befinden, abge-
reiset. Er hörete solche nicht nur mit Attention an, sondern versprach auch einen nützlichen Gebrauch davon zu
machen. Herr Hoffkriegsrath von Lackowitz hat diesen
passum auf alle Weyse gebilliget, und gerathen, den Herrn
General Hamilton bestmöglichst zu cultiviren.

Den 27. kamen Ihro hochfürstliche Durchlaucht aus
Ungarn, allwo Sie die mehresten Festungen und was
sonst in dem von Gott über die Maßen gesegneten aber
mit wenig docilen und arbeitsamen Unterthanen besetzten
Lande angetroffen, gesehen und sogar bis über die Theiß
gegangen, in Wien glücklich an. Es fiel den folgenden
Tag Ihrer Majestät der regierenden Kayserin Geburtstag
ein, an welchem die größte gala zu seyn pfleget, bey
welcher zu erscheinen Ihro Durchlaucht beschloßen. Ihrer
Majestät der Kayserin war durch eine bey allerhöchstdero-
selben in sonderbahren credit stehenden Dame hievon
Nachricht gegeben, welche bezeigete, daß Ihro Majestät es
gar gnädig aufnehmen würden. Den Herrn Reichshof
vice Kantzler hatte man von Neu-Schönborn vor Mittags

erwartet, gegen Abend fuhren Ihro Durchlaucht unter dem
Namen eines Grafen von Reuss vor Ihrer Excellenz
Gartenhaus mit dem Herrn General von Wutginau.
Der Herr Reichshof vice Kantzler war aber noch nicht
arriviret. An dem Gala Tage schickten Ihro Durchlaucht
zu Ihro Majestät des Kaysers Obristen Cämmerer Gra-
fen von Cowenzel, welchem sowohl als dem Herrn
Obristen Hof Meister Ihrer Majestät der Kayserin dem
Fürsten Cordona Ihrer Durchlaucht Ankunft wie auch
das Verlangen denen Kayserlichen Majestäten die allerunterthänigste Submission zu bezeigen, Mittwochs vorher
hinterbracht worden war. Der Obrist Cämmerer entschuldigte nach vielen obligeanten Complimenten es, daß
Ihrer Majestät dem Kayser, welche Mittwochs den ganzen
Tag mit der Jagd Sich divertiret und erst spaht in die
Favorita zurückgekehret, Er noch nicht den Vortrag thun
können. Ehe Ihro Majestät an dem Geburtsfeste aus
der Favorita Sich in die Hoff-Kirche der P. P. Ordinis
Augustini mit dem gewöhnlichen Gefolg erhoben, sagte
der Herr Graf Cowenzel dem Raht Merlin zur Antwort, Ihrer Durchlaucht attention die Sie an diesem
vergnügten Tage bezeigeten, gereiche Ihrer Kayserlichen
Majestät zu besonderem allergnädigsten Gefallen, der Herr
Hertzog könne Sich, obgleich Er noch keine Audienz gehabt, Mittags bey Hofe einfinden und allzeit Audienz
haben, der Herr Obrist-Cämmerer nahm es solchergestalt,
als ob Ihro Durchlaucht gegen Abend nach Hofe Sich
zu verfügen hätten, um zur Audienz zu gelangen. Ihro

Durchlaucht erschienen zu der bestimmten Zeit, der erste Cammerherr in dem Dienst, Herr Graf Sereni entschuldigte den Herrn Obrist-Cämmerer welcher generaliter Sich expliciret, meldende, daß Ihro Kayserliche Majestät mit Ihrer Majestät der Kayserin in dem Spiel begriffen, und von dem Herrn Obrist-Cämmerer nicht deutlich genug informiret worden, daß der Herr Hertzog um Audienz denselben Tag angesuchet. Er fügete noch hinzu, der Tag wäre vor Ihro Majestät ohne dem fatigant, folglich würde Ihrer Majestät es bequehmer sein, wan die Audienz bis auf den folgenden Tag verschoben bliebe. Er offerirte sich Ihro Durchlaucht zu der opera, so in dem Favorita-Garten unter freyem Himmel praesentiret wurde zu führen, und war über die Maßen höflich. Ihro hochfürstliche Durchlaucht abstrahireten von der Audienz, nahmen hingegen das Anerbieten an, gedachter Cammerherr begleitete Sie solchem nach, und ersuchete den zweiten Cammerherrn der nach ihm den Dienst hatte, den Graf Bindon, inzwischen bey der Hand zu bleiben. Er placirete des Herrn Hertzogs Durchlaucht an einem gar bequemen Orte, wieß auch denen zwey fürstlichen Cavalieren Plätze an, und entretenirte Ihro Durchlaucht eine gute Weile. Die Opera, so Himeneo tituliret und bey einer Illumination und schönen Decoration bis gegen 12 Uhr des Nachts dauerte, gefiel Ihro Durchlaucht was theils die Sänger und Sängerinnen, theils die Music anbelangete sehr wohl.

Freytags meldete man Sich wiederum bey dem Obrist

Cämmerer Grafen von Cowenzel und bey dem Obrist
Hofmeister Fürsten Cordona wegen der Audienz. Hiezu
wurde von Ihren Majestäten die Stunde um 8 Uhr des
Abends benannt. Ihro Durchlaucht fanden zu der bestimmten Zeit Sich ein, und weil beyderseits Majestäten
von der Hirschjagd noch nicht revertiret, unterhielten Sie
Sich mit dem Printzen von Lothringen, dem Obersten
Cämmerer, den zwey Cammerherren und andern Cavalieren. Sobald Ihro Majestät der Kayser in Ihrer Re-
tirade zur Audienz fertig waren, klingelten Sie, und be-
fahlen dem Graf Cowenzel den Herrn Hertzog hinein-
kommen zu laßen. Ihro Durchlaucht legten gegen Ihro
Kayserliche Majestät die gantz nahe bey Ihro stunden das
Compliment auf das submisseste ab und bekahmen von
Ihro Majestät eine vernehmliche auch zu Ihrer größten
consolation gantz besonders gnädige Antwort, so daß auch
Sich Ihro Durchlaucht nicht entbrechen konnten, gegen
den Printzen von Lothringen, den Oberst Cämmerer und
beyde Cammerherrn es höchstens anzurühmen, mit was
vor Clementz Ihro Majestät Sich expliciret, wie Sie
Ihro bey dem Handkuß die Hand gedrücket, und wie Sie
Ihrer Kayserlichen Gnade Sie versichert, und zu erkennen
gegeben, daß Ihro Anwesenheit zu gnädigstem Gefallen
gereiche. Von dar begaben Sich des Herrn Hertzogs
Durchlaucht auf Ihrer Majestät der Kayserin Seite, Sie
wurden sogleich von dem Oberst Hofmeister, dem Fürsten
Cordona angemeldet. Die Dames, so bey Ihrer Majestät in dem Spiegelzimmer waren, küßeten der Kayserin

die Hand, und retirireten sich nach und nach. Die Oberste
Hofmeisterin, eine verwittwete Fürstin von Auersberg führte
Ihro Durchlaucht zur Audienz auf. Der Kayserin Majestät stunden in dem Spiegelzimmer vor dem Tisch und
hatten keine Hofdame bey Sich, sondern diese blieben in
der anticamera. Der Herr Hertzog näherte Ihro Sich
mit drey spanischen Reverenzen und that gleichfalls einen
convenablen Vortrag, den der Kayserin Majestät auf das
allergnädigste beantwortete, hienächst thäten Sie auch allerhand Fragen, daß solchem nach Ihro hochfürstliche Durchlaucht nachdem Sie gegen die Frau Obrist Hofmeisterin
und den Herrn Oberst Hofmeister Sich auf das obligeanteste bedanckt, sehr satisfait von beyden Audienzien
in Ihr Quartier zurückgekehret. Am Sontag erschienen
Sie Mittags wiederum bey Hofe, alwo weder der Päbst-
liche nuntius noch der französische und venetianische
Ambassadeur, als welche der Andachts Function bey
denen Paulanern beygewohnet, zugegen waren. Ihro
Durchlaucht stelleten, wie am Gala Tage geschehen Sich
an den gewöhnlichen Ohrt, den Fürsten zu occupiren
pflegen, nehmlich zur Rechten Ihro Majestät des Kaysers
bey die Tafel und blieben so lange dar bis beyderseits
Kayserliche Majestäten getruncken, und macheten beym Weg-
gehen eine spanische Reverenz, dahingegen Ihro Majestät
das Haubt in etwas neigeten. In den zwey vornehmsten
großen Assembleen Sontags bey dem Fürsten von Lichtenstein
und Montags bey Ihro Durchlaucht dem Printzen Eugene
sind Ihro Durchlaucht zugegen und sehr vergnügt gewesen.

Den 1. September gaben des Herrn Hertzogs hoch=
fürstliche Durchlaucht dem Erb=Printzen von Lothringen *),
welcher bey Hofe Ihro mit gar vieler complaisance be=
gegnet, in dero Gartenhause eine visite. Sie wurden
von demselben mit großer civilité empfangen, mit sehr
angenehmer manier in dem Herumgehen unterhalten, und
durch zwey Zimmer begleitet. Der Herr General Baron
von Neiperg, Ihrer Durchlaucht Obrist Hofmeister war
dabey zugegen, wie auch der General von Wutginau und
des Herrn Hertzogs zwey Cavaliere.

Den 2. wohneten Ihro fürstliche Durchlaucht, als
Graf von Reuss dem Festin des spanischen Botschafters,
des Duc de Bournonville, bey, so wegen Geburt des
Infanten, Don Ludovico, in dem Garten=Pallast ange=
stellet war. Die Music, so in vier Chören bestand, die
kostbahre Illumination des gantzen Gartens und der Zim=
mer, wie auch das Tractament, so sehr spaßt anging,
war schön und magnific. Ihro Durchlaucht blieben aber
nicht bey dem Letzteren. Diesen Nachmittag wurde Ihrer
Durchlaucht hinterbracht, es würde den folgenden Tag
der Erbprintz von Lothringen Ihro Durchlaucht die Gegen=
visite geben, so Viele und unter anderen auch Ihre Durch=
laucht der hier anwesende Herr Hertzog Anton Ulrich von
Sachsen=Meinungen nicht glauben wollen, in welcher Ver=
muthung Sie auch den Erbprintz nicht besuchet.

---

*) Der spätere Herzog Franz von Lothringen, welcher im J. 1736 der
Gemahl Maria Theresias ward, und, nachdem er Lothringen an Stanis=
las Lescinski abgetreten' hatte, das Großherzogthum Toscana erhielt.

Den 3. September des Mittags um 12 Uhr kahmen zu Ihrer Hochfürstlichen Durchlaucht jetzt hochgedachte Ihro hochfürstliche Durchlaucht der Lothringische Erbprintz, die den Herrn General Baron von Neiperg in einem mit 6 schönen Pferden bespannten Wagen bey Sich hatte. Beyderseits hochfürstliche Durchlauchten begegneten einander auf die höflichste Ahrt, und hätte die visite länger gedauert. Es ließen aber bey Ihro Durchlaucht dem Herrn Hertzog Ihro Excellenz der würkliche Kahserliche Geheime Rath Herr Graf Conrad von Stahrenberg, von dem man glaubt daß Er mit nächstem eine gar ansehnliche Charge bekommen dürfte, Sich anmelden, und entretenirte mit Ihro Hochfürstlichen Durchlaucht Sich auf das obligeanteste. Jetztgedachter Minister hatte den Tag vorher den Herrn General Wutginau ersuchet Ihro Durchlaucht zu bitten, daß Sie diesen Mittag bey ihm speisen möchten, so auch geschehen und es war allda eine choisirte Gesellschaft von Ministris und Dames, worunter die beyden Kahserlichen Plenipotentiarii Ihro Excellenzien der Herr Graf von Windischgrätz und Herr Baron von Bentenrieder von Adelshausen, bey welchem Letzten Ihro Hochfürstliche Durchlaucht an dem Geburtstage Ihro Majestät der Kahserin das Mittagsmahl eingenommen hatten."

Die ängstliche Besorgniß mit der man in Wien jedes etwa beabsichtigte Anliegen des fürstlichen Besuchers von vorn herein abzuwenden suchte, und die steife Etiquette mit welcher der Kaiserliche Hof umgeben war und unter der sich selbst die regierenden Reichsfürsten willfährig beug-

ten, geben diesem Fragment eine Bedeutung welche über
die persönlichen Beziehungen des Herzogs hinausreicht.

Nach der Rückkehr von dieser Reise verfiel Ernst August
in eine schwere Krankheit, welche ihn dem Tode nahe
brachte. Kaum wieder genesen, berief ihn der Tod seines
Oheims Wilhelm Ernst am 26. August 1728 zur Allein-
regierung seiner Lande.

Damit war denn die Stellung erreicht, die der Fürst
seit 19 Jahren in widerwärtigen, zum Theil gehässigen,
größtentheils erfolglosen, und ihrem ganzen Umfange nach
dem Lande und der fürstlichen Familie nachtheiligen Zwistigkeiten zu erkämpfen bestrebt gewesen war. Manche Geistes-
Kraft und Arbeit war unnütz vergeudet, manch guter Keim
in dem thatkräftigen und energischen jungen Fürsten vielleicht erstickt, einzelne schroffe Seiten des Charakters wahrscheinlich dadurch noch schärfer hervorgehoben worden.
Hätte nicht eine thörigte Institution seiner Altvordern ihn
in die schiefe Stellung eines Mitregenten berufen, wären
ihm nur die unbezweifelten Rechte eines Erbprinzen zu
Theil geworden, der die Zuneigung und sorgsame Liebe
seines alten Oheims schon aus dem Grunde in vollem
Maße genoß, weil er der einzige Stammhalter seines Hauses
war, — dann hätten die traurigen Zerwürfnisse und
steten Mißerfolge seiner ehrgeizigen Bestrebungen ihren
nachtheiligen, verbitternden Einfluß auf seine Gemüthsstimmung nicht ausüben können, und ein friedliches Leben
mit dem achtungswerthen Oheim, sowie der Segen einer
glücklichen Ehe würden unzweifelhaft die vielseitigen guten

Eigenschaften des Geistes und Herzens zu einer heilsameren Entfaltung haben gelangen lassen. Jetzt aber — erst im 40. Lebensjahre zur Selbständigkeit gelangt, zum Mann gereift unter den stachelnden Einwirkungen unbefriedigten Ehrgeizes, und grade dadurch zugänglicher den verderblichen Rathschlägen zweideutiger Charaktere, — wie kann es da Wunder nehmen, wenn im Laufe der Jahre manche Sonderbarkeiten die Oberhand gewannen, manche helle Seiten durch tiefe Schatten verdunkelt wurden. Die pacta et providentia majorum hatten sich hier, wie auch sonst in vielen Fällen, als unheilvolle Kurzsichtigkeit enthüllt.

Eine der ersten Maßregeln des selbständig regierenden Herzogs war die Entfernung des Geheimen Raths von Marschall gen. Greif von seinem Amte und gleiches Schicksal theilten Alle, die jenem ihre Stellung verdankten oder zu ihm in näheren persönlichen Beziehungen gestanden hatten. Mochten darunter Einzelne sich befinden, deren Verlust leicht zu verschmerzen und deren Ersatz rasch zu ermöglichen war, so konnte es doch auch nicht ausbleiben, daß durch diese Gewaltthat Andere betroffen wurden deren Entfernung Weimar einer beneidenswerthen Zierde beraubte. Unter diesen ist vor allen der damalige Conrektor des Gymnasiums, Johann Matthias Gesner zu benennen*). Seit 10 Jahren hatte dieser ausgezeichnete Mann eine Stellung bekleidet, die seinen hervorragenden Kenntnissen

---

*) Hettner, Literaturgeschichte des 18. Jahrhunderts Thl. III B. 1 S. 302 ff.

und seinem ausgebreiteten Ruhme wenig entsprach; vielfache Berufungen an bedeutendere Schulen hatte er jedoch
zurückgewiesen, hauptsächlich bewogen durch die Anerkennung
die ihm Wilhelm Ernst zollte, und durch die Freundschaft
die ihn mit dem Geheimen Rath von Marschall verband.
Letzterer war selbst ein gelehrter und den Wissenschaften
eifrig ergebener Mann, der Gesners Geist und vortreffliche
Lehrmethode rasch erkannt hatte, und bald in so vertrautem
Umgange mit ihm sich befand, daß selten ein Tag verging wo nicht Gesner bei ihm gespeiset hätte; während
der Ferien mußte ihm der Rektor nach seinem Gute Oß-
manstedt folgen, und die langen Winterabende verbrachten
Beide in Marschall's auserlesener Bibliothek, wo dann
hauptsächlich alles was auf die Kirchen= und Schul=Ver-
hältnisse Bezug hatte, den Gegenstand ihrer Unterhaltung
ausmachte. Seit sieben Jahren hatte Gesner neben seinen
übrigen Obliegenheiten auch noch die Ordnung der neuen
fürstlichen Bibliothek übernommen, welche wesentlich aus
den erkauften Sammlungen von Logau und von Schurz-
fleisch bestand, und nicht blos einen Catalog der Bücher-
titel, sondern auch Commentare über den Inhalt der einzelnen Werke und ihrer Theile angefertigt. Seine außer-
ordentliche Belesenheit hatte ihn in den Stand gesetzt, den
Herzog Ernst August einst vor der Gefahr von einem vor-
geblichen Schatzgräber betrogen zu werden, zeitig genug zu
bewahren, und der Herzog hatte bei dieser Veranlassung
nicht nur die damalige Stellung Gesners für ungenügend
erklärt, sondern ihm auch die besten Versprechungen für

die Zukunft gemacht.*) Gegen alle Erwartung befand sich
nun dennoch Gesner unter der Zahl derer, welche die
neue Selbständigkeit Ernst August's peinlich empfinden
sollten. Die Stelle des Bibliothekars ward ihm abgenom=
men, obgleich selbst diejenigen, welche bei dem neuen Re=
genten etwas vermochten, sich für ihn verwendeten. Er
selbst bat, es möge ihm wenigstens verstattet werden, sein
angefangenes Werk zu vollenden. Auch das ward ihm
abgeschlagen, — und Ernst August soll bei dieser Gelegen=
heit geäußert haben, es müsse dabei sein Bewenden be=
halten, denn er wisse keine bessere Art, den tödtlich gehaßten
Geheimen Rath von Marschall auf die empfindlichste Weise
zu kränken. Das war dem langmüthigen und bescheidenen
Gelehrten doch zu viel; Weimar und die dortigen beengten
Schulzustände wurden ihm unerträglich, und da ihm gleich=
zeitig die Direktion des Anspacher Gymnasiums ange=
tragen ward, folgte er gern diesem ehrenvollen Rufe.

Als ersten Minister berief Ernst August den Saalfeldi=
schen Präsidenten Georg Wilhelm von Reinbaben, dessen
Name schon bei der Mediations=Conferenz vom J. 1723
genannt worden ist. Aus einer schlesischen Familie ent=
sprossen, finden wir ihn schon im Jahre 1704 als Hof=
marschall in Weimar. Nachdem er im Juli 1709 zum Ober=
marschall ernannt worden war, gab er im December 1710
seinen Abschied, und nahm die ihm angebotene Stelle als

---

*) Die Episode ist ausführlich erzählt von I. A. Ernesti,
Narratio de I. M. Gesnero, ad Ruhnkenium. Siehe auch Sauppe,
Weimarische Schulreden. 1856. S. 57.

Regierungs-Präsident beim Herzog von Coburg-Salfeld an. Seine Entfernung von Weimar hing ohne Zweifel mit den damals beginnenden Zerwürfnissen zwischen den beiden Herzogen zusammen. Beiden persönlich ergeben, durchdrungen von Anerkennung für das was Wilhelm Ernst bereits geleistet, eingenommen von manchen ansprechenden, einer vorsichtigen Lenkung noch zugänglichen Eigenschaften Ernst August's, und daher eben so überzeugt von der Unmöglichkeit eines gedeihlichen Verhältnisses zwischen Beiden, wie von der Schwierigkeit eine unpartheiische Stellung bei den unfehlbar bevorstehenden Zwistigkeiten einzunehmen, ergriff er das einzige Mittel, sowohl dem alten Herrn gegenüber seine persönliche Ergebenheit intakt zu bewahren, wie auch für den jungen Herrn in späterer Zeit sich möglich zu erhalten. Diesem hat er dann auch noch eilf Jahre bis an seinen im J. 1739 eintretenden Tod, die für das Land ersprießlichsten Dienste leisten können. Wie hoch ihn Ernst August schätzte, ersehen wir u. a. aus einem Briefe, den dieser an den Grafen Franz von Hatzfeld schrieb, d. d. Ilmenau den 31. Januar 1729: — — „so melde, wie daß Unser Fürstlicher Herr Geheimraths President von Reinbaben allhier bey 8 Tagen bot kränkelnd immer höchst gefährlich darnieder liegt, und keine Hülfe sich gar nicht zeigen will. Wie höchst bekümmert ich darüber bin, können Sie Sich leichte wohl einbilden, denn dies ist der sonstige beste Minister von der gantz Welt, in allen Dugenden und Geschicklichkeiten und der eine Sache reell und unintressirt weiß zu tractiren und

Beaulieu Marconnay. 8

der Unsers fürstlichen Hauses Zustand am meisten inne hat." Auch von andern Zeitgenossen wird er aufs vortheilhafteste geschildert, und wenn wir hier auf eine Charakteristik aus den Memoiren des bekannten Herrn von Pöllnitz einigen Werth legen, so geschieht dies in der Erwägung, daß solche Stellen, wo der Verfasser seiner bösen Zunge Stillschweigen auferlegt und nicht blos Anecdotenhaftes wiedergiebt, als Zeugniß eines Mitlebenden immer eine unabweisbare Bedeutung haben. Er sagt von ihm: „Der Baron von Reinbaben hat den Titel, Präsident des Staatsraths. Er ist ein Mann von guter Familie, aus Schlesien, von sehr großer Capacität, dessen Sanftmuth und Bescheidenheit wenig ihres Gleichen finden, — der in seiner Jugend viel gereist ist, und sich das Gute aller Nationen die er besuchte, anzueignen wußte. Er spricht verschiedene Sprachen, ist ein großer Historiker, weiser Jurist, und guter Dichter. Trotz der Geschäfte, mit denen er betraut ist, und der Sorgen die er einer zahlreichen Familie widmet, studirt er noch ohne Unterlaß, und ist nie zufriedner als wenn er sich von seinen Büchern umgeben sieht. Dabei ist er jedoch keineswegs ein Feind der Vergnügungen, er genießt sie ohne sich ihnen hinzugeben, und nimmt sie hin ohne sie aufzusuchen. Um sein Porträt zu vollenden, muß ich hinzufügen, was von ihm ein Fürst sagte, der ihn genau kannte: Sollte die Rechtschaffenheit durchaus von der Erde verschwunden sein, wäre ich sicher sie beim Baron von Reinbaben wieder zu finden."

Der Beirath eines solchen Mannes mußte nothwendig einen segensreichen Einfluß gewinnen, und wir finden diesen bei vielfachen organisatorischen Verordnungen aus der Periode seiner Geschäftsführung bewährt. Aber nicht blos im positiven Fortschreiten war er seinem Fürsten von Werth; auch negativ hatte er seine unbestreitbaren Verdienste, indem er den jähzornigen und halsstarrigen Herzog vor manchen Extravaganzen zu bewahren wußte. Denn wir müssen die sich fast von selbst aufdrängende Bemerkung machen, daß vom Jahre 1739 an, dem Todesjahr Reinbabens, nicht blos in den Verordnungen ein andrer Geist lebt, eine rauhere, unbeschränktere, mehr selbstherrliche Sprache geführt wird, — sondern es beginnen auch erst von jenem Zeitpunkte an die eigenthümlich bizarren Handschreiben und willkührlichen Eingriffe in die Bereiche der Behörden, von denen weiter unten einzelne Beispiele uns begegnen werden.

Demselben Einfluß mag es auch wohl zuzuschreiben sein, daß der Anfang der neuen Regierung sich nicht durch hastige und überstürzte Neuerungen bemerkbar machte. Auch mußte die kaum überstandene schwere Krankheit zu besondern Gesundheits-Maßregeln auffordern. Im Juli 1729 reiste daher Ernst August mit ansehnlichem Gefolge in das Bad von Aachen, wo er bis zum 25. October verweilte. Auf der Rückreise besuchte er zum zweiten Male Paris, blieb dort vom 12. November bis 30. December und kehrte erst am 30. Januar 1730 nach Weimar zurück. Die Wirkung der Badekur war eine so vollständig

8*

heilſame, daß der Herzog ſeitdem nie wieder von einem ernſtlichen Unwohlſein heimgeſucht wurde.

Nun aber, gleichſam im Vollgenuſſe einer erſtarkten Geſundheit, ließ er ſeiner ihm tief inwohnenden Neigung zu Glanz und Pracht in einer Weiſe die Zügel ſchießen, welche mit ſeinem eigenen Vermögen und den Kräften des Landes in argem Mißverhältniſſe ſtand. Beſonders war es ſeine Militär-Liebhaberei, die in abnormſter Weiſe an den Tag trat, und meiſtentheils in vollſtändiges Soldaten-ſpielen ausartete. Er errichtete ein Regiment Garde-Ka-vallerie, ein Regiment Garde-Infanterie, ein Regiment Huſaren, ein Städte-Regiment und ein Artilleriekorps*). Die dadurch verurſachten Koſten laſteten mit ſchwerſtem Drucke auf dem Lande, denn während bis dahin der ganze Unterhalt dieſer Truppen von der fürſtlichen Kammer be-ſtritten warb, ſtand von jetzt ab das ganze Militär in Sold und Verpflegung des Staates. An Widerſtand von Seiten ſeiner Räthe wird es nicht gefehlt haben, doch trat zu der innern Neigung auch noch das verlockende Beiſpiel von außen, das ihm der prachtliebende und ver-ſchwenderiſche Kurfürſt Friedrich Auguſt I. von Sachſen gab. Dieſer veranſtaltete im Juni 1730 ſeinen zahl-reichen fürſtlichen Gäſten, unter denen auch Ernſt Auguſt ſich befand, in dem mehr berüchtigten als berühmten Luſt-lager bei Zeithain und Mühlberg ein kriegeriſches Schau-

---

*) Geſchichte des 5. Thüring. Infanterie-Regiments Nr. 94 von E. von Heyne. Weimar 1869. S. 7 ff.

gepränge, welches wohl geeignet war, denen, die nicht gewohnt oder befähigt waren, den Schein von dem Wesen zu unterscheiden, die Augen zu blenden. „Revüen und Manoeuvres, Feuerwerke, Illuminationen und Jagden, kostbare Feste aller Art reihten sich aneinander, die binnen dreißig Tagen dem Lande eine Million Thaler kosteten."*) Wie viele der neun und vierzig fürstlichen Gäste, mit Ausnahme sicher des einfachen Soldatenkönigs Friedrich Wilhelm von Preußen und seines achtzehnjährigen Kronprinzen, mögen in diesem verlockenden Schauspiele etwas anderes erblickt haben, als die wahrhaft würdige Repräsentation des unbeschränkten Herrschers! Wie viele aufmunternde, zur Nachahmung reizende Unterhaltungen mögen da stattgefunden haben, in einem Kreise, der in der sinnlichen Ueppigkeit des Hofes und in der maßlosen Selbstsucht jedes Einzelnen die höchsten Zwecke des Staats- und Privat-Lebens erblickte!

Gleichsam als ob er sich nicht dazu hätte entschließen können unmittelbar von diesem sinnberauschenden Festgepränge in sein einfaches kleines Weimar zurückzukehren, reiste Ernst August direkt von Mühlberg in Begleitung des königlichen Kurfürsten nach Dresden, wo er einen Besuch abstattete der vom 1. bis 18. Juli dauerte. Er führte eine auffallend große Begleitung mit sich, die wohl auch schon im Lustlager sein glanzvolles Auftreten erhöht hatte, und aus nicht weniger als 7 Herren, 4 Pagen,

---

*) Flathe, Geschichte Sachsens, Bd. 2. S. 368.

2 Kammerbienern, 2 Laufern, 2 Köchen und 11 Dienern
bestand. Der Herzog ward in dem neuen Stallgebäude
logirt, und dort ein vollständiger Hofstaat für ihn einge=
richtet, wo er Gesellschaften zur Tafel und des Abends
empfing, wenn er nicht bei den Majestäten zu Gast war.
In diesen Gesellschaften ward häufig die Zeit zwischen der
Mittagstafel und dem Abendessen mit Tanzen verbracht,
wobei „ein Lakai und ein Haiducke mit Violine und Back=
pfeife aufwarteten." Von den Merkwürdigkeiten Dresdens
wurden die bedeutendsten besichtigt, das grüne Gewölbe,
die Orangerie, die Bildergallerie, die Maler=Akademie, das
Holländische Palais, das Kadettenhaus, das Zeughaus, die
Marmor=Schneide, — und Abends ward manchmal die
französische Komödie besucht. Am 18. Juli reiste der
Herzog nach Freiberg, in ansehnlich vergrößerter Gesell=
schaft, da sich ihm noch angeschlossen hatten ein Prinz
von Holstein, der Wohwode von Wilna Graf Oginski
mit Frau und Tochter, der Stallmeister von Litthauen
Fürst Radziwil und dessen Bruder Fürst Jerome Radzi=
wil. Am 19. Juli wurden die Bergwerke besucht und das
Revier besichtigt; bei der Tafel ließ sich die Bergmusik
hören, und Abends machten die Bergleute, an der Zahl
600, einen Aufzug mit den Grubenlichtern. Am 20. Juli
besuchte man die Schmelzhütten und speisete dann im
Berghause, wobei die Bergmusik aufwartete; nach der
Tafel ward getanzt und dies Vergnügen auch noch nach
dem Abendessen wieder fortgesetzt. Am 21. Juli ward
dann die Rückreise nach Weimar angetreten.

Die so angeknüpften persönlichen Beziehungen zwi=
schen den Höfen von Dresden und Weimar wurden von
beiden Seiten sorgsam gepflegt; namentlich hat man von
kursächsischer Seite sich in verschiedenen Zeitläuften be=
mühet, mit dem Herzog Ernst August über Militär=An=
gelegenheiten in näheres Einverständniß zu treten. So
ward z. B. im Jahre 1732 der Oberstlieutenant von
Brühl, ein jüngerer Bruder des später allmächtigen Mi=
nisters, in außerordentlicher Mission nach Weimar ge=
sandt, um einen Vertrag über Stellung von Truppen zu
unterhandeln, die wegen der drohenden Differenzen sowohl
in Polen wie im deutschen Reiche dem kursächsischen Hofe
damals nöthig erschienen. Anfangs gewann es den An=
schein, als ob darauf eingegangen werden solle, doch löste
sich später die ganze Unterhandlung in nichts auf. Aus
den Berichten des Herrn von Brühl fallen einige ganz
pikante Streiflichter auf das Treiben des Herzogs und
auf seinen Charakter. Bei dem Eintreffen des Gesandten
in Weimar fand er den Herzog nicht anwesend, und folgte
ihm nach dem Lustschlosse Dornburg, an der Saale zwi=
schen Jena und Naumburg gelegen. Von hier aus be=
richtet er unter dem 14. März 1732: — — — „habe
bei meiner Ankunft auch Ihro Durchlaucht, welche mich
auf mein Anmelden ganz gnädig angenommen, und über
das hohe Wohlseyn Ihro Kön. Majestät ein besonder Ver=
gnügen bezeuget, gleich über der Veranstaltung eines,
kommenden Monat Juli hier auf denen am Fuße des
Berges an der Saale liegenden Wiesen zu halten geson=

nenen Campements beschäftigt gefunden. Wobey Sie mir sagten, daß Sie nicht nur auf einer in der Saale liegenden kleinen Insul eine espéce von pavillon auf= bauen, und zu formirung eines parc d'artillerie zu denen bereits habenden Stücken noch einige gießen zu lassen Willens wären, sondern auch zu mehreren Spaß schon etliche 100 von benen Jenaischen Studiosis ohnweit davon in Uniformen Türkischen Habit zu campiren und eine kleine Schantze so Sie jenseits des Flusses aufwerfen lassen und mit Dero Trouppen attaquiren wollten, zu defendiren sich engagirt hätten. — Ich habe hierauf nur überhaupt Ihro Durchlaucht Zuneigung vor die Soldaten gelobet, und solche vor das metier je mehr und mehr portirt zu seyn animirt, unter der Hand aber nachdem zu sondiren mich bemühet, wie weit mein Antrag ingress finden möchte."

Damit hatte es aber gute Wege, und die Geduld des Abgesandten hatte noch manche harte Probe zu bestehen. Die dadurch erregte üble Laune bricht u. a. in einem Be= richte vom 3. April folgendermaßen hervor: „Ich sehe mich nur dieses anbey anzuführen gedrungen, daß, da Ihro Durchlaucht fast täglich Dero gefaßten Entschluß ändern, und gegen den Geh. Rath Präs. von Reinbaben sowohl als gegen den Geh. Rath von Studtnitz, General Rumrod und fast alle Dero Bediente gleiches Mißtrauen hegen, auch dahero sich fast gar durch keine dienliche re= monstrations lenken lassen, sondern lediglich denen leeren, und blos Dero weit hinauszielenden idées schmeichelnden

Versprechungen eines von Dahlheims und Dero Resident von Merlin aus Wien, und was Ihnen etwa von dem General von Seckendorf (als welcher sich bei derselben eine so mächtige ascendance erworben, daß Er Ihnen in der That fast formidable) vorgeschrieben wird, Glauben beimessen; So finde bei diesen unverhofft vorwaltenden Umständen fast schwer, daß in dem mir gnädigst übertragenen negotio, so leicht auch bei meiner Ankunft Ursache hatte mich dessen zu flattiren, reussiren dürfte.“

Die Verhandlungen wurden dem ungeachtet weiter fortgesetzt, wenn gleich ohne große Zuversicht von Seiten des sächsischen Gesandten, der, wie er am 15. Mai schreibt, desto weniger Hoffnung hegt „jemehr Ihro Durchlaucht einige Zeit hero wieder ein intervallo gehabt, da Sie von Nichts als von dem vor Sie bestimmten Commando bey der Kayserl. Armée und von Dero zu Ihro Maj. dem Kayser vorhabenden Reise ins Carlsbad sprechen und hören wollen.“ Die Minister durften keine Vorstellungen dagegen machen, selbst nicht der so sehr in Gnaden stehende Geheime Rath von Reinbaben; als dieser dennoch von den verschiedenen Schwierigkeiten, namentlich in Betreff des Ranges als regierender Fürst, und hinsichtlich der bedeutenden Kosten sprach, „haben Sr. Durchlaucht denselben einige Tage ganz ungnädig angesehen, und ihm noch letzt ins Gesicht gesagt, ob er mit dem Waldteufel (unter welchem Namen Sie den sonst bey dem seeligen Herzog hier in Dienst gestandenen Geheimen Rath von Marschall gen. Greif verstehen, den Sie vor Ihren größten

Feind auf der Welt schätzen, und mit dem Sie bey dem Reichshofrath in verschiedenen harten Processen verwickelt seynd) fleißig correspondire, auch von solchem sothane wohlmeinende sentiments erhalten habe."

Der Gesandte glaubte jedoch noch immer, daß die damals in Weimar herrschende Geldnoth ihm zum Gelingen verhelfen werde. Der Herzog ließ damals neben der nach Belvedere führenden Straße die sogenannte Falkenschanze*) erbauen, ein kostbares Spielzeug seiner militärischen Liebhabereien. Täglich mußten zweihundert Bauern daran arbeiten. „Weilen aber dadurch in ein paar Monathen sämtliche ohnedem nicht hinlängliche Cassen völlig erschöpft und das Ausgangs Juli angestellte Campement vollends den Garaus machen, folglich kein Mittel mehr daseyn werde solche zu unterhalten, würden der Herzog selbst genöthigt seyn Dero jetzt auf den Beinen habende Mannschaft entweder an Ihro Maj. gegen Subsidien zu übergeben oder gehen zu lassen. — — wie denn von der Cammer, daß in wenigen Monathen kein Korn Haffer vor seine an nahe 300 Stück habende Pferde, auch kein Geld noch Moyen solchen anzuschaffen vorhanden sey, ein ausführlicher Bericht erstattet und von demselben darauf resolviret worden, solche bis 130 ohngefähr überhaupt zu reduciren."

Die Absicht der kursächsischen Regierung ward bennoch,

---

*) Dieselbe ward unter der folgenden Regierung im J. 1756 wieder geschleift.

wie bereits erwähnt, nicht erreicht, und es blieb alles beim Alten. Wie kläglich es aber mit den reellen Militär-Verhältnissen aussah, wenn wirklich einmal Gefahr von außen drohte, davon sollten andere Verhandlungen Zeugniß ablegen, welche zwei Jahre später stattfanden.

August der Starke war ganz unerwartet am 1. Februar 1733 in Warschau gestorben. Sein Sohn und Nachfolger im Kurfürstenthum suchte auch für sich die polnische Krone zu gewinnen. Ihm gegenüber stand der von Frankreich begünstigte Stanislas Lescinski, der Schwiegervater Ludwigs XV. Für den Kurfürsten von Sachsen erklärten sich dagegen Oesterreich und Rußland, ersteres gewonnen durch die Anerkennung der pragmatischen Sanktion und die Verzichtleistung auf gewisse sächsische Erbansprüche, letzteres durch die Zusage, den allmächtigen Günstling der Kaiserin Anna, Biron, mit dem erledigten Herzogthum Kurland belehnen zu wollen. Frankreich verbündete sich mit Spanien und Sardinien, und erklärte Oesterreich den Krieg; französische Heerschaaren erschienen am Rhein, und andere Abtheilungen erkämpften Siege in der Lombardei und in Neapel.

Wie nun durch Beihülfe der Russischen Armeen die Wahl des Kurfürsten von Sachsen durchgesetzt wurde, Stanislas nach Danzig und weiter nach Königsberg floh, gehört nicht hieher. Es genügt, daran zu erinnern, daß den für den Krieg unvorbereiteten Reichslanden ein drohender Feind an den Grenzmarken des Reichs die Ruhe und den Frieden im Innern gewaltig störte.

Die sächsischen Truppen waren in Polen und bei der Belagerung von Danzig beschäftigt; es kam also hauptsächlich darauf an, Vorkehrungen gegen etwa drohende Ueberrumpelung von Westen her zu treffen.

Unter diesen Umständen erließ der neue polnische König als Kurfürst von Sachsen folgendes Schreiben an die stammverwandten Herrn Vettern, und also auch an Ernst August.

„Welchergestalt das heilige Römische Reich von der Crone Frankreich unverschuldeter Weise feindlich angegriffen worden, Solches ist Ew. Liebben mehr als zu bekant. Nachdem nun allerdings zu vermuthen, daß Selbige denen, die vor dem Kayser und das Reich patriotische Gedanken führen, auf alle nur ersinnliche Arth, Schaden und Abbruch zu thun nicht die mindeste Gelegenheit verabsäumen werden, mithin in Zeiten darauf zu dencken seyn will, was vor hinlängliche Veranstaltungen wieder die etwan intendirende jählinge Einfälle und unversehene Streiffereyen vorzukehren seyn dürfften; So werden Wir zwar, so viel die Bedeckung Unserer Gränzen anbelanget, nicht anstehen, dergestaltige dispositiones machen zu lassen, daß dadurch dem feindlichen Vorhaben Einhalt geschehen möge. Wir haben aber doch hieraus mit Ew. Liebben vertrauliche freundvetterliche Communication zu pflegen der Nothdurfft erachtet, und zwar umb so viel mehr, als Dero Lande denen Unsrigen vorliegen, und daferne, wie Wir doch nicht hoffen, ein feindlicher Durchbruch geschehen solte, selbige zum ersten exponiret. Wann Wir denn keineswegs zweiffeln,

Ew. Liebden werden auch Ihres Orthes eine hinlängliche Gegenanstalt in Zeiten zu machen vor nöthig finden; So bitten Wir Uns davon gleichfalls eine confidente Eröffnung aus. p. p. Dresden, am 15. April 1734."

Diese Mahnung gelangte nach Weimar in einem Augenblicke, wo sich der Herzog in einer nicht leicht zu beseitigenden Verlegenheit befand. Sein Streben nach militärischen Ehren und äußerm Glanz hatte ihn schon im Jahre 1732 verführt, für den Kaiser Karl VI. zwei starke Regimenter Fußvolk und Reiterei zu werben *) und dieselben wohlausgerüstet zu den Kaiserlichen Heeren in Italien und am Rhein stoßen zu lassen, und zwar in der Stärke von 3000 Mann zu Fuß in drei Bataillonen und 1000 Kürassiren. Dafür war er freilich vom Kaiser zum General der Cavallerie ernannt worden, — zugleich aber hatte sich eine allgemeine Unzufriedenheit im ganzen Lande kund gegeben, und bittere Klagen waren laut geworden. Denn wenn auch viele Ausländer unter den Truppen sich befanden, so bestand doch der größte Theil derselben aus Landeskindern, wodurch dem Ackerbau und den Gewerben eine Menge von Kräften entzogen, und dem Lande eine große Schuldenlast aufgebürdet wurde. Und jetzt, wo es darauf ankam, die eigenen Grenzen möglicher Weise vor feindlichen Einbrüchen schützen zu sollen, fehlte es in bedenklichster Weise an Menschen und Geld.

---

*) Ueber die Verwendung dieser Truppen s. E. v. Heyne, das 9. Thüring. Infant. Regiment Nr. 94, S. 10.

In aller Eile ward jetzt von den Häusern Ernesti=
nischer Linie eine Conferenz zu Arnstadt zusammenberufen,
um dort die gemeinschaftlich zu ergreifenden Maßregeln
zu berathen. Ernst August gab in einem vorläufigen Ant=
wortschreiben vom 4. Mai dem König davon Kunde. Unter
dem 20. Mai schreibt dann der Herzog weiter, daß in der
Conferenz verabredet worden, von Seiten der fürstlich S.
Ernestinischen Häuser die nöthige Veranstaltung zu treffen,
auch mit den übrigen benachbarten Obersächsischen Kreis=
ständen sich hierüber zu vernehmen; man zweifle nicht, daß
man auch in Dresden hinlängliche Defensionsmittel vor=
kehren, und namentlich mit dem König von Preußen das
Nöthige verabreden werde. Alles dieses war in ganz all=
gemeinen Sätzen enthalten, ohne im geringsten auf die
doch so nöthige Specialisirung der Kräfte und Mittel, über
die man etwa verfügen zu können glaubte, einzugehen.

Gleich darauf aber kamen sehr böse Zeitungen, welche
die Sorglosen etwas aufzurütteln geeignet waren. Zwei
Tage nach dem obigen Schreiben, am 22. Mai, theilt der
Herzog seine wachsende Besorgniß dem Könige mit: Es
ist die sichere Nachricht eingelaufen, daß die Sachen am
Rhein für die Kaiserliche und die Reichsarmee sehr schlimm
und gefährlich stehen; die Baden=Durlachischen und Wür=
tembergischen Lande sind in Contribution gesetzt, und von
der feindlichen Armee überzogen; die größten Schandthaten
und Grausamkeiten werden verübt, und das Absehen der
französischen Generalität soll darauf gerichtet sein, in die
sächsischen Lande zu bringen. Es sei daher von der größten

Nothwendigkeit eine Conferenz zwischen dem König und der Erneftinischen Linie zu veranlaffen, auch das Haus Hessen=Caffel hinzuzuziehen, um alle zu ergreifenden Maßregeln zu berathen.

Inmittelst hatte in Suhl am 21. Mai eine neue Confe=renz stattgefunden, und war dort unter den Fürftenthümern Erneftinischer Linie Nachstehendes vereinbaret worden:

1) Den Landesausschuß aufzubieten und in marsch=fertigen wehrhaftigen Stand zu setzen und parat zu halten;

2) das gesamte fürftliche Haus habe die vorhandene Landmacht zu ftellen, mit tüchtigen brauchbaren Gewehren und Kriegs=Requifiten, auch mit verfuchten im Lande vor=handenen Offizieren zu versehen;

3) es seien einige Land=Compagnien unter denen die Pferde halten aufzurichten, imgleichen die Ritterpferde in Bereitschaft zu halten;

4) die Schützen = Compagnien und Jägereien würden mit gutem Nutzen zu gebrauchen fein;

5) die Conformität des Exercitiums fei unter den Offi=zieren zu verabreden;

6) das Commando innerhalb Landes solle den bereits ernannten Offizieren verbleiben, bei Zusammenziehung der Truppen würden jedoch zwei experimentirte Generale zu ernennen fein;

7) an den Grenzpäffen, Waldungen und Flüffen, be=sonders von Creuzburg an über Salzungen, Schwallungen, Kaltennordheim, Lichtenberg, Römhild bis über Coburg,

seien die Gräben herzustellen und in guten Stand zu
bringen;

8) an dienlichen Orten Positionen anzulegen;

9) die Städte und haltbaren Orte in guten Defen-
sionsstand zu setzen und mit Pallisaden zu versehen;

10) hinlänglichen Vorrath an Proviant und Muni-
tion herbeizuschaffen, und dabei sich gegenseitig zu unterstützen;

11) in den Aemtern und Gerichten die Veranstaltung
zu treffen, daß bei Annäherung einer feindlichen Parthei
durch Läuten der Glocken die Bewohner mit Hausgewehr
zusammengerufen würden;

12) auf den Bergen und erhabenen Orten, als zu
Creuzburg, Wartburg, Insulberg, Salzungen, auf dem
Frankenstein, zu Frauenbreitungen, auf dem Plaß, zu
Wasungen, auf der Mahenluft, zu Henneberg, Dollmar
Landsberg, Hanfstaedt, über Kaltennordheim, Lichtenberg,
den Gleichbergen, Strauchhahn, Heldburg, Callenberg, Veste
Coburg, im Izgrunde, zu Hohenstein und andern Orten,
auch Bergschlössern, müssen Lärmfeuer und Feuerzeichen
angezündet werden, um die Benachbarten von dem feind-
lichen Einbruch zu benachrichtigen.

Während in den Herzogthümern diese Vorbereitungen
getroffen wurden, suchte man von Dresden aus zugleich
eine Vereinbarung mit Hessen-Kassel und Braunschweig-
Lüneburg zu Stande zu bringen, und fand es gerathen,
im September den Obersten von Ponikau in specieller
Mission an die Herzoglichen Höfe zu senden. Er sollte

die Gefährlichkeit der politischen Lage nochmals dringend hervorheben und das Einvernehmen der verschiedenen Regierungen Ernestinischer Linie mit Dresden zum Zweck gemeinschaftlicher Abwehr befürworten.

Dieser Abgesandte fand bei seiner Ankunft in Weimar den Herzog nicht anwesend; die drohende Gefahr konnte dem Jagdvergnügen keinen Abbruch thun, dem er in Ilmenau oblag. Dorthin folgte ihm der Oberst. In der sofort stattfindenden Audienz beantwortete Ernst August die speciellen Anträge des Gesandten ausweichend, indem er hervorhob daß er Niemanden von seinen Räthen bei sich habe; er wolle jedoch unverzüglich den Geheimen Rath von Reinbaben holen lassen, mit welchem dann ausführlich alles werde besprochen werden können. So viel könne er aber schon jetzt mittheilen, daß die neueste Conferenz der Ernestinischen Häuser in Arnstadt ihren Fortgang nicht gehabt habe, weil man die Gefahr nicht mehr für so nahe halte, — was von Seiten des Obersten von Ponikau die sehr natürliche Antwort hervorrief, daß es zu spät sein werde, erst dann die nöthigen Maßregeln zu ergreifen, wenn der feindliche Einbruch wirklich geschehen sollte.

Der Geheime Rath von Reinbaben erschien am 30. September in Ilmenau, und conferirte während der beiden nächsten Tage mit Herrn von Ponikau. Es kam jedoch zu keinem andern Resultat, als daß man von Seiten Weimars dem inzwischen von Gotha her eingegangenen Vorschlage beistimmte, wonach die Ernestinischen Häuser einstweilen wieder eine Conferenz in Arnstadt halten wollten;

Beaulieu Marconnay.   9

das Resultat derselben solle dann nach Dresden mitgetheilt werden. Zugleich machte man den Vorschlag,
auch den Bischof von Würzburg und Hessen-Cassel
„in das zu errichtende gemeinschaftliche Concert mit zu
engagiren." Dabei ward die Versicherung gegeben, daß
die erwähnte Conferenz unverzüglich ausgeschrieben und
noch vor dem 20. October in Arnstadt gehalten werden
solle.

Der Kursächsische Gesandte giebt über die damaligen
militärischen Verhältnisse in Weimar folgende Auskunft:
„Nach der eingezogenen Erkundigung habe ich so viel erfahren, daß anitzo nicht mehr als 4 Compagnien Infanterie
à 80 Mann und 4 Compagnien Cavallerie à 50 Mann
regulirter Trouppen anjetzo in dem Lande seynd. Hiernächst ist noch ein Regiment Infanterie von 8 Compagnien à 95 Mann von der jungen Bürgerschafft aus
denen sämtlichen dem Herzoge von Weymar zugehörigen
Städten aufgerichtet, welche auch wohl armiret und exer-
ciret und mit tüchtigen Officieren versehen seyn sollen.
Außer diesem aber befindet sich keine andere Land Milicc
im Lande, es ist auch diese Gegend von Mannschaft durch die bisherigen Werbungen so entblößet worden, daß man biß dato die 230 Mann, so
des Hertzogs von Weymar Durchlaucht zu denen an den
Rhein geschickten Regimentern noch von ihrer Errichtung
her zu stellen schuldig seynd, nicht wohl hatt aufzubringen
gewußt. Es hatt dahero Weimar gesuchet, die Mannschaft,
so es zu seinem Reichscontingent zu stellen hatt, von

Meynungen zu übernemen, man träget aber Meynungen=
scher Seits Bedenken sich damit einzulassen."

Die Verhandlungen zu Arnstadt fanden denn auch
wiederholt statt, und führten zu dem Resultat, daß man
„mittelst Zusammenstellung eines wohlexercirten Corps
von 9000 Mann regulirter Land=Miliz die hiesigen Gränze,
Pässe und Avenuen bestmöglichst zu verwahren und sich
gegen die etwa eintringende feindliche corps volants und
streiffende Partheyen in möglichste Sicherheit zu stellen,
auch mit solchem benöthigten Falls dem Feind entgegen
gehen zu können, im Stande seyn möge."

Wenn das heilige Römische Reich deutscher Nation
durch Conferenzen vor seinem westlichen Feinde sicher gestellt
werden konnte, so durfte man allerdings mit großer Be=
friedigung auf das was geleistet worden war hinblicken.
Zum Glück jedoch für die wehrlosen Reichslande ward die
drohende Gefahr diesmal abgewandt durch die Wiener
Friedens=Präliminarien vom 3. October 1735, welche den
polnischen Thronfolgekrieg beendigten und dem König Sta=
nislas Lescinski Lothringen und Bar überwiesen, die nach
dessen Tod an Frankreich fallen sollten.

Die Willfährigkeit Ernst August's, seinem allergnädig=
sten Kaiser und Herrn mit Mannschaften dienstlich zu
sein, hörte jedoch von diesem Zeitpunkte an gänzlich auf.
Er hatte längst die Erfahrung gemacht, daß seine Verdienste
von Kaiserlicher Majestät nicht genügend anerkannt wurden.
Denn Jahre lang ging sein ganzes Streben dahin, ein
Commando in der Oesterreichischen Armee zu erhalten;

mit der bloßen Ertheilung eines Titels als General u.
s. w. wollte er sich nicht abfinden lassen. Durch die Ver=
mittelung des Prinzen Eugen von Savoyen hatte er ge=
hofft seinen Wunsch erfüllt zu sehen; die persönlichen Be=
ziehungen waren bei dem Besuche in Wien im J. 1727
angeknüpft worden; ob mündliche Versprechungen damals
gegeben, willkommene Entschließungen daneben in Aussicht
gestellt worden? wer kann das wissen, wenn gleich die
Vermuthung ziemlich nahe liegt. Jahre lang ging die
Korrespondenz über diesen Gegenstand mit dem Prinzen
Eugen hinüber und herüber; ja, es ist wohl zweifellos,
daß der Herzog sich zu seiner zweiten Vermählung im
J. 1734 hauptsächlich durch die Hoffnung hat bestimmen
lassen, dadurch eine wesentliche Förderung seines Wunsches
zu erlangen. Denn in dem desfalsigen Notifikations=
schreiben an den Kaiser heißt es: „Allermaßen nun Ew.
Kaiserl. Majestät Selbst mich zu einer neuen Vermählung
durch des Prinzen Eugenii Liebden allergnädigst veran=
lasset und bewogen, Also zweiffle ich keineswegs, es werden
Ew. Kaiserl. Majestät nicht nur mein gegen Allerhöchst-
Dieselben tragende alleruntertänigste devotion bey dieser
schleunigen Befolgung Dero Willens = Meynung allergnä=
digst zu erkennen geruhen, sondern auch die von mir getrof=
fene Vermählung gern vernehmen, und nunmehro Dero=
selben allergnädigsten Vertröstung nach, mir ein
Commando, es sey auch wo es wolle, aufzutragen Sich
allergnädigst gefallen lassen, inmaßen ich nichts mehr wün=
sche, als durch wahre Proben und Kennzeichen, ja durch

Aufopferung Gutes und Blutes darzulegen, mit was Eyfer und wahrer devotion ich sey p. p." — Und in einem Schreiben an den Prinzen Eugen von Savoyen aus derselben Veranlassung mahnt er denselben: „Nachdem nun Ew. Liebden erinnerlich seyn wird, was dieselben vor einiger Zeit wegen baldiger Wieder=Vermählung an Mich gelangen zu lassen gütigst beliebet, Als zweiffle ich umb so weniger, Sie werden weiter keinen Anstand finden, es nunmehro gütigst dahin zu vermitteln, daß von Jhro Kayserl. Majestät mir ein Commando, es sey auch wo es wolle, allergnädigst aufgetragen werden möge."

Es erfolgte aber hierauf weiter nichts als zwei Glückwunsch=Schreiben, in denen dieses Hauptanliegen mit keiner Silbe erwähnt wurde.

Daß eine derartige Nichtbeachtung seiner heißesten Wünsche einen so selbständigen und auf die Durchführung seiner Ideen eifersüchtigen Fürsten aufs tiefste verletzen mußte, liegt auf der Hand. Für ihn selbst jedoch, und namentlich für sein Land war dieser Mißerfolg von weit glücklicheren Folgen, als wenn es ihm gelungen wäre das vorgesteckte Ziel zu erreichen. Die immensen Kosten, welche ihm durch die Werbung der dem Kaiser gestellten Regimenter erwachsen waren, und deren Wiedererstattung fortwährend auf sich warten ließ, brachten die Konsequenzen seiner früher verfolgten Politik in fühlbarster Weise an den Tag. So klagt der Herzog noch in einem Schreiben vom 13. Februar 1740, welches an den Geheimen Rath von Wallrod in Danzig gerichtet ist, daß ihm „das ver=

drießliche Wienerische engagement seit etlichen Jahren über 800,000 Thlr. gekostet, und er davon wenig Dank und Gehör in Wien sich zu getrösten habe." Als nun Kaiser Karl VI. am 26. October 1740 starb, und unmittelbar darauf der Oesterreichische Erbfolgekrieg entbrannte, wußte Ernst August allem Drängen von Wien aus, um neue Werbungen zu veranstalten, in seiner Weise aus dem Wege zu gehen. Und eben so bestimmt wies er die Anträge zurück, die von Seiten des Kaisers Karl VII. an ihn er= gingen. Sein Geheimer Rath von Pogarell und sein Resident Hoffmann in Frankfurt a. M. hatten auf die wiederholten Anfragen, unter welchen Bedingungen der Herzog wohl geneigt sei etliche Regimenter zu stellen, die konsequente Antwort: dazu seien sie nicht instruirt, wohl aber seiner Durchlaucht Schuldforderung an letztverstorbene Kaiserliche Majestät, glorwürdigsten Andenkens, zu ur= giren, — worauf dann die Rückäußerung erfolgte, daß die jetzigen fatalen und betrübten Zeiten die Uebernehmung dieser Schuldforderung nicht gestatteten. So blieb denn Weimar von jeder Theilnahme an diesem Krieg befreit.

In jene Zeit, wo die Devotion des Herzogs vor Kaiserlicher Majestät in vollster Blüthe stand, fällt auch die von ihm vollzogene Stiftung des Ordens der Wach= samkeit oder vom weißen Falken. Es kann nicht Wunder nehmen, daß ein Fürst, der eine so überaus große Ansicht von seiner Macht und Würde hatte, und dessen ganze Richtung so vorwiegend auf Entfaltung allen möglichen

Glanzes gestellt war, auch hierin hinter andern Regenten nicht zurückbleiben zu dürfen glaubte. Die einfache Erwähnung der Thatsache würde demnach an und für sich genügen, jedoch verdienen die originellen Ordensstatuten eine nähere Bekanntschaft, und ein höchst ergötzliches literarisches Produkt, welches durch die Ordensstiftung hervorgerufen wurde, mag entschuldigen, wenn wir uns hier noch umständlicher mit derselben beschäftigen.

Im April 1734 schrieb der Magister Carl Ernst Casimir Hagen zu Jena eine historische Dissertation über den Sachsen=Weimarischen Orden der Wachsamkeit in lateinischer Sprache, die er mit einer italiänischen Vorrede dem Herzog Ernst August dedicirte. Caput I handelt de ordinibus equestribus in genere, wobei zur Untersuchung kommt, ob nicht etwa schon Joseph vom Pharao zum Ritter creirt worden, da er Ring und Kette von Gold von demselben erhalten, — oder Mardochai vom Ahasver, da er mit einem purpurnen Pallium bekleidet worden; doch erscheint dies dem Verfasser zu gewagt. Auch von den Römischen Rittern wird gehandelt, und von der alt= deutschen Sitte, die Jünglinge mit Schild und Lanze zu schmücken, worin der Ursprung der spätern Wehrhaft= machung der Pagen gefunden wird, wie denn auch ein eleganter Hinweis auf die Aehnlichkeit des Ritterschlags mit der römischen manumissio und dem dabei ertheilten Backenstreich nicht fehlt. Doch wird als unleugbar hin= gestellt, daß die den römischen Rittern ertheilten In= signien und Kriegsprämien gleichsam den Weg eröffnet hätten für die Errichtung anderer Orben. — Nächstbem wird von den Personen gehandelt, denen Orben verliehen werden können, wozu der Abel von väterlicher Seite erforderlich, — indem es nur den einzigen Palmen=Orben, vulgo die fruchtbringende Gesellschaft gebe, in welcher neben Kurfürsten, Prinzen, Grafen und Ablichen auch eine große Anzahl gelehrter Männer aufgenommen worden. Die verschiedenen Arten der Ritter werden dann erwähnt, geistliche und weltliche, und die Beschreibung der Feierlichkeiten des Ritterschlags erörtert.

Im Caput II wird sodann de quibusdam hujus saeculi ordinibus equestribus gehandelt, und als solche erwähnt und ausführlich beschrieben: der preußische schwarze Abler=Orben vom Jahre 1701; der polnische weiße Abler-Orben vom Jahre 1705; der Kurpfälzische Hubertus=Orben vom J. 1709; der vom Herzog Johann Georg von S. Weißenfels im J. 1704 gestiftete Orben de la noble passion; der Erzbischöflich Salzburgische St. Rupertus=Orben vom J. 1701; der Würtembergische Jagd=Orben vom J. 1702; der Würtemberg=Delsische Tobtenkopfs=Orben vom J. 1709; die Russischen Orben der heiligen Katharina vom J. 1714, des heiligen Andreas und des heiligen Alexander Newski vom J. 1725; der Kurbaierische St. Georgs=Orben vom J. 1729. —

Im Caput III geht der Verfasser über zur Besprechung de vigilantiae Saxo-Vinariensi ordine equestri, die sofort mit der Behauptung beginnt: Neminem adeo injustum esse putamus, qui Vinariensem Vigilantiae ordinem inter inclytissimos aevi nostri referendum esse negare audeat.*) Denn der ruhmreiche Stifter dieses sehr berühmten Ordens ist der durchlauchtigste Fürst und Herr, Herr Ernst August p. p. p. der schon in zarter Jugend einen großen Geist bewährte, und auf Reisen durch Deutschland, Holland, Frankreich und selbst einen Theil von Ungarn jenen staunenden Völkern einen durch Verdienst ausgezeichneten Fürsten kennen lehrte. Dabei begnügte er sich nicht etwa mit dem Anblick fremder Städte und Palläste, oder mit der Unterhaltung mächtiger Könige und Fürsten, sondern er suchte auch die Musensitze auf, Jena, Halle, Leyden, Utrecht und Paris. Und überall hin erscholl sein Ruhm, als der glorreiche König von Polen August II. ihn mit seinem Orden schmückte und er von der Majestät Carls VI. zum Feldmarschalllieutenant und später zum General der ganzen Kaiserlichen Reiterei ernannt wurde. Solche besondere Kaiserliche Gnade erkannte der Durchlauchtigste Herzog mit dankbarem Gemüthe, und da er wünschte diesem Gefühl einen Ausdruck und dem Oberhaupte des Reiches einen Beweis seiner Treue zu geben, so wählte er von allen Rathschlägen den besten, indem er einen Ritterorden stiftete.

Der gelehrte Verfasser ergeht sich dann in eine blumenreiche Umschreibung der Ordensstatuten, die hier durch

---

*) Niemand wird so ungerecht sein zu leugnen, daß der Weimarische Orden der Wachsamkeit den berühmtesten unseres Jahrhunderts beizuzählen sei.

einen wörtlichen Auszug aus dem desfalsigen Dekrete er=
setzt werden mag.

„Nachdem der Durchlauchtigste Fürst und Herr, Herr
Ernst August p. p. p. nach dem Exempel vieler Könige,
Fürsten und Republiquen sich schon zu der Zeit, als die=
selben in Ihro Kayserl. Majestät Dienste als General=
Feld=Marschall=Lieutenant getreten, zu Ehren allerhöchst
besagter Ihro Kayserl. Majestät vorgenommen, einen
Ritter=Orden zu stifften, so sind Dieselben hauptsächlich
durch zweyerley Ursachen darzu bewogen worden: 1) daß
alle Ordens=Ritter zu Ausübung der Tugend und Mei=
dung der Laster, welches das Haupt=Absehen bey allen
dergleichen Stifftungen ist, angefrischet, und dann 2) daß
dieselben zu beständiger Treue und Ehrerbietigkeit gegen
Ihro Röm. Kayserl. Majestät als das Haupt des Röm.
Reiches, welchem zu Ehren vornemlich dieser Orden ge=
stifftet worden, angewiesen werden möchten, maßen denn
keiner, so nicht recht Patriotisch gesinnt, und für allerhöchst
besagte Ihro Röm. Kayserl. Majestät Carl den VI. Gut
und Blut aufzuopffern gesonnen, in diesen Orden soll
aufgenommen werden." Es folgt sodann die umständliche
Beschreibung der Decoration des Ordens, mit besonderer
Hervorhebung des Symbols: vigilando ascendimus.
„Die Ursache warum der Falcke zum Ordens=Zeichen ge=
nommen worden, bestehet darinne, daß der Durchlauch=
tigste Stiffter sein Absehen auf den Adler, als das Kayser=
liche Wappen gerichtet, und dadurch seine und aller Or=
dens=Glieder Begierde, dem Kayserlichen Adler, gleich wie

die natürlichen Falcken sich stets zu den Adlern halten, und denselben nachgehen, in seinem Fluge nachzufolgen, und durch getreue und willigste Dienste sich Ihro Kayserl. Majestät eigen zu machen, anzeigen wollen. Die Weiße des Falckens aber bedeutet die Aufrichtigkeit, welche die Ordensglieder gegen den Durchlauchtigsten Stifter und unter sich in aller Gelegenheit zeigen sollen. Was den Namen und das Symbolum betrifft, so ist dasselbe daher genommen, weil der Falcke nicht nur vor sich ein sehr wachsamer und aufmerkender Vogel, sondern auch, weil sowohl jeden Christen und ehrliebenden Mann stets zu wachen gebühret, damit er nicht in Laster verfallen, oder an seiner Ehre und guten Namen Schaden leiden, oder auch an der nach seinem Amt und Stande ihm obliegender Pflicht ermangeln möge. Die vornehmste Ordens=Pflicht der Ordens=Ritter soll in folgenden Regeln bestehen: Daß 1) jedweder GOTT getreu seyn, 2) so viel an ihm ist, die Tugend ausüben und die Laster meiden, 3) Ihro Kayserl. Majestät gloire und Nutzen nach allen Kräfften befördern, und nach Erheischung der Umstände Gut und Blut für Dieselbe aufzusetzen bereit seyn, 4) daß alle Ritter in Liebe, Einigkeit und beständigem Vertrauen ohne alle List und Falschheit mit einander leben, und einer dem andern in allen Nöthen und erforderlichen Gelegenheiten beystehen, auch 5) sich der Noth aller Armen und Bedrängten, absonderlich aber aller armen Offiziere und Soldaten nach äußersten Vermögen annehmen sollen."

Daß diese Statuten obsolet geworden, dürfte den Falken-Rittern unserer Zeit doch zu einiger Beruhigung gereichen!

Die rasche Aufeinanderfolge zweier wichtiger Lebensereignisse, — der Tod seiner Gemahlin und der Antritt der alleinigen Regierung, — konnten nicht anders als einen mächtigen Einfluß auf den Charakter und die Lebensweise des Herzogs ausüben. Durch den ersteren ward er seinem Familienleben entrückt, und mehr und mehr auf die Zerstreuung durch die Freuden der Jagd und den Umgang mit abhängigen Persönlichkeiten hingewiesen, — durch den letztern fand seine angeborne Neigung zur Entfaltung äußeren Glanzes und zur Bethätigung einer durch Zeitrichtung und Beispiel beförderten autokratischen Herrscherwillkühr überreiche Nahrung. Daß daher der Zuschnitt seiner Hofhaltung und die Art und Weise wie er während seines Aufenthalts in der Residenz seine Tageseintheilung getroffen hatte, dem Auge des Besuchers, namentlich eines fremden, manches Ungewöhnliche darbot, kann füglich kaum anders sein.

Eine ziemlich ausführliche Darstellung dieser Existenz enthalten die Memoiren des Freiherrn von Pöllnitz*), in einem vom 5. September 1729 datirten Briefe. Einer

---

*) Lettres et mémoires du Baron de Pöllnitz. 3me édition. Amsterdam 1737, t. I p. 175—152.

unfrer bedeutendften Geschichtsforscher hat vor kurzem
nachgewiesen*), daß Pöllnitz die in diesen fünf Bänden
beschriebene Reise nicht etwa in dieser Zeit wirklich ge=
macht habe; seine Reiseerinnerungen früherer Jahre gaben
ihm das Material das er nun nicht ohne Kunst zu=
sammenfaßt. Daß demnach manche Irrthümer mit unter=
laufen ist erklärlich; und daraus folgt natürlich, daß man
seine Erzählung nur mit Vorsicht aufnehmen und ihr
keinen irgend authentischen Werth beilegen kann, wenn
sie auch eben so wenig ganz unberücksichtigt bleiben darf.

Pöllnitz datirt, wie erwähnt, seinen Brief aus Wei=
mar am 5. September 1729. Nun war aber der Her=
zog, wie wir oben gesehen haben, bereits im Juli nach
Aachen und Paris abgereist und kam erst Ende Januar
1730 nach Weimar zurück. Nach dieser kurzen Bemer=
kung, welche einen kleinen Beleg für die Richtigkeit der
Droysen'schen Nachweisung giebt, gehen wir zu dem hieher
gehörigen Inhalt des Briefes über.

„Der Herzog von Weimar hält sich selten in seiner
Hauptstadt auf; er bewohnt gewöhnlich ein Lustschloß,
welches er eine Stunde von Weimar entfernt hat erbauen
lassen. Er hat dasselbe Bellevue genannt, weil man
aus den Zimmern des ersten Stockwerks eine schöne Aus=
sicht genießt. Das Haus ist klein und nicht bequem
zum bewohnen; seine Hauptschönheit bildet die Lage die

---

*) Die Memoiren der Markgräfin von Bayreuth und des Ba=
ron von Pöllnitz. Von Joh. Gust. Droysen. Leipzig 1870.

wirklich höchst angenehm ist. Die Gärten versprechen sehr schön zu werden, und sind nach besonders guten Zeichnungen angelegt; eben so die Fasanerie und die Menagerie in der man eine Menge Geflügel und Indianische Vögel erblickt.

Der Herzog heißt Ernst August, und ist der älteste Fürst der Ernestinischen Linie, welche unter Kaiser Karl V. die Kur verlor. Er ist Wittwer einer Prinzessin von Anhalt Köthen, die eine sehr ausgezeichnete Frau gewesen sein soll. Sein einziger Sohn, der Erbprinz*), ist zehn Jahre alt, aber von einer so zarten Gesundheit, daß ich befürchte, die Diener des Aesculaps werden ihn bald in die andere Welt befördern. Da auf diesem Prinzen die ganze männliche Nachkommenschaft des Hauses Weimar beruht, so wünscht man im Publikum sehr lebhaft, daß der Herzog sich bald wieder verheirathe; es scheint aber nicht, als ob derselbe daran denke diesen Wünschen zu willfahren. Ich habe ihn öfters sagen hören, daß, wenn man ihn zum Feinde haben wolle, man ihm nur vom Heirathen zu sprechen brauche.

Kein Mensch darf nach Bellevüe gehen ohne dorthin gerufen zu sein. Nur des Montags ist es den Sollicitanten gestattet, ihre Bittschreiben dem Geheim-Secretär zuzustellen, der sie dann dem Herzog überreicht. Personen

---

*) Johann Wilhelm, geb. 10. Januar 1719, gest. 6. December 1732.

von Rang, und Fremde welche den Herzog zu sprechen wünschen, lassen sich durch den Hofmarschall anmelden, und selten wird ihnen eine Audienz verweigert.

Der Herzog hat als gewöhnliche Umgebung in Belle= vüe nur zwei demoiselles de condition, die er seine Ehrenfräulein benennt, und drei bürgerliche Mädchen, die er seine Kammerfrauen nennt*); außerdem einen Major seiner Truppen und den Offizier der Wache, einen Lieute= nant oder Fähndrich. Doch muß ich vor Allen den Baron von Brühl nennen, den Stallmeister und Favoriten des Herzogs.

Mit diesen Personen bringt der Herzog sein Leben zu. Er ist frühzeitig wach, steht aber sehr spät auf; er trinkt Thee im Bett und spielt dann zuweilen Violine; mitunter aber läßt er auch seine Architekten und Gärtner kommen, mit denen er Zeichnungen entwirft. Auch kommen die Minister um ihm Vortrag zu halten. Mittags 12 Uhr steht er auf, und sobald er angekleidet ist, sieht er der Wachtparade zu, aus drei und dreißig Mann bestehend die ein Lieutenant oder Fähndrich kommandirt. Er läßt hierauf die Soldaten exerciren und ist sehr aufmerksam auf die geringsten Verstöße. Nachher geht er spazieren, und um 2 oder 3 Uhr ist Tafel; dabei sind zugegen die beiden Ehrenfräulein, der Stallmeister, der Major, und der wacht=

---

*) Aller Wahrscheinlichkeit nach ganz einfach der hinterlassene Hofstaat seiner verstorbenen Gemahlin.

habende Offizier, und endlich die etwa anwesenden Fremden. Das Diner dauert lang; man bleibt mitunter drei
auch vier Stunden bei Tisch. Es wird weidlich getrunken;
der Herzog spricht viel, aber die Unterhaltung handelt in
der Regel von sehr wenig angenehmen Gegenständen. Nach
dem Kaffee zieht der Herzog sich auf einige Zeit zurück,
und spielt später Quadrille mit den beiden Damen und
dem Major; zuweilen aber thut er nichts als Tabak
rauchen, und häufig bleibt er auch in seinem Zimmer, wo
er sich mit Zeichnen oder Violinspielen beschäftigt bis er
sich niederlegt.

Es vergeht keine Woche, wo der Herzog nicht ein
oder zweimal alle Standespersonen und alle Offiziere
seiner Truppen einladen läßt. Man speist dann an zwei
großen Tafeln, und spielt und tanzt hernach bis an den
lichten Tag.

Die herzoglichen Truppen bestehen aus einem Bataillon von 700 Mann, einer Schwadron von 130 Mann,
und einer Compagnie Cadetten zu Pferd. Die Infanterie besteht aus lauter ausgesuchten Leuten. Seit dem
berühmten Bernhard von Weimar hat kein hiesiger Herzog so viel Truppen gehalten; und sie müssen wahrlich
dem Fürsten eine große Last sein, da seine Revenüen sich
kaum auf 400,000 Thlr. belaufen sollen. Er hat einen
Traktat mit dem König von Polen abgeschlossen, worin
er sich verpflichtet dem Könige mit seinem Bataillon bei-
zustehen, so oft Se. Majestät dies verlangen sollte, und
der König bezahlt dann dieses Bataillon wie seine eigenen

Truppen.*) Einstweilen ist der Herzog verpflichtet die
Uniformen nach dem Muster einzurichten, welches man
ihm von Dresden aus schickt. Sie sind höchst kostbar;
die Röcke der Offiziere und Cadetten sind dermaßen mit
Gold= und Silbertressen überladen, daß jeder durch Weimar
reisende Fremde darüber erstaunen muß."

Das extravaganteste Urtheil eines Zeitgenossen über
den Herzog Ernst August findet sich in den bekannten
Memoiren der Markgräfin von Bayreuth, geb. Prinzessin
von Preußen, und zwar aus Veranlassung seiner zweiten
Heirath mit der Prinzessin Sophie Charlotte Albertine, zwei=
ten Tochter des Markgrafen von Brandenburg=Bayreuth.

Die erste Gemahlin des Herzogs war im J. 1726
gestorben. Ernst August, damals 38 Jahre alt, wollte
von einer Wiedervermählung nichts wissen, so große Mühe
man sich von verschiedenen Seiten gab ihn dazu zu be=
reden; Herr von Pöllnitz hat uns darüber andeutende
Winke gegeben. Da starb aber im J. 1732 sein einziger
Sohn und Erbe, Prinz Johann Wilhelm, — und damit
trat auch eine Sinnesänderung ein. Der Wunsch, sich
dem Kaiser willfährig zu zeigen, um auf diese Weise viel=
leicht das ersehnte Kommando in der Armee zu erhalten,
hat ebenfalls wesentlich dabei mitgewirkt. Kurz, fünfzehn
Monate nach jenem traurigen Verluste fand seine Ver=

---

*) Die sorgfältigsten Nachforschungen in den Archiven zu Dres=
den und Weimar haben nicht zur Auffindung eines solchen Traktats
geführt. Gegen die Existenz desselben sprechen auch die oben er=
wähnten Missionen der Herrn von Brühl und von Ponikau.

mählung statt, welche nach der Erzählung der Markgräfin
unter ganz abnormen Verhältnissen zu Stande kam. Diese
Darstellung trägt jedoch so unverkennbar den Stempel
der Uebertreibung und übelwollenden Parteilichkeit, daß
man nicht den geringsten Werth darauf legen kann. Die
Verfasserin und ihr Gemahl, der Erbprinz, werden darin
auf Kosten aller übrigen Personen in das brillanteste Licht
gestellt; jeder Andere wird mit der ätzendsten Lauge über-
gossen, um den Verstand und die Vortrefflichkeit dieser
beiden Personen in vollem Glanze erscheinen zu lassen;
nur der zum Besuch anwesende Herzog von Koburg macht
eine Ausnahme. Selbst den Markgrafen, ihren Schwiegervater, schildert sie als eine Art Idioten, und ihre Schwägerin, die Braut, als eine Verrückte, die man um jeden
Preis los zu werden ersuchen müsse. Was die Zuver-
lässigkeit dieser Darstellung betrifft, müssen wir nochmals
auf die oben erwähnte Abhandlung Droysens zurückkommen, und diesmal speciell in so weit sie sich mit den Memoiren der Markgräfin beschäftigt. Der Herr Verfasser
sagt in dieser geistreichen, mit strengster Gewissenhaftigkeit
durchgeführten Kritik über die neuere Redaktion von 1744,
und diese ist es welche hier in Frage kommt, folgendes:*)
„Diese späteren Texte unterscheidet von dem der ersten
Redaktion doch nicht blos, daß sie trüber, bitterer, in Ent-
stellungen ausschweifender sind und mit jeder neuen Durch-
arbeitung mehr werden. Sie sind zugleich literarisch ungleich bedeutender, sie zeichnen mit breiten und dreisten

---

*) Droysen, a. a. O. S. 22.

Strichen; sie sind in der Composition einheitlicher, in gleichmäßigerer Stimmung; durch das Ganze geht gleichsam der gleiche schrillende Ton kleinlicher Aergerlichkeit. Man bekommt den Eindruck, als wenn diese einst so schöne, anmuthige, von Geist und Lebenslust sprudelnde Fürstin mit dem frühen Verbleichen ihrer Reize immer weiter in hysterische Reizbarkeit und hüstelnde Kränklichkeit versinke. Allerdings tritt um so mehr ihre intellectuelle Begabung hervor. Sie hat nach dem damals beliebten Ausdruck infiniment d'esprit. Und mit dem Esprit Kühlheit des Herzens und Nüchternheit des Verstandes genug, um über eine Menge von Rücksichten, Empfindungen, Schranken hinauszuschreiten, welche die „Philosophie" als préjugés zu verachten gelehrt hat. Je me pique d'être véridique, sagt sie; aber was sie erzählt, ist keineswegs immer wahr, noch weniger richtig, nur zu oft um des bloßen Eindrucks willen so oder so entstellt. So daß man zweifeln kann, ob sie mit so viel Geist und Witz erzählt, weil sie so tief erregt und verwundet ist, oder ob sie so viel Schärfe und Gift in die Feder thut, um desto mehr Esprit zu zeigen. Sie schreckt, um brillant zu schreiben, vor keinen Unglaublichkeiten, vor keiner Verläumbung, vor keinem Cynismus zurück, selbst die Würze lasciver Anspielungen verschmäht sie nicht. Sie schreibe nur, sagt sie, um sich zu zerstreuen; aber die Zerstreuung, die sie sich gewährt, ist, schreibend ihrer bösen Zunge alles zu gestatten."

Wenn der Herr Verfasser am Schluße seiner Untersuchung, die sich freilich nur mit den Beziehungen der

Memoiren zur preußischen Geschichte beschäftigt, zu dem Resultate gelangt:*) „Daß die Denkwürdigkeiten der Markgräfin sowohl in dem, was sie erzählen, wie in den Aktenstücken, die sie mittheilen, entstellt und gefälscht, daß sie als Quelle für die preußische Geschichte werthlos sind, wird zur Genüge erwiesen sein." — so erscheint es nicht zu kühn, dasselbe Urtheil auch für den vorliegenden Fall als vollständig begründet zu erklären.

Diese pikante Erzählung lautet nun folgendermaßen: „Ich habe meiner Schwägerin, der Prinzessin Charlotte noch nicht erwähnt. Sie war würdig in ein Tollhaus gesteckt zu werden. Zuweilen hatte sie Anfälle von Vapeurs, die sie in Wuth versetzten. Der Markgraf war zu solchen Zeiten genöthigt, sie zu schlagen, denn Niemand wäre sonst mit ihr fertig geworden. Die Aerzte behaupteten, daß diese Raserei aus einem zu verliebten Temperament herstamme, und das einzige Mittel der Heilung sei, sie zu verheirathen. Ihr Urtheil war nicht unrichtig; man erkannte die Wahrheit desselben aus verschiedenen Umständen, die ich hier nicht mittheilen kann.

Der Herzog von Weimar hatte seit längerer Zeit Absichten auf sie. Dieser ist einer der mächtigsten Fürsten des Hauses Sachsen, galt aber für eben so toll in seiner Weise, wie es die Prinzeß in der ihrigen war, so daß es eine sehr passende Ehe geben mußte. Er wandte sich an Herrn von Dobeneck um das Bildniß meiner Schwägerin

---

*) Droysen, a. a. O. S. 44.

zu erhalten; und obgleich dasselbe sehr unvortheilhaft aus-
gefallen war, entzückte es ihn dennoch. Er hielt beim
Markgrafen in aller Form um sie an, jedoch unter der
Bedingung, daß die Bewerbung bis zu seiner Ankunft in
Bayreuth geheim bleibe. Der Markgraf ging sofort auf
alles ein, wie man sich wohl denken kann, und ließ unter
der Hand die Vorbereitungen zur Hochzeit treffen.

Der Herzog von Weimar kam wie Nicodemus bei
der Nacht, denn er ließ seine Ankunft erst wenige Stunden vorher anzeigen. Der Herzog von Koburg ließ sich
zu gleicher Zeit melden, was uns sehr unangenehm war;
denn dieser Fürst erbt den größten Theil der Weimarischen
Lande*) falls der Herzog ohne Söhne zu hinterlassen ster-
ben sollte, — und da derselbe keine hatte, glaubten wir
der Herzog von Koburg komme nur in der Absicht die
Heirath zu hintertreiben. Die Ankunft Beider erfolgte
des Abends. Der Markgraf, der weder die Welt noch die
Fremden liebte, bat mich die Honneurs seines Hauses zu
machen, und unterstellte den ganzen Hof meinen Be-

---

*) Wenn hier nicht überhaupt ein Irrthum der Verfasserin vor-
liegt, welche den Herzog Christian Ernst von Koburg-Saalfeld (reg.
von 1729 bis 1745) mit dem Herzog Friedrich III. von Gotha
(reg. von 1732 bis 1772) verwechselt haben mag, so ist diese Angabe falsch. Der nächste Agnat war Gotha, nicht Koburg-Saalfeld.
Nach der Beschreibung dieser Vermählung in dem curieusen
Welt- und Staats-Cabinet d. a. 1734 pag. 282, war der Herzog
Christian Ernst von Saalfeld als Freinerber Ernst Augusts mit
demselben nach Bayreuth gereist, und hielt seine Anrede an den
Markgrafen mit den Worten Eliesers im 1. Buch Moses, 24, 33:
ich will heute nicht essen, bis ich zuvor meine Sache geworben habe.

fehlen. Die beiden Fürsten wurden demnach sofort zu mir geführt.

Der Weimaraner ist klein, und mager wie ein Klepper (haridelle). Er machte mir übrigens ein sehr schön gedrechseltes Kompliment, und ich fand ihn am ersten Tage in keiner Weise lächerlich. Er betrachtete sehr aufmerksam die Prinzessin die hübsch war wie ein Engel und die ich nach besten Kräften herausgeputzt hatte.

Der Herzog von Koburg ist groß, schön gewachsen und von sehr einnehmendem Gesichts-Ausdruck. Er ist sehr höflich und überhaupt ein Prinz von sehr gesundem Verstande und sehr achtungswerth von Karakter.

Am andern Tag fing der Herzog von Weimar an sich etwas mehr bloß zu geben. Er unterhielt mich zwei Stunden lang mit so ungeheuerlichen Lügen, daß er nothwendig beim Teufel selbst Unterricht genommen haben muß. Der ganze Tag verging, ohne daß er den Markgrafen von seinen Absichten sprechen ließ; dieser ward dadurch sehr unruhig, und bat mich um Himmels willen Alles zu thun daß die Heirath zu Stande komme.

Ich versprach nach besten Kräften zu helfen, befand mich jedoch in der größten Verlegenheit da ich nicht wußte wie ich den Herzog zu einer Erklärung bringen sollte. Der Koburger zog mich aus der Klemme. Er erbat sich bei mir und dem Erbprinzen eine Privat-Audienz, und erklärte dann, daß er wohl bemerke wie wir Mißtrauen gegen ihn hegten, da er der Collateral-Erbe des Herzogs von Weimar sei; er komme daher ausdrücklich um sich bei uns zu rechtfertigen; er sei nur in der Absicht nach Bayreuth gekommen um die Heirath des Herzogs zu Stande zu bringen; dieser Fürst habe ganz entsetzliche Grillen; er sei ein Querkopf der nie einen festen Plan verfolge und seine Launen zwanzigmal im Tage ändere; wir würden nie zum Ziele gelangen, wenn wir uns blos beobachtend verhielten; ich müsse ihn im Scherz dahin bringen sich zu erklären und Versprechungen zu machen; er werde mir mit aller Macht beistehen; die Prinzessin gefalle dem Herzog sehr, und er stehe mir gut dafür daß die Verlobung noch an demselben Abend stattfinden werde, wenn ich seinen Rath befolgen wolle. Wir sprachen ihm unsern lebhaften Dank aus. Er gab mir nun genauere Instruktionen, und bat den Erbprinzen sich in nichts zu mischen, — denn, sagte er, er liebt die Damen, und die Königliche Hoheit wird ihn nach ihrer Pfeife tanzen lassen, wenn sie will. Ich ließ den Markgrafen von allem diesen in Kenntniß setzen, und ihn bitten sich bereit zu halten daß er auf das erste Signal zu mir kommen könnte, damit er bei der Verlobung zugegen sei.

Ich begann gleich nach Mittag meine Karten zu mischen. Alle Musikanten deren ich habhaft werden konnte, ließ ich zusammen kommen: Trompeten, Pauken, Dudelsäcke, Schalmeien, Jagdhörner, Posaunen, und was weiß ich; — die uns die Ohren in einer Weise zerrissen, daß wir halb taub waren. Mein Herzog gerieth denn auch bald in seinen Zustand von Narrheit, — in einer Art daß man ihn für besessen hätte halten können. Er sprang von Tisch auf, schlug selbst die Pauken, krazte auf der Violine, sprang, tanzte, und trieb alle erdenkbaren Thorheiten. Nach beendigter Tafel führte ich ihn mit dem Herzog von Koburg, der Prinzessin und meinen Damen in meine Zimmer. Ich begann damit, ihm von dem Krieg am Rhein zu sprechen, und den Kaiser zu tadeln daß er versäumt habe ihm den Oberbefehl seiner Armeen zu geben. Da überhäufte er mich mit Aufschneidereien und Prahlereien ohne Ende, und zum Schluß eines Galimathias der wenigstens eine Stunde dauerte, behauptete er daß er den Feldzug mitmachen werde und daß seine Equipage schon bereit sei. Das kann ich nicht billigen, sagte ich ihm; ein Fürst wie Sie darf sich nicht aussetzen; Sie haben noch eine große Zukunft vor sich, Sie können noch Kurfürst von Sachsen werden, obgleich noch etwa zwanzig Prinzen in die andere Welt geschickt werden müßten bevor Sie einen Anspruch erheben können. Das ist wahr, sagte er, aber ich bin für die Waffen geboren, und dies ist mein Beruf. Ich wüßte wohl ein Mittel, dies Alles auszugleichen, fuhr ich fort, — Sie müßten heirathen und bald einen Sohn haben, — dann könnten Sie ins Feld rücken wann es Ihnen beliebt. O, was die Frauen betrifft, rief er aus, da finde ich hundert für eine; drei Prinzessinnen und zwei Comtessen warten auf mich in Hof, aber sie sind nicht nach meinem Geschmack und ich werde sie ablaufen lassen; der König, Ihr Vater, hat Sie mir anbieten lassen; es hat nur von mir abgehangen Sie zu heirathen, aber ich kannte Sie nicht

und wies daher das Anerbieten zurück; jetzt bin ich darüber in Verzweiflung, denn ich bete Sie an! ja, hol' mich
der Teufel! ich bin verliebt in Sie wie ein Hund! Wie
unglücklich bin ich, antwortete ich ihm; Sie haben mir
den Schimpf angethan mich zu verschmähen! ich habe
diese Schmach bis jetzt nicht gewußt, und muß Genugthuung dafür haben, was es auch kosten möge! Ich spielte
nun die Verzweifelte; der Erbprinz und meine Damen
wollten sich tobtlachen. Endlich fiel mir der Herzog zu
Füßen, und schrie sich heiser in verschiedenen Liebeserklä-
rungen, die er aus irgend einem deutschen Roman aus-
wendig gelernt hatte. Ich spielte fortwährend die Er-
zürnte. Er sagte zuletzt, er wolle mir jede Genugthuung
gewähren die ich verlangen würde. Nun gut, sagte ich,
— ich kann keine andere annehmen, als daß Sie eine
meiner Verwandten heirathen; sind Sie damit zufrieden?
Von ganzem Herzen, erwiederte er, geben Sie mir wen
Sie wollen, und das Donnerwetter soll mich erschlagen,
wenn ich sie nicht auf den Fleck heirathe! Ich brauche
nicht weit zu suchen, entgegnete ich, hier ist eine, — nahm
meine Schwägerin bei der Hand und führte sie ihm zu,
— sie ist schöner und liebenswürdiger als ich, und Sie
verlieren nichts bei dem Tausch. Er wollte sie küssen,
aber sie stieß ihn zurück. Alle Henker, wie stolz sie ist,
rief er aus, aber sie gefällt mir und ich bin sehr zufrie-
ben. Ich ließ nun schnell den Markgrafen holen und
ihm sagen, er möge gleich nach seiner Ankunft die Ringe
wechseln lassen. Er kam gleich darauf. Ich empfing ihn

mit der Nachricht, daß ich mir die Freiheit genommen eine Heirath zu stiften wozu nur noch seine Zustimmung fehle; daß ich die größte Achtung vor dem Herzoge hege und demselben mein Wort verpfändet habe daß er die Prinzessin Charlotte erhalten solle; daß ich daher hoffe der Markgraf werde nicht dagegen sein. Dieser, anstatt mir zu antworten, stand mit offenem Munde da, lachte, und fragte endlich den Herzog wie er sich befinde? Es war um aus der Haut zu fahren, — denn unser Kauz begann nun einen langen Discurs mit dem Markgrafen und dachte nicht mehr an sein Heirathsversprechen. Man mußte wieder ganz von vorn anfangen um ihn in Zug zu bringen. Endlich, nach langer Mühe, gelang es den Markgrafen zu bestimmen daß er die Verlobung vornahm. Sofort wurden einige Kanonen=Salven gelöst. Der ganze Hof und die Damen der Stadt waren in meinem Vor= zimmer. Wir nahmen ohne weiteres die Glückwünsche entgegen, und setzten uns dann zu Tisch. Nach dem Souper gab es Ball. Ich zog mich zurück, nachdem ich mit dem Herzog von Weimar getanzt; ich konnte nicht mehr vor Müdigkeit und hatte die heftigsten Halsschmerzen da ich so viel gesprochen.

Am andern Morgen ließ sich Herr von Comartin, Oberst der Herzogl. Garde, bei mir melden. Er begann mit einer Menge Entschuldigungen über den Auftrag den er auszurichten; der Herzog geberde sich wie ein Rasen= der; er wolle abreisen und lasse mir sagen daß er sich gar nicht verheirathen wolle; er wünsche unvermählt zu bleiben; alles was am Abend vorher geschehen, sei nur Scherz gewesen. Comartin setzte hinzu, er rathe mir die Sache sehr hoch aufzunehmen und zu thun als wenn mir alles sehr gleichgültig sei. Ich erwiederte ihm, es sei nicht nöthig mir einen Rath zu geben; er möge nur dem Herzog von mir ausrichten, daß ich geglaubt ihm eine große Ehre zu erweisen indem ich ihm meine Schwägerin gebe; daß ich mir aus einer Verbindung mit ihm sehr wenig mache, und daß er mir ein großes Vergnügen bereiten werde wenn er so schnell abreise als möglich. — Machen Sie ihm auch ein Kompliment von mir, sagte der Erbprinz, und versichern Sie ihn daß ich ihm nächstens persönlich beweisen werde wie sehr ich von seinem Benehmen entzückt bin.

Ich ließ den Markgrafen von dem Vorgefallenen in Kenntniß setzen und ihn bitten alles zu ignoriren, da ich hoffte die ganze Sache zu redressiren. Darin täuschte ich mich auch nicht; Comartin kam sehr bald wieder zurück, um mich im Auftrag seines Herrn um Verzeihung zu bitten; ich möge ihn um Himmelswillen mit dem Erbprinzen wieder versöhnen. Der Herzog folgte ihm auf den Fuß. Ich spielte einige Zeit die Pikirte, ließ mich aber dann erweichen, und der Erbprinz that desgleichen. Wir machten nun mit einander aus, daß die Hochzeit am folgenden Tage, den 7. April, stattfinden solle.

Die Prinzessin ward in meinen Zimmern angekleidet, in Schleppe und hoher Frisur, mit der herzoglichen Krone aus meinen Steinen auf dem Haupte. Bis dahin hatten wir Glück mit ihr gehabt; ihre Gemüthsstimmung war ruhig und gefaßt; — aber als ich ihr die Krone aufsetzen wollte, fing sie an zu weinen und zu schreien wie eine Wahnsinnige, floh von einer Stube in die andere, und warf sich vor jedem Stuhle auf die Knie um zu beten. Fräulein von Sonsfeld, die den meisten Einfluß auf sie hatte, fragte, was sie nur habe. Sie rief, man wolle sie ermorden; sie sei von Feinden umringt welche sie zu erdrosseln drohten. Endlich brachten wir aus ihr heraus, was diesem panischen Schrecken zu Grunde lag. Die Prinzessin war in der Kapelle gewesen wo der Leichnam ihres Bruders ruhte; dieselbe Krone von meinen Steinen, die sie heute tragen sollte, hatte damals auf einem Kissen neben dem Sarge gestanden. Es kostete uns die unbeschreiblichste Mühe sie zu beruhigen. Sie war schön wie ein Engel. Sobald ihre Toilette beendigt war, holten der Markgraf und die beiden Herzöge sie bei mir ab. Wir führten sie in mein Audienzzimmer, wo sie die Entsagungsakte ausstellte. Gleich darauf fand in demselben Zimmer die Einsegnung statt. Dann war Galatafel, und hierauf Fackeltanz. Ich führte dann die junge Frau in ihre Zimmer um sie zu entkleiden, während die Prinzen dem Herzoge denselben Dienst erwiesen. Sobald die Prinzessin sich niedergelegt hatte, ließ ich den Markgrafen benachrichtigen. Ich wartete eine volle Stunde; kein Mensch kam. Ich schickte zum zweiten Male. Dann kam der Erbprinz, und erzählte mir, der Herzog geberde sich wie ein Wüthender, und wolle nicht kommen; sie hätten alle ihre Redekünste erschöpft, ohne zum Ziel zu gelangen. In dieser Weise hielt er

uns bis 4 Uhr Morgens auf. Der Erbprinz war endlich
genöthigt ihm nochmals Angst zu machen und ihm mit
einem Duell zu drohen. Sobald er sich im Bett befand,
zog ich mich zurück.

Am andern Morgen begannen die Quälereien von
neuem, und diese Wirthschaft dauerte fort, so lange der
Herzog in Bayreuth blieb. Endlich reiste er am 14. April
ab, und das war ein großes Glück für uns, denn wäre er
noch länger geblieben, hätte er uns Allen den Kopf verdreht."

Eine eigenthümliche, jedoch schnell vorübergehende
kleine Verdrießlichkeit sollte dem Herzog in unmittelbarer
Folge dieser zweiten Vermählung erwachsen. Der Fall ist
zwar an und für sich ganz unbedeutend, jedoch von so
komischer Besonderheit und karakteristischer Zeichnung für
das Kulturleben damaliger Zeit, daß er hier nicht füglich
übergangen werden kann.

Ernst August hatte mit der Mutter seiner verstorbenen ersten Gemahlin, der verwittweten Fürstin Gisela
Agnes von Anhalt-Köthen seither in Briefwechsel gestanden,
und derselben unter dem 7. März 1734 mitgetheilt, er
wolle von Nürnberg aus eine kleine tour nach Bayreuth
machen, „weil theils noch von Holland und Brabant her
der Herr Markgraff mein Reise-Camerad gewesen, —
andern Theils weilen sowohl meine gnädigste Kayserin und
Kayserl. Majestät in höchsten gnädigsten terminis aber-
mahl durch Prinz Eugenius Erinnerung thun lassen, daß
Sie mich nicht eher zum Commando kommen lassen wollten,

bis ich mich schleunigst wiederum verheyrathet, und meines Hauses Untergang nicht wissen wollten, — also die dasige noch einzige unvermählte Princessin beaugen, von welcher man viel gutes, frommes, Christl. und Wohlerzogenes spricht, und hätte ich dennoch diese Reyse länger gerne aufgeschoben, weil aber ein Dänischer Geheimbderath herausgeschickt worden gedachte Princessin nach Dänemark zur Königin zu führen, so will erstlich mein Heyl probiren. Habe das Ew. Gnaden als meiner einzigen Englischen, liebsten und getreuesten Frau Mutter Gnaden, so ich von Hertzen treu und ergeben bin, in höchsten Vertrauen part geben wollen von meinem Vorhaben, solte aber par fatalité nichts daraus werden, denn ich weiß noch nicht alle Umstände, kenne keine Seele an dem Hoffe als den Herrn Vater, so werde die erste beste Comtesse auf teutschen Boden weg caperen. Ich hoffe aber nicht zurücke zu gehen, enfin es dependiret alles von göttlicher direction; indessen lasse mein dessein in Ew. Gnaden mütterlichem Hertzen verwahret."

Nachdem nun vier Wochen später die Vermählung stattgefunden hatte, und das übliche Notifikationsschreiben an die verwittwete Fürstin abgegangen war, antwortete diese folgendermaßen:

„Durchlauchtigster Fürst, hochgeehrter freundlich vielgeliebter Herr Sohn!

Ew. Liebden bin verbunden, daß Sie mir durch deren geehrtestes Schreiben deren vollzogene Vermählung mit Sr. Liebden des Markgrafen zu Bayreuth Princessin Tochter

Liebden notificiren wollen, gratulire dazu von Hertzen, wünschend daß diese Vermählung zu Ew. Liebden vollkommenen Vergnügen, deren fürstliche Princessinnen Wohlergehen, und deren Landes Wohlfarth gereichen möge; bitte deren Frau Gemahlin Liebden mein dienstergebenstes compliment und gleichmäßige Felicitation ohn beschwehrt zu versichern, und habe ich mit Verlangen diese gute Nachricht erwartet, weil Ew. Liebden mir schon den 7. Martii in Vertrauen gemeldet, daß deren intention wäre nach Bayreuth zu gehen, und diese Princess zu heyrathen, welches Sie aber wie ich aus deren jetzigen Schreiben (darinne Sie erwehnen, als wenn Sie ohngefehr hingekommen) schließe als ein Verliebter vergessen haben, wie Sie denn auch vergessen haben, mir das Schreiben von dem Prinz Eugenius versprochenermaßen zu schicken, deswegen Ihnen Abschrifft von Ew. Liebden vorigen Schreiben hierbey lege. Ich gönne Ihnen deren neue Gemahlin und wünsche nochmals daß Sie vergnügt zusammen leben; meiner in Gott seeligen Tochter aber gönne ich auch von Hertzen die Ruhe, und habe jederzeit und auch noch Gott gepreiset, daß Er selbige ehe aus der Welt abgefordert als Ihro Liebden Herzog Wilhelm Ernesten, denn ihre Schultern würden seyn zu schwach gewesen das zu ertragen, was seiter dem Tobe dieses in Gott seeligen Hertzogs geschehen. Das einzige was ich von Ew. Liebden will ausgebeten haben, soll dieses seyn, daß Sie mich und alle deren in Gott seeligen Frau Gemahlin Liebden angehörige nicht ferner mit verächtlichen Reden erwehnen, als bishero geschehen ist. Ich habe mich

allzeit viel Freundschafft von Ew. Liebden flattirt, aber
vor einiger Zeit, da eben Ew. Liebden mir jederzeit er=
zeigte Freundschaft rühmte, mußte von wahrhafften Per=
sonen erfahren, daß dieselben sehr falsch hinter uns her
wären, und will ich nur eins von dem was Ew. Liebden
von mir gegen Viele gesagt erwehnen, daß Sie mich die
Mutter=Beschwehrung pflegen zu nennen. Ich kann nicht
läugnen, daß mich dieser Titul sehr fremde vorkam, da
mir dergl. von Ew. Liebden nicht vermuthet, denn mich
nicht besinnen kann Ihnen zur Beschwehr gewest zu seyn,
weil nur einmahl mir die Ehre gegeben in deren Hauß
zu kommen. Gott hat mich vielleicht auch darum so lange
leben, daß ich Ew. Liebden Falschheit erst habe erfahren,
denn es vor mich beständig cachirt worden, um mich
nicht zu chagriniren, aber endlich haben sich doch gute
Leüte gefunden, die mir gesagt, wie ich mich in meiner
opinion von Ew. Liebden irrete, beswegen auch deren
letztes Schreiben nicht beantwortet habe. Was übrigens
Ew. Liebden schreiben, daß Sie niemals jemanden aufge=
setzt, so ist Ihnen vermuthlich nicht mehr erinnerlich, wie
Sie mir selbsten, als Sie mit meiner in Gott seeligen
Frau Tochter wenige Wochen vermählt gewesen erzehlten,
daß Sie sich mit der Princess Christiane zu Schwartz=
burg Sondershausen und mit der Abtissin zu Waldeck
versprochen gehabt, worüber ich mich sehr alterirte und
offt meine Gedanken gehabt, wenn Ew. Liebden etwas
wiebriges begegnete ob es wohl davon herrührte. Ich habe
zwar Ew. Liebden meine in Gott seelige Tochter nicht

laßen antragen, wie Ew. Liebden eigenhändige Schreiben bezeügen, und also weder ich noch meine seelige Tochter keinen Theil an dero Sünde genommen, daß Sie ober=wehnten Damens ihr Wort nicht gehalten; hätte ichs ge=wust würde man sich anders bedacht haben. Schließlichen verbleibe mit vieler consideration Ew. Liebden dienstwillige Mutter und Dienerin.

Nienburg, den 29. April 1735.

(Eigenhändiges P. S.) Daß Ew. Liebden Ihre Zichtig=keit an mir so sehr anrihmen wohlen, verwundert mich sehr; 60jerge Wieber in Weimar sollen gantz anderst selbe rihmen, ach Gott sihet alles ich danke Ihnen fir ibersandes wilpret aber Es wirt mir nicht mer so schmecken als Ehe ich Ew. Liebden Falschheit wuste Daß sie mich die mutter Plage nennen. Es heist verlast Euch nicht auff Firsten Gott allein sol meine Zuflucht seyn ich habe mich Erst sehr betribet iber obiges wil ich solches nicht in Ew. Lieb=den verbinet."

In sehr gemessener und ruhiger Weise beantwortete Ernst August diesen heftigen Erguß der beleidigten Fürstin:

„ — — Sonst kann ich nicht verhalten, daß Ew. Gnaden Schreiben und die darinnen enthaltenen reprochen, die ich doch auff keine Weise verdient habe, mir sehr sen=sible gefallen und daß ich mir gar nicht einbilden kann wer solche gottlosen Unwahrheiten Ew. Gnaden mag hinter=bracht haben, wie solte mir wohl eingefallen seyn Ew.

Gnaden eine Mutter Plage zu heißen, da Sie mich auff
keiner Weise Plagen und ich Ihnen nichts geben darf. Ew.
Gnaden nennen die Leute von welchen Sie diese calum-
nien vernommen haben wollen, wahrhafftige Persohnen,
ich aber muß mit dero gnädigsten Erlaubniß sie Lügner
und Verläumber nennen und weiß ich gewiß daß kein
honeter Mensch wird sagen können daß ich jemahl anderst
alß mit aller behörigen Ehrerbietigkeit und respect von
Ew. Gnaden gesprochen und wird es auch künfftighin, es
mögen dieselben von mir denken und glauben was Sie
wollen, nicht anderst geschehen, wann ich ja diese Ex-
pression von Mutter Plage etwan einmal im Schertze
gesagt hätte, so ist es doch wie Ew. Gnaden leichtlich ermessen können von Niemanden alß von meiner Frau
Stieff Mutter zu verstehen gewesen welcher ich doch gleichwohl im Hertzen alles gute wünsche. Was über dieses
Ew. Gnaden melden, daß Sie meiner verstorbenen Gemahlin die Ruhe gerne gönnten, weilen ihre Schultern
zu schwach gewesen seyn würden dieses zu ertragen was
nach dem Tode des Hertzogs Wilhelm Ernst allenthalben
vorgegangen, so betrübet mich solches nicht wenig und
kann ich wohl sagen, daß ich nicht vermeinet hätte bey
Ew. Gnaden in einem gar so übeln renommé zu stehen,
die gantze welt und Ew. Gnaden Selber werden mir müssen
das Zeugniß geben, daß ich meine seelige Gemahlin von
Hertzen bey ihrem Leben geliebet und verehret und nach
ihrem Tode biß auff die Verzweiffelung so zu sagen be-
klaget und betrauert habe, ja ihr Andenken wird niemahlst

auß meinem Hertzen kommen und nicht eher alß mit dem Leben auffhöhren, wenn Ihr aber Gott mir und meinen Kindern ja auch dem Weimarischen Lande zum besten das Leben friften und länger gönnen wollen, so glaube ich daß ihre Klugheit und andere Tugenden so Sie besaßen hinlänglich genug gewesen seyn würden, alles dasjenige was mir sehder Hertzog Wilhelm Ernst's Tode beschwehr= liches begegnet, nicht nur tragen, sondern auch erleichtern zu helffen. Ew. Gnaden haben demnach die Gütigkeit und laßen die falschen Gedanken so Ihnen von mir bey= gebracht worden gäntzlich fahren, glauben aber dabey daß meine vor dieselben tragende devotion und Liebe unauff= hörlich sey und daß ich biß an mein Ende mit aller auf= richtigen Ergebenheit verharren werde p. p."

Diese zweite Ehe des Herzogs dauerte 13 Jahre und ward im Jahre 1747 durch den Tod der Herzogin ge= trennt. Letztere befand sich im Februar mit ihren zwei Kindern in Ilmenau, während eines sehr schlechten Wet= ters. Gegen den 18. Februar zeigten sich heftige Kopf= schmerzen, und am 21. war es nicht mehr zweifelhaft daß die Blattern ausgebrochen seien. Obgleich dieselben an= fangs in bester Ordnung verliefen, verschlimmerte sich doch am 28. der Zustand sehr bedeutend. Dem Herzoge der sich damals in Eisenach aufhielt, wollte Niemand diese Hiobspost mittheilen, bis zuletzt der Hoffecretär Ludecus demselben schrieb wie die Sachen ständen. „Sollte Gott über diese Durchlauchtigste Herzogin disponiren, so haben wir allesamt ein gutes Gewissen, daß Nichts dabey verab=

säumt worden." Am 2. März starb die Herzogin nach dreißigstündigem Todeskampfe*).

Der zum zweiten Male verwittwete Herzog hatte neben allen den Leiden die ein solcher Trauerfall noth= wendig in seinem Gefolge hat, auch noch das besondere Unglück, sofort von einer Menge von Briefen heimgesucht zu werden, in welchen eine reiche Auswahl von Prinzes= sinnen zum Ersatz des erlittenen Verlustes dargeboten wurde. Ein Musterbrief dieser Art ist der nachstehende; wir theilen ihn mit als ein redendes Zeugniß von dem traurigen Zustande der Bildung, Sitte und Gefühls= richtung, welcher damals in gewissen Kreisen der herr= schende war.

„Durchlauchster Fürst,

Großmächtigster Fürst und Durchlaucht Herzog.

Euhr hochfürstlich Durchlaucht wärden mir gnädigste Erlauben das mir unter winde mit dieße schlechte zeillen zu incommodiere, so ich mit großer Bestrützunge Erfahren habe das dem allerhöchsten gefallen habt, dero hochfürst= liche durchlauchte gemahle durch das Bandt der liebe von tobte Entrießen worden, von der hochfürstliche seidt, so condollier in aller tiefffster respect mit aller Devo= sigone Ueber den Schmertzlichen hochfürstliche tobes falle, ich unterfange mir zu gleiche, ales eine Devosté Dierine

---

*) Ueber das Leben der Herzogin während der Dauer der Ehe, und über ihren etwaigen Einfluß auf ihren Gemahl ist kein Zeugniß irgend einer Art aufzufinden gewesen.

unb ales eine auffrichtige Freiinbine, von Jhro hochfürstl. burchl. mich Nahen barff, eine forschlage vor zu tragen, bas Sie nicht miesbilgen wärben, so wohl nach fer Muhten Jhro hochfürstl. burchl. zum briten Mahl zu einer fer Mählunge schreiten wärben, so wüßte ich Eine charmante burchl. princessin, Henrietten Albertinen von Nassau Dietze, Sie sinb zwar 2 jahr Elter, aber man sieht sie nicht bafor an, in bem sie eine schöne bruente ist, unb sehr fett seinen, unb so robuste, wie einen von 40 Jahren, unb sehr wohl gewachsen, unb bie schönsten manier von ber Wehlt, Sie sinbt sehr afabel unb von großen ferstanbt, unb recht fiel Düssöer bas eine scharmé bey ihr zu seinen, in bem ich ihr gantze hommöer kenne, Weil ich 3 jahr bey ihr binen, unb allzeit von égalene hommöer, nach meine wießen Bekommen sie vor ihr Doté 24 tauf. thaler mit, so nach meinen bencken bie aller convenabelst partie, vor Jhro hochfürstl. burchl. währe, bie burchl. princessine haben fiel partie gehabt, alleine Sie haben Sie ale Refusiert, in bem ihr sinen jeber zeit auff beruht habt, ein groß mächtigen Herr zu haben, ber Regiert unb fiel länber hat, inbem ich fiel anferwanbten hab, bie mich sehr gerühmet haben, ihro hochfürstl. Durchl. bero schöne qualieté, bie großmächtigster Fürst besitzet muß, so wohlt ben nichtes mehr wünschen, bas biese burchl. princessine möchten schaueissir, unb käme es barauff an baß Jhro hochfürstl. Durchl. in ferbecketen Nahmen hir in orangensteine eine treffen, ales eine graffe von Nostietze, welcher einen anfer-

wandter von mir ist, und ich bey der durchl. princessine
zur gesellschafft bine, ich nicht manquieren würde, meine
möchlich wohlt tuhen, daß in ihrem for Nähmen savorie-
sieren solt, bey der scharmante durchl. princessine, den
Sie gewiß preiss würdig ist, Jhro hochfürstl. Durchl.
ales den selbst wärden finden, Es sindt noch drey göner
princessine Schwester, die aber gewiße nicht bey der Elste
kommen, an ferstandt und manier, wen ja Jhro hochfürstl. Durchl. reflecksigoné solt machen über meine forschlage, so Bitte unterthänigst zu gnaden auß, mir mit
eine antwohrt schreiben zu Begnabigen, wen ja die princessine wohlt fer Reißen, so es fast alle Sommer arre-
viert, in deßen unter der handt von abzu halten, daß
Jhro hochfürstl. Durchl. nicht Uehmen sonsten kommen,
und ich ferhahre in aller Devosigone mit aller supmi-
sigon tiefssten respect, hochfürstl. Durchl. groß Mäch-
tigster Fürst gantze untertähnigst

Orangenstein à Nassau Dietze 31. Mertze 1747.

Baronne d'Assebourg.

Eine Antwort, oder irgend eine darauf Bezug nehmende Bemerkung findet sich in den Akten nicht vor.*)

Die Herzogin hatte ihrem Gemahle vier Kinder geboren, von denen das älteste, Prinz Carl August Eugen,
geb. am 1. Oktober 1735, bereits am 13. September
1736 verschied. Am 2. Juni 1737 kam ein zweiter Prinz
zur Welt, Ernst August Constantin, der später seinem

---

*) S. Beilage E.

Vater in der Regierung folgte. Eine Prinzeſſin, Erne=
ſtine Auguſte, ward am 4. Januar 1740 geboren*), und
am 31. Januar 1742 ein Prinz, Adolf Felix, der jedoch
gleichfalls im jugendlichſten Alter am 23. Januar 1743
ſtarb.

Die Familie des Herzogs beſtand demnach jetzt aus
fünf Kindern, da neben den beiden eben Genannten noch
drei Töchter erſter Ehe am Leben waren: 1) Prinzeſſin
Wilhelmine Auguſte, geb. 4. Juli 1717**). 2) Prinzeſſin
Erneſtine Albertine, geb. 28. December 1722 ***). 3) Prin=
zeſſin Bernhardine, geb. 5. Mai 1724†).

Während über die Erziehung dieſer erſtehelichen Kin=
der nichts vorliegt, woraus man über den Einfluß oder
die Theilnahme des Vaters an derſelben irgend eine Nach=
richt erhielte, finden ſich in Betreff der jüngern Kinder
mancherlei Beweiſe von der ununterbrochen ſtrengen Auf=
ſicht, mit welcher der Herzog den Unterricht und die Ent=
wicklung derſelben verfolgte. Von 1741 bis 1748 waren
ſie der unmittelbaren Pflege einer Melle. Malaiséé an=
vertraut, an welche der Herzog häufig ſchrieb, um ihr die
Sorge für die Kinder „auf ihre Seele" anzuempfehlen,

---

*) Sie heirathete am 1. Juli 1758 den Herzog Ernſt Fried=
rich III. von S.=Hildburghauſen; Wittwe 1780; geſt. 10. Juni 1786.

**) Starb unvermählt am 9. December 1752.

***) Ward am 6. Mai 1756 mit Philipp Ernſt von Lippe=
Schaumburg vermählt, und ſtarb am 25. November 1769.

†) Ward am 19. November 1744 mit Johann Friedrich von
Schwarzburg=Rudolſtadt vermählt, und ſtarb am 5. Juni 1757.

„daß sie serieus und wohlerzogen werden." Mit der
Oberaufsicht war der Hausmarschall von Scharbt betraut.
Auch an diesen finden sich verschiedene Briefe des Herzogs
vor, der seit 1741 den Aufenthalt in Eisenach so sehr
vorzog, daß er selten in die Residenz von Weimar heim=
kehrte, während seine Familie ständig in letzterer Stadt
verblieb. Zwei dieser Briefe verdienen eine besondere Be=
rücksichtigung, weil in ihnen die Grundsätze klar und
scharf ausgesprochen sich finden, die er bei der Erziehung
seiner Kinder befolgt wissen wollte; sie hätten in dama=
liger Zeit durch Veröffentlichung zu allgemeiner Kennt=
niß gebracht zu werden verdient und in mancher fürst=
lichen Familie als Muster dienen können. Der erste
Brief ist vom 9. November 1745: „Monsieur mon
Ami! — — — Hiernechst habe ich vernommen, daß
Mein Sohn zwar prav wachßen soll, welches Mich er=
freut; Allein ich habe auch leider! gehört, daß er nicht
alle Zeit gar fleißig wäre, und die Zeit und Stunden,
welche er zum Lernen und serieusen Sachen zubringen
sollte mit spielen, trommeln und Kindereyen vertreibe, des=
halben ihm alle dergleichen Dinge wegzunehmen und bey=
seite zu schaffen sind. Ich kann wohl leiden, daß ihme
Mittwochs und Sonnabends mit spatzieren fahren oder
sonsten eine Veränderung gemacht werde, auch daß er zu
solcher Zeit lerne seine Exercitia mit der Pique und
andern anständigen Dingen mache, allein das Trommeln,
Pfeiffen, Mousquetier-Wesen und dergleichen soll gantz
und gar unterbleiben, ihme seine Caprice und Eigensinn

durchaus nicht gestattet, sondern ihm die Wahrheit gesaget und ernstlich angehalten werden, seine Stunden ordentlich abzuwarten. Die Prinzessin soll während der Zeit der Lern=Stunden gar nicht zu ihm kommen, vielmehr Sie ebenfalls von den Kindereyen abgewöhnet und zu ernst= hafften Dingen angehalten, auch ihr, wie dem Printzen, ordentliche Stunden zum Lernen, Lesen und schreiben, ge= setzet werden. Sollte der Juncker Princeps sich nicht mit Gehorsam der Ordnung unterwerffen, und sich nicht in der Güte zu rechter Beßerung und Fleiß, sich durch Lernen täglich und stündlich habiler zu machen, bequehmen, und mit rechten Eyffer sowohl in Wissenschafften als anderen Qualitaeten sein avancement zu machen suchen; So können ihm der Herr Haußmarschall nur die Nachricht geben, daß ich von hier aus einen A . . . Paucker hinein= schicken würde, welcher ihm das Trommelfell einweichen, den Flatter=Geist aus den Kopf bringen und gewißlich keinen Spaß mit ihm vornehmen soll. Ich werde es denen= jenigen schlechten Dank wissen und es gewiß ungeahndet nicht hingehen laßen, welche ihm zu dergleichen Narreteyen Anlaß geben, und ihn theils allzuhochtrabend, theils aber zu kindisch und niederträchtig erziehen, da es doch ein Kind ist*,) so unter Meiner Zucht und Ruthe stehet. Ich will keinen Tambour und Quer=Pfeiffer aus ihm ziehen, auch keinen Pfaffen, Schulmeister und Schlaff=Mütze aus ihm haben, sondern einen Printzen. Er ist aber noch kein Souverain, sondern noch ein Kindskopf, Keine Sonne, son-

---

*) Geb. 1737, war also damals acht Jahre alt.

dern nur noch ein Sterngen. Es hat also ein jedes, so mit dessen Erziehung zu thun haben, darauf zu sehen und davor zu repondieren, ihm aber nicht selbst zum Müßiggang und bagatellen Anlaß zu geben. Ich verlasse mich hauptsächlich auf Ihnen, und hoffe daß Sie Sich alle Mühe geben werden, damit meine Befehle alle ponctuellement von Jedem befolgt werden. Der ich übrigens bin, Monsieur mon ami, Votre bien affectionné E. A."

Der zweite Brief trägt das Datum des 8. März 1746: „Monsieur mon ami! Mich wundert recht sehr, daß Mein Erb Prinz, nach seiner kindlichen Schuldigkeit und nach dem von Mir ihm gegebenen Befehl, gar nicht schreibet, da es ihm doch obläge, alle 8 Tage solches zu verrichten. Der Herr Hauß Marschall wird also hiemit befehliget, dahin mit zu sehen, daß sowohl mein Sohn fleißig lerne und die Zeit nicht mit unnützen Dingen verschwende, sondern auch alle 8 Tage ein Schreiben an mich ablaße, und sollte er noch nicht so fähig sein, selbsten zu schreiben, so kann ihm die Hand darzu geführet werden, damit er sich nach und nach darinnen perfectionnire. Bey der Information des Assessoris Bartholomaei werden Sie besonders Acht haben, daß er keine Jesuitische Maximen dem Erb Prinzen beybringe, maßen ich widrigenfalls eine Aenderung mit ihm treffen werde, und hat er allschon einen Schinken bey mir im Salz. Anbey befehle Ihnen nachdrücklich daß Sie keine gemeine Leute weder bey den Prinzen und Prinzessin, wie Zeit hero geschehen aus und eingehen laßen, vielmehr genaue Aufsicht haben, daß die

Kinder was rechtes lernen, und ihre Zeit wohl anwenden.
Sie werden dieses stricte befolgen und ich bin p. p."

Wenden wir unsere Blicke von dem Familienleben
des Herzogs nun speciell auf seine Regierungshandlungen,
so wird sich das Bild des willenskräftigen, strengen und
thätigen, aber jähzornigen, hochmüthigen und capriciösen
Mannes vervollständigen. Und gleichsam um ihm Recht
zu geben und ihn zu befestigen in seinen Eigenthümlich-
keiten, begünstigten ihn häufig die Ereignisse, die, unab-
hängig von seinem Einflusse, während seiner Regierung
eintraten. Das wichtigste derselben war der Anfall des
Fürstenthums Eisenach,*) dessen letzter Herzog im
Juli 1741 kinderlos starb. Hierdurch wurden nicht nur
die bisherigen Besitzungen der Weimar'schen Linie um das
Doppelte vergrößert und in vortheilhafter Weise arron-
dirt, da u. a. auch die Aemter Jena und Allstaedt zu den
neu erworbenen Landestheilen gehörten, — sondern es ward
auch das so gebildete Ganze vor ferneren Theilungen durch
das früher eingeführte Primogeniturrecht geschützt. Der
Universität Jena nahm Ernst August seit jener Zeit sich
sehr lebhaft an, und suchte ihr Bestes auf alle Weise zu
befördern. Er ließ sich zum Rektor erwählen, und unter
dem 12. März 1742 ein „gnädigstes Avertissement"
drucken', welches sich mit der Verbesserung und Aufhülfe

---

*) Besitzergreifungs-Patent vom 26. Juli 1741.

der Akademie und andern dahin einschlagenden Sachen be-
schäftigte.

Anerkennend ist auch hervorzuheben, daß er sehr bald
nach seinem alleinigen Regierungsantritte eine alte Streitigkeit mit Schwarzburg-Sondershausen durch einen Vertrag
beendigte. Der Graf Günther von Schwarzburg, der
seine Lande von Weimar zu Lehen trug, war 1697 in den
Reichsfürstenstand erhoben worden, und wollte seitdem die
Weimar'sche Landeshoheit über Arnstadt nicht mehr aner-
kennen. Unter dem Herzog Wilhelm Ernst war es dadurch zu argen Differenzen, und sogar im J. 1711 zur militärischen Besetzung Arnstadts durch Weimarische Truppen
gekommen. Wilhelm Ernst konnte jedoch nichts ausrichten,
und sein Nachfolger zog es vor am 18. Juni 1731 einen
Vergleich abzuschließen, in welchem Weimar die Fürsten-
würde des Hauses Schwarzburg anerkannte, die Landeshoheit über Arnstadt aufgab, dagegen aber die Leistung
der Lehnspflicht vorbehielt und zwei Dörfer in der Nähe
von Ilmenau sich abtreten ließ.

Mit besonderer Vorliebe wandte Ernst August sich
den kirchlichen Verhältnissen zu. Er war der Lutherischen
Kirche treu ergeben, gestattete aber auch die freie Uebung
der andern Kulten. Unter seiner Regierung hat der Katholische und der Reformirte Gottesdienst in Weimar begonnen.
Bei den Katholiken war es besonders deshalb nothwendig,
weil unter den herzoglichen Truppen viele Katholiken sich
befanden. Pater Erhard Grant, ein Benediktiner aus

Erfurt, ward Feldcapellan, und mußte alle vier Wochen einmal die sacra feiern. Die Reformirten kamen nur alle Vierteljahr zusammen; sie bedienten sich zu ihrem Gottesdienst eines Saals im Jägerhause. Die meisten Mitglieder waren Strumpfwirker und Fabrikanten aus Apolda, die zum Theil französische Réfugiés waren oder von solchen abstammten. Am 25., 26. und 27. Juni 1730 ward das zweihundertjährige Jubiläum der Ueber- reichung der Augsburgischen Konfession im ganzen Lande feierlich begangen, in Gemäßheit einer hierüber bestimmen- den ausführlichen Verordnung vom 19. April 1730. Auch bei Gelegenheit der Salzburger Emigration bewährte sich Ernst August's Liebe zur Evangelischen Kirche. Am 11. Juli 1732 kam eine Abtheilung von 1050 dieser, vom Erzbischof Firmian vertriebenen standhaften Anhänger des Evangeli- schen Glaubens vor Weimar an; die heimathlosen Flücht- linge wurden feierlich eingeholt, zogen unter Gesang und Glockengeläute in die Stadt, und wurden hier auf herzog- liche und städtische Kosten untergebracht, reichlich verpflegt und beschenkt, um andern Tages weiter geleitet zu werden.

Von der Thätigkeit Ernst August's in kirchlichen An- gelegenheiten liegen viele Dokumente vor, welche theils über die damaligen öffentlichen Zustände interessante Auf- klärungen geben, theils den Charakter des Herzogs und sein oft wunderliches persönliches Eingreifen in kräftigen Umrissen uns schildern. In ersterer Beziehung sind hier hauptsächlich zu nennen: die Kirchenordnung vom 16. April 1730; — die Schul- und Gymnasialordnung vom 17. April

1733; — der Nachtrag zur Schulordnung vom 19. Oc=
tober 1736. Ein Auszug aus der zuerst genannten Ver=
ordnung möge hier eine Stelle finden:

„Wir sehen Uns gemüßigt, wegen verschiedener, bei
dem öffentlichen Gottesdienst in Unsern Landen einge=
schlichenen Mißbräuchen, wodurch die nöthige Erbauung
bei denen Gemeinden gar sehr gehindert wird, ein Ein=
sehen zu haben, und darinnen solche Anstalt vorzukehren,
wodurch dessen eigentlicher Endzweck erreicht werden möge.
— — 1, — — alle und jede Priester mögen sich mit
gehöriger Klugheit moderiren, auf der Kanzel sich
aller Personalien enthalten; — — Wir wollen
ihnen keineswegs ihr nöthiges Strafamt inhibiren, son=
dern wollen vielmehr daß sie die Abscheulichkeit der Laster
nach allen Kräften vorstellen und die Ausübung der Gott
wohlgefälligen Tugenden nach äußerstem Vermögen be=
fördern sollen. Nur soll solches in behöriger Ord=
nung und auf solche Art geschehen, daß dadurch die Liebe
des Strafenden und die Begierde seinem irrenden Bruder
zu seinem Heil beförderlich zu sein zu erkennen sein möge.
— 2, — — — die Geistlichen sollen sich befleißigen aus
den vorgeschriebenen Sonn= und Festtags=Lectionen einen
solchen Vortrag zu thun, der sich auf den Zustand ihrer
Zuhörer schickt, woraus eine gute christliche Moral zu er=
lernen, und der Grund unsers Glaubens immer mehr
befestigt werden möge. Wobei auch nutzlose critica und
solche Erklärungen, die auf das Katheder ge=
hören, zu vermeiden sind. — — 3, — — Auch muß

der polemica auf der Kanzel ein Ziel gesetzt
werden, und deshalb soll die Priesterschaft die zwischen
der Katholischen, der Reformirten, und der Lutherischen
Religion obschwebenden Differentien denen Zuhörern
zwar deutlich, gründlich und schriftmäßig fürstellen —
— aber mit christlicher Liebe und Modestie.
Und da unter dem sogenannten pietismo ein
höchst verderbliches Uebel in die Kirche eingeschlichen,,
durch dogmata die der heiligen Schrift und der Analogie
des Evangelischen Glaubens zuwider sein, — — so sollen
die Controversien, die aufs Katheder gehören nicht auf
den Kanzeln behandelt werden, sondern nur das reine
Wort Gottes nach den Articuln der Augsburgischen
Confession. — — 4, Zu besserer Beibehaltung einer brün-
stigen Andacht bei den Zuhörern soll nicht länger als
³/₄ Stunde geprediget werden; die Priester sollen —
— ihre Predigten sofort mit einem Gebet und dem Vater
Unser anfangen, dann zur Verlesung des textus und
dessen Erklärung schreiten, auch ihre Allegata nicht allein
anführen, sondern deutlich 2 bis 3 mal wiederholen, damit solche von den Zuhörern nachgeschlagen und zu Hause
repetirt werden können. — 5, Der Mißbrauch, das Abend=
mahl in den Häusern und Sacristeien zu nehmen, soll
aufhören — — — 6, Und weil durch das Beichtgeld
viel Aergerniß entstanden, wie auch durch den Klingel-
beutel, so sollen beide abgeschafft sein. Dafür sollen an
die Kirchenthüre Becken gesetzt werden; und von den Beicht=
kindern soll den Pfarrern ein Neujahrsgeschenk gereicht

werden, und zwar auf den Dörfern nicht unter 2 Groschen.
— 7, Vor allem aber sollen die Priester sich so betragen,
daß ihre Zuhörer nicht auf das Exempel der Pha=
risäer gewiesen werden dürfen, — sondern sich allent=
halben als solche bezeigen, die das Amt eines Evangelischen
Predigers rechtschaffen ausrichten; wie denn auch die Zu=
hörer zu fleißiger Besuchung des Gottesdienstes und zu
ehrbaren und christlichen Leben ermahnet werden."

Mit der Abschaffung des Beichtgeldes wollte es jedoch
troß dieser Bestimmung nicht glücken, und es bedurfte
einer eignen Verordnung vom 13. Mai 1743 um diese
Angelegenheit vorwärts zu bringen. Es ward nunmehr
ein „determinirtes und proportionirliches Aequivalent"
eingeführt, welches den Predigern am Erndtefeste, mithin
bei dem Ende des Kirchenjahres, in der Woche vor dem
ersten Advent=Sonntage gereicht werden solle. Danach
hatten die Minister und Geheimenräthe jährlich 6 Thlr.,
die Cavaliere 4 Thlr., Subalterne bei den Gerichten p.
2 Thlr., Hoffrauenzimmer, Trompeter, Köche 1 Thlr.,
Unteroffiziers, Lalais 12 Gr., — wohlhabende Bürger
1 Thlr., mittelmäßige 12 Gr., geringe 6 Gr., Stadt=
räthe 16 Gr. p. p. zu zahlen. Contravention von Seiten
der Geistlichen ward mit Remotion bedroht. Nach dem
Tode des Herzogs ward diese Einrichtung, die den Pre=
digern in den Städten bei ungleich besuchten Beichtstühlen
sehr nachtheilig war, wieder abgeschafft. Sie soll jedoch
im Herzogthum Braunschweig nachgeahmt worden sein.

Die Geistlichkeit selbst hielt der Herzog unter strenger

Aufsicht. Er besuchte manchmal die Sitzungen des Ober-consistoriums und lernte so manche Prediger und Schullehrer kennen. Er lud sie mitunter zur Tafel, zumal wenn er etwa katholische Geistliche bei sich hatte; dann wußte er es dahin zu bringen daß sie mit einander disputirten, und war höchlichst erfreut „wenn sie mit den Papisten fein fertig werden konnten." Begreiflicher Weise aber waren nicht Alle gleichmäßig dazu befähigt, und, nach Ansicht des Herzogs, theils zu schläfrig theils zu hitzig. Dann ergingen häufig sogenannte Signatur-Befehle an den gesammten Klerus, und wegen des Fehlers eines Einzelnen wurden sämmtliche Geistliche des Landes in derbster Weise gescholten. Einige dieser Zornesausbrüche sind so originell-charakteristisch, daß sie hier nicht übergangen werden dürfen. Bei der Mittheilung derselben mag dann zugleich die schon oben eingeflossene Bemerkung wiederholt werden, daß sie aus einer Zeit datiren, wo der Baron von Reinbaben nicht mehr am Leben war.

1) Aus dem Jahre 1739. An das Ober-Consistorium.

Von Gottes Gnaden, Ernst August p. p. p. Veste und Würdige, auch Hochgelahrte Räthe, Liebe Andächtige und Getreue! Ob Wir gleich bey Unserer schweren Regierungslast Uns bestmöglich angelegen seyn laßen, vor Unserer Herren Vetter Liebden, welches Wir nach Unserm Gewissen, ohne einigen Ruhm und eitele Prahlerey bestärcken können, rechte tüchtige, vernünftige, gelehrte, wohl conduisirte und bescheidene Geistliche im Lande zu haben, welche nicht nur einen distincten Begriff von Gott und

göttlichen Dingen, sondern auch eine wahre Erkäntniß ihrer
selbst, der Moral, und ihres armseligen Wesens bey sich
empfinden, und dahero die Officia gegen Gott als das
summum Bonum, nachhero aber gegen andere ihre Neben-
christen beobachten und ausüben sollen; So müssen Wir
doch, und zwar mit vielem Verdruß täglich wahrnehmen,
daß es Geistliche im Lande giebt, welche dem äußerlichen
Ansehen nach den Augustinum und alle Patres censiren,
in der That aber das Vater Unser nicht lateinisch beten
können, und in ihrer Aufführung von manchem Schaf-
knechte beschämt werden, zumalen wenn ein solcher Idiote
bey fürstlicher Tafel nicht allein vor seinem Fürsten und
Landesherrn, sondern auch gegen Fremde und andere Personen seine Wissenschaft zeigen und die Wahrheit ver-
theidigen soll. Wir müssen gestehen, daß mancher vier-
eckigter Bauer auf der Bierbank mehr Bescheidenheit, als
dergleichen grobe, ungeschickte, tumme und ungeschliffene
Geistliche besitzen. Allein es kommt Uns nicht anders
vor, als wenn bey einem Regimente der Oberstlieutenant und Major, denen subordinirten nicht scharf genug
in der Aufsicht seynd, und die Unterofficiers die Rapports
vor sich behalten, so kann es nicht anders als in einer
ordentlichen Confusion zugehen, und also ist es auch bey
Unserer Geistlichkeit. Wir werden aber als summus Epis-
copus diesem eingerissenen Uebel zu steuern suchen, und
alle Geistliche durch das ganze Land einen nach dem
andern zu Unserer fürstlichen Tafel ziehen, selbigen das
Hic Rhodus hic salta proponiren, und nach befinden-

der Ungeſchicklichkeit und Grobheit einen nach dem anderen ad carceres bringen laſſen, damit hierinnen einmal der Anfang zur Beſſerung gemacht, und Unſer intentirter löblicher Entzweck erreichet werde. Wir thun ſolches Euch hiermit zu wiſſen, und begehren anbey gnädigſt, Ihr wollet nach Euren obhabenden Pflichten führohin beſſere Aufſſicht halten, der ſämtlichen Geiſtlichkeit aber dieſen Befehl durch einen Umlauf verbotenus communiciren und Ihnen dar= bey die Bedeutung thun, daß ſelbige auf ihrer Huth ſeyn, damit, wann ein oder den anderen die Fatalität betreffen ſollte, ſelbiger hernach es ſich lediglich allein zuzurechnen habe. An dem geſchiehet Unſere Meynung und Wir ver= bleiben Euch mit Gnaden zugethan. Geben Apolda, den 29. April 1739.

P. S. Auch begehren Wir hiermit gnädigſt dieſes Rescript ad Acta zu hefften, und ſogleich wenn es in pleno vorgeleſen worden, durch einen Umlauf, wie bereits befohlen, an alle Geiſtlichen zu ſchicken, ſolches von ſelbigen praesentiren zu laßen, nachher aber den Umlauf nebſt denen praesentatis am Ende an Uns gehorſamſt einzu= ſenden, damit Wir ſehen können, ob dieſer Befehl in allen Stücken gehorſamſt befolget worden, weilen Wir ernſtlich verlangen, daß eine Aenderung gemacht werde, indem ein ſolcher Geiſtlicher, der weder Gott noch ſich ſelbſt recht kennet, ſeinen Pfarrkindern die reine Wahrheit nicht lehren kann, und verſtehet mancher Reitknecht mehr Latein, als ein ſolcher Geiſtlicher, welcher das Brod mit Sünde iſſet, und Uns nichts nütze iſt, da doch ein ſolcher den Heiligen

12*

Geist haben will. Und da Wir auch wahrnehmen, daß
die Geistlichen, welche kein eigen Haar tragen, mit grosen
spanischen Peruquen und weiten, französischen Aufschlägen,
daraus sich Mancher noch ein paar Hosen machen lassen
könnte, aufgezogen kommen, als soll selbiges gleichfalls
hiermit verbothen seyn, und alle Geistliche die kein eigen
Haar haben, ganz kleine apée Peruquen tragen, gestalten
denn ein neues Kleider Reglement vor die Geistlichkeit
herauskommen soll, und wer sich nicht darnach richten
will kann seine Dimission bekommen. Es wäre beßer,
daß die meisten vor ihre Bier= und Tabacks Compagnien
und unnöthige Zeitungen auf ihren Bierbäncken, wo nur
von der Stärke und Schwäche des Landesherrn und der
Regierung gesprochen wird, die lateinische und orientalische Sprachen lernten. Und da Uns auch bisher wohlgefallen, daß Mancher in der französischen Sprache sich
gezeiget, so haben Wir doch auch erfahren, daß solcher
Brief oder Carmen in Jena von einem Sprachmeister
vor 16 Gr. gemacht worden. Dahero wäre beßer, daß
sie anstatt der Bierkrüge und Haufen Tabackspfeifen auch
allerhand Scartegen die Bibel und andre nützliche Bücher
auf dem Tische hätten. Wir wollen am jüngsten Tage
von aller Verantwortung frey seyn, wenn Unsere so redlich gehegte fürstväterliche Intention nicht befolget worden,
da Wir in den Schulen sowohl als überhaupt alle gute
Veranstaltung gemacht haben, und das übrige blos an
Unsern Dienern liegt.

Datum ut supra.

2) Aus dem Jahre 1744. An das Ober-Consistorium.

Wir haben sehr mißfällig vernommen, daß die Uneinigkeit bey den Geistlichen zu Ilmenau zu allgemeiner
Aergerniß der Gemeine überhand nehme, wie Wir aber
die behörige Zucht und Einigkeit absolument eingeführt
und unterhalten wissen wollen; Als wird das Fürstliche
Oberconsistorium zu Weimar hierdurch befehligt, den
Superintendenten Gebhard und Caplan Goldhammer vor
sich zu bescheiden, ihre Streitigkeiten zu untersuchen, und
von dem Befinden gehorsamsten Bericht zu erstatten, die
bisher bezeigte, Geistlichen sehr unanständige Conduite
und Zänkereyen aber Beyden auf das nachdrücklichste zu
verweisen, wozu des nächsten ein Tag denenselben zu erscheinen von Uns bereits besonders befehligt sind.

Dat. Wilhelmsthal 1744.

P. S. Der Superint. Gebhard soll eydlich darthun,
aus was Absicht er dem Caplan den 82. Psalm*) zu
expliciren anbefohlen, und wie es in keiner guten Intention kann geschehen seyn, soll er selbst angeben wie dergleichen auf Aufruhr zielendes Dessein zu bestrafen sey.
Ueberhaupt aber hat der General Superintendent die
unter seiner Inspection stehenden Geistlichen beßer in
Ordnung zu halten, und selben den pharisäischen Hoch-
muth, als woraus alles Uebel fließet, abzugewöhnen.

Ernst August.

---

*) Der 62. Psalm. Ein Psalm Assaphs. Warnung an die
weltlichen Obrigkeiten vor Mißbrauchung ihres Amts.

3) Aus dem J. 1745. An die Oberregierung.

Wir sind verwichenen Herbst verschiedentlich benachrichtigt worden, was vor harte Streitigkeiten zwischen dem Superint. Gebhard zu Ilmenau und dem dasigen Caplan sich hervorgethan und vor Unserm fürstlichen Oberconsistorio in Weimar angebracht worden. Ob Wir nun gleich glauben sollten, diese den Geistlichen sehr unanständige und höchst strafbare Conduite würde von ermeldtem Unserm Oberconsistorio behörig untersuchet und bestrafet worden seyn; So müßen Wir doch anitzo im Gegentheil vernehmen, daß ermeldtes Oberconsistorium den Amtsverweser Cotten in Ilmenau dahin bedeuten laßen, er solle diese Streitigkeiten, darinnen derselbe ebenfalls impliciret, ohne weiteres Erinnern liegen laßen. Gleichwie aber hieraus die Nachläßigkeit des Oberconsistorii zu Weimar, die Wir nicht gleichgiltig ansehen können, erhellet; Als verweisen Wir nicht nur denjenigen aus Euren Mitteln, die bey dem Oberconsistorio zugleich mit sitzen, ihre der Geistlichkeit bezeigende ungebührliche Beyfälligkeit, sondern begehren auch hiermit gnädigst, Ihr wollet dem sämtlichen Ober Consistorial Collegio sein ungeziemendes Verfahren und geistliche Arroganz, da sie nach eigener Passion in vorkommenden Sachen verfahren, oder selbige zur Ungebühr unterbrücken wollen, nachdrücklich verweisen, und zugleich dahin bedeuten, die zwischen dem Superintendenten zu Ilmenau und deßen Caplan vorgefallene ärgerliche Streitigkeiten der Gebühr nach sofort zu untersuchen, und die geistlichen Untergerichte zu exacter Aufsicht in ihren

officiis anzuhalten, wie Wir denn wollen, daß der Superintendent Gebhard sowohl als der Amtsverweser Cotta
ehrlich bestärken sollen, ob sie nicht von der zu Ilmenau
mit unehelichen Kinde niedergekommenen Müllerin Geld
genommen und in deßen Betracht die behörige Untersuchung und Bestrafung wegen ihrer Schwängerung unter-
laßen. Datum Marksuhl, den 22. März 1745.

Der Amtsverweser Cotta soll bey dieser Gelegenheit
ernstlich gestriegelt, und ihm seine Partialité, Geldschnei-
derey und Anhang mit den Advocaten und Stadtrath
scharf verwiesen und gewarnt werden, daß, wo er sich eines
ungleichen Verfahrens würde theilhaftig machen, er empfindlich bestrafet würde.

4) Aus dem Jahre 1747.

Weil das Fürstliche Oberconsistorium im November
1746 wegen des aus Prag hiehergekommenen Juden Naph-
tali Jacob und von deßen angefangener Unterweisung in
der christlichen Religion ad Serenissimum unterthänigsten
Bericht erstattet, und um gnädigsten Verhaltungsbefehl
wegen seiner Taufe gebeten, so ist hierauf folgende Resolution eingelaufen:

Fiat, er soll aber nicht im Lande gebuldet werden, indem keiner beständig bleibt; die geistlichen Herrn
thun viel klüger, die christlichen Juden unter uns, geistliche zumal als weltliche zum thätigen Christenthum zu
bringen, und ihr schändliches Bauch-Pfaffen Scandal-
Wesen sich abzugewöhnen, und wahren Christen, deren
wenig seyn, mit beßern Exempel ihr Licht der Wahr-

heit gemäß leuchten zu laßen. Dies soll ad acta Consistorii geheftet werden.

Datum Eisenach, den 3. May 1747.

5) Ebenfalls aus dem J. 1747. An das Oberconsistorium.

Es wundert Uns gar sehr, daß das fürstliche Oberconsistorium sich unterstanden hat, einen verlaufenen Landstreicher und schelmischen Juden anzunehmen, und solchen in der Schloßkirche taufen laßen zu wollen, anzutragen. Da Uns aber sowohl als euch genug bekannt ist, wie dergleichen liederlich Gesindel niemals gut thut, und von alten Zeiten das Sprüchwort Lutheri eingetroffen, daß es am besten sey, einen dergleichen Proselyten gleich nach der Taufe zu ersäufen, wenn man ihn als einen Christen behalten wollte; Als verweisen Wir dem Fürstlichen Oberconsistorio ihre hierunter eigenmächtiger Weise gebrauchte Freyheit, und verbiethen ernstlich daß der getauft seyn wollende Jude in der Schloßkirche dieses Sacrament empfange, viel weniger eines von Unsern Fürstlichen Kindern oder sonst jemand vom Hofe darbey sey, wie denn auch Unsere Geistlichen sich in Zukunft ohne Unsern Befehl mit dergleichen Judenbekehrung, so doch am Ende umsonst ist, nicht meliren sollen.

Sign. Zillbach, den 18. September 1747.

Die Geistlichen haben genug zu thun, die Christen zu bekehren, daß sie keine Juden und Türken werden, und ist es nicht damit ausgemacht, daß man junge Studenten, so noch einige Zeit Primaner bleiben könnten, zu Pfarrern und Seelsorgern mache, wie Wir ley-

der die paar Jahre erlebet, und welches Wir in Zukunft nicht haben wollen, sondern verlangen daß allzeit
die Candidaten 30 Jahre alt seyn sollen, das kommt
aber von den Patronis und Fautoribus her."

Der in den beiden letzten Rescripten hervortretende
heftige Widerwillen gegen die Proselytenmacherei findet
wahrscheinlich seine Begründung in einem verunglückten
Versuch den der Herzog einige Jahre früher unternommen
hatte. In Dornburg sollte nähmlich ein eigenes Proselyten-
haus begründet werden, zu dessen Vorsteher ein bekehrter
Jude, Christian Friedrich August, bestimmt war. Dieser
gab deshalb im J. 1741 eine kleine Schrift in deutscher,
holländischer, englischer, französischer, lateinischer und
ebräischer Sprache heraus, welche den Zweck und die Einrichtung des beabsichtigten Instituts darstellte, und in alle
Länder versandt wurde. In Folge dessen sollen namhafte
Geldsummen zur Beförderung des löblichen Zweckes eingelaufen sein, mit denen sich jedoch der getaufte Jude
davon machte. An dieser Erfahrung mag denn der Herzog
ein für allemal genug gehabt haben.

Eine der letzten Zumuthungen des Herzogs an die
Geistlichen war eine neue ihnen vorgeschriebene Kleider-
ordnung. In dem Postscript zu dem oben mitgetheilten
Signaturbefehl vom 29. April 1739 ist bereits eine An-
deutung davon enthalten. Die Verordnung wurde zwar
nicht gedruckt, aber doch in offizieller Weise den Bethei-
ligten eröffnet. Indessen sollen sich nur Wenige gefunden

haben, die sich dem Gebote fügten, doch blieben die Uebrigen auch unangefochten. Schon in früheren Jahren hatte er verschiedentliche Versuche gemacht, den Geistlichen das Barttragen zu verbieten. Es war jedoch zu keiner eigentlichen Verfügung gekommen, und der Herzog hatte sich damit begnügt, mit einzelnen Pfarrern Privatkontrakte in dieser Beziehung abzuschließen. Von einem solchen erhalten wir Kenntniß durch nachstehendes Rescript an die Kammer, d. d. Ilmenau, am 31. August 1735.

„Wir laßen Euch hiemit ohnverhalten, wasmaßen Wir dem Pfarrer zu Ramsla, Ehren Johann Christoph Grienitz, alljährlich eine Klafter eichene Scheite aus der Ettersbergischen Waldung auf Unsere Lebenszeit, jedoch mit dieser Bedingung ohne Entgelt zugedacht, daß selbiger sein geistliches auf Weisenfelsische Art roth auf dem Schnitt dressirtes Stutzbärtgen abnehme, und solches so lange er lebet nicht wieder wachsen laße, auch alljährlich zur Dankbarkeit eine wohl conditionirte Knackwurst auf seinen Geburthstag an Uns in natura mit Ablegung eines Panegyrici in lateinischer Sprache, den miraculeusen Lebenslauf seiner eigenen Persohn und die ausnehmende Erkäntniß der Nelken=Flor und Mistbethe betr., einliefern soll. Also begehren Wir, Ihr wollet die Verordnung machen, daß ihme die vorgemelte Klafter eichene Scheite auf die reservirte conditiones, auf deren Erfüllung Ihr hauptsächlich Acht zu geben habet, ohne Entgelt abgegeben werde."

Man wird nicht in Abrede stellen können, daß es

dem Herzog bei Zeit und Gelegenheit auch nicht an
Humor gefehlt habe.

Daß es mit der Pflege der Justiz nicht zum besten
ausgesehen habe, kann bei den Zuständen, die noch zu
Anfang und gegen Mitte des 18. Jahrhunderts in Deutschland leider die allgemein verbreiteten waren, nicht Wunder nehmen; damals war dem Landesherrn der Unterthan so gut wie schutz= und rechtslos gegenüber gestellt.
Der Beamte hielt sich meistentheils blos für den Voll-
strecker der Launen und Willkühr seiner Vorgesetzten;
stand ihm doch selbst ein Recht gegen seine Obern nicht
zu. Die Anstellungen und Besoldungen waren widerruf-
lich; letztere wurden mitunter jahrelang nicht ausgezahlt.
Bestechlichkeit, Erpressungen und ähnliche Amtsüberschrei-
tungen waren die natürliche Folge. An Gewissenhaftigkeit in Ausübung der obliegenden Pflichten, an Pünktlich-
keit und Ordnung war in vielen Fällen nicht zu denken.
Johann Jakob Moser konnte noch aus dem Jahre 1747
nach eigener Erfahrung von dem Geschäftsleben in Hessen-
Homburg folgendes erzählen: „Die Räthe kamen, wann
und wie sie wollten; der Canzlist, der Canzleidiener und
dessen naseweises Weib waren mit in der Rathsstube
gegenwärtig und gaben wohl auch ihr Gutachten; es wurden keine ordentlichen Berathschlagungen gepflogen, sondern jeder Rath nahm von den einlaufenden Sachen was
er wollte, referirte, so viel oder so wenig er wollte, und
alles wurde wie ein Discurs behandelt; übrigens las man

Zeitungen oder unterhielt sich mit Gesprächen. Jeder blieb so lange er wollte, und ging wann er wollte."

Hier schritt nun Ernst August mit verschiedenen Verordnungen ein, die man erst dann richtig zu würdigen versteht, wenn man sich die damaligen Zustände, die möglicherweise in Weimar nicht viel besser als in Homburg waren, klar gemacht hat. Eine Verordnung vom 17. Januar 1731 bestimmt: die Patrimonialgerichte dürfen von jetzt an nicht mehr durch auswärtige Personen, sondern müssen durch hiesige Hof-Advokaten bestellt und besorgt werden. — Nach dem Circular vom 6. Juli 1733 darf fernerhin kein Aktuar nebenher noch die Praxis im Lande mit exerciren, bei tausend Thaler Strafe. — Das Circular-Rescript vom 9. April 1734 giebt eine ausführliche Instruktion für die Beamten in 24 §§.: Der gelehrte, treue und fleißige Beamte soll sich der Ordnung befleißigen, seinen Amtsbezirk genau kennen, oft bereisen und visitiren; die Akten, Bücher und Dokumente genau verwahren, — eine generelle und specielle Amtsbeschreibung machen, welche enthält: die Beschreibung der Grenzen, Schlösser, Städte, Dörfer p. p., die Specifikation der Domänen, die specielle Beschreibung des Landes, die Listen der Unterthanen mit Angabe der Ehen, Profession, Kinder p., die Aufzählung des amtssässigen Adels und der Städte, so wie der Amtsbediente vom Amtshauptmann an; ein Verzeichniß aller jura des Amts, in ecclesiasticis, in Civil- und Criminal-Jurisdiktion, in Jagd- Forst- Straßen- Steuer-Sachen, Lehn, Frohnen,

Diensten, Zinsen, Observanzen, Amtsbeschwerden und Streitigkeiten. Die Akten müssen gesondert und inventarisirt, die Handelsbücher ordentlich continuirt sein. Die Archive müssen vor Feuchtigkeit bewahrt und gut unterhalten werden; alle Verordnungen und Gesetze müssen gesammelt, in Bücher geheftet, und ein Register darüber angefertigt werden. Ueber die Depositengelder ist ein ordentliches Buch mit Einnahme und Ausgabe zu halten; ebenso ein diarium über die Sporteln. Bestimmte Gerichtstage sollen gehalten werden und eine tägliche Registrande. Als Richter, Schöppen, Heimbürgen müssen verständige und ehrliche Leute gesetzt werden, und sind sie häufig unvermuthet zu visitiren. Der Aktuarius muß ein geschickter Mann sein und darf nicht praktisiren. Die Streitigkeiten der Unterthanen sind möglichst zu vergleichen und abzukürzen. Wo der Beamte sich nicht finden kann, muß er bei der Landesregierung anfragen, überhaupt weder Freundschaft noch Feindschaft ansehen, und keine Geschenke annehmen; schriftliche Umlaufe der Collegia muß er schnell expediren, und darf er nicht zwei Tage aus seinem Bezirk reisen. — Ein Rescript vom 4. Februar 1736 schreibt vor: Justizbeamte sollen keine Eingriffe in die Amtsrevenüen thun und ihre Besoldungen davon wegnehmen, bei 100 Thlr. Strafe und im Wiederholungsfalle infamer Cassirung; die Besoldung ist quartaliter von den Rechnungsbeamten zu gewärtigen. — Circular-Rescript vom 27. März 1736: Depositalgelder dürfen nicht von den Justizbeamten in ihre Verwahrung genommen werden, sondern sind sofort an die Regierung in Weimar abzuliefern. — Ein Circular=Rescript vom 28. Februar 1741 weist die sämmtlichen Gerichte an, die Verwaltung der Justiz bei den Creditsachen nicht mehr auf die lange Bank zu schieben, sondern einem jeden Gläubiger ohne Ansehn der Person promptes Recht bei Vermeidung empfindlicher und harter Strafe widerfahren zu lassen. — Durch Circular=Rescript vom 29. Januar 1742 wird zur Abkürzung der Processe, namentlich in Inquisitionssachen, angeordnet, daß kein Inquisit länger als zwei Monate, oder wenn die Sache weitläuftig wäre, längstens drei Monate sitzen soll, binnen welcher Zeit die Schuld oder Unschuld des Inquisiten gar wohl zu er= fahren und auszuforschen, widrigenfalls die Verpflegung der Inquisiten nach Verlauf obgesetzter Zeit aus der Be= amten eigenen Vermögen genommen werden soll. — Patent vom 10. März 1742: Für Eisenach und Jena wird, wie in Weimar, eine prompte Expedition in der Administration der Justiz befohlen; auch sollen Registran= den in folio angelegt, und davon monatliche Extrakte ein= gesandt werden. Circular vom 24. Februar 1745: Die Beamten und andern Unter=Obrigkeiten dürfen in Sachen, welche entweder in Rechten befangen oder nicht anders als gerichtlich praevia causae cognitione ent= schieden werden müssen, den Lauf Rechtens auf keine Weise hemmen, sondern müssen einem Jeden promte Justiz ohne Ansehen der Person administriren, alle Inquisitionssachen möglichst beschleunigen, und bei Vermeidung nachdrücklicher

Strafe sich hüthen, daß man keine Nachlässigkeit oder Par=
teilichkeit im Geringsten verspüren möge. — Circular=
Rescript vom 14. August 1745: es wird den sämmt=
lichen Gerichten nochmals intimirt, in geringfügigen Dingen
und Injurien=Händeln keine processualische Weitläufigkeiten,
wobei gewissenlose Abbokaten nur ihren verdammten Eigen=
nutz suchen, bei Vermeidung empfindlicher Strafe zu ge=
statten. — Circular Rescript vom 21. October
1745: es ist schon öfters verordnet, daß allen fürstlichen
Beamten, Aktuarien, Syndiken und Stadtrichtern das
Abbociren gänzlich verboten worden; da nun doch dem
Verbote zuwider gehandelt worden, so wird dasselbe er=
neuert, bei hoher Strafe. — Circular vom 14. April
1746: Außer den immatrikulirten Abbokaten sollen alle
übrigen die nichts taugen, auch vor Fürstlicher Ober=Re=
gierung öffentlich nicht examinirt sind und Serenissimi
Hand und Siegel nicht aufzuweisen haben, gänzlich cas=
siret und ihnen die Praxis bei 50 Thlr. Strafe unter=
sagt sein. — Circular Rescript vom 12. März
1747: Alle Gerichte werden angewiesen, die rechtshängigen
Sachen ohne Noth nicht zu verzögern und kostbarer zu
machen, auch alle Gebühren ordentlich ad acta zu liqui=
biren, und zwar nach der Tax=Ordnung de a. 1704, und
ohne vorgängige Liquidation ad acta bei Strafe doppelten
Ersatzes nichts zu erheben, diese Liquidationen in das
Sportul=Manual einzutragen, und davon die Abschrift
nebst der Hälfte der Sporteln alle Quartale einzusenden.
— Circular vom 26. Juni 1747: Nachdem Sere=

nissimus höchst mißfällig vernommen, daß einige Beamte, wenn sie requirirt worden durch Schließung der Scheunen oder auf andere Executions-Art die rückständigen Steuern von denen Unterthanen beizubringen, sich strafbarer Weise unterstanden, solcher Verfügungen halber Sporteln und Accidentien zahlen zu lassen, führohin aber kein Beamter, bei Vermeidung der Cassation cum infamia, sich unterstehen soll, weiter das mindeste obgemeldeter Executions-Vollstreckung halber von denen Unterthanen unter was Nahmen oder praetext es auch geschehen möge, zu fordern und anzunehmen."

Mag immerhin bei einzelnen dieser Verfügungen das aerarische Interesse wesentlich mitgewirkt haben, so läßt sich doch nicht übersehen, daß die Beamten dadurch wieder und wieder die Mahnung erhielten, daß ihre Amtsführung einer Controle unterworfen sei, was nothwendig den Unterthanen zu gute kam.

Ein höchst charakteristisches Rescript erließ Ernst August gleich nach dem Anfall von Eisenach, kaum drei Wochen nach der Publikation des Besitzergreifung-Patentes, an das Oberconsistorium in Eisenach, d. d. Ilmenau den 17. August 1741:

„Wir müssen mit größtem Mißfallen und Verwunderung erfahren, daß bis dato noch das vermaledehte und himmelschreiende Laster und crimen Simoniae in Eisenach im Schwange geht, da man sowohl geistliche als weltliche und andere Dienste, aus gottlosen, gewinnsüchtigen und höchst strafbaren Absichten um Geld verkaufet, Idioten und nichtswürdige Leute dem Publico zur Last und größten Schaden wider Ehre und reputation, Pflicht und Gewissen, befördert. Wann Wir aber dieses mit Nachdruck zu hemmen gemeynet sind, und dahero ernstlich verbieten, daß führohin Niemand, es sey wer es wolle, im geistlichen, militär- und civil-Stande, sich unterfangen soll, ein Subjectum zu recommandiren, viel weniger gar ohne Unser Wissen zu befördern und Geld dafür zu nehmen; Als begehren Wir hiermit gnädigst, ihr wollet diesen Befehl von allen Cantzeln durch das ganze Land zu jedermannes Nachachtung ablesen lassen, und dem beyfügen, daß derjenige, so der Beförderung halber von andern Geld nimmt, das erstemal jeden Thaler mit tausend Thalern, und wenn er dieses nicht im Vermögen hat, mit höchstempfindlicher Gefängnißstrafe verbüßen, — wenn er es aber zum andernmal thut, den Kopf verlieren und sein ganzes Vermögen confiscirt werden soll."

Namentlich diese Verordnung muß man vom Standpunkte der damaligen öffentlichen Zustände in Deutschland betrachten, um in der Beurtheilung nicht ungerecht zu werden. Der Handel mit Aemtern und Stellen war zu jener Zeit so verbreitet, daß Karl Friedrich von Moser sich veranlaßt fand, in einer besondern Schrift dagegen anzukämpfen. In Preußen machte Friedrich II., in Sachsen Friedrich Christian (1763) diesem Unwesen ein Ende. Ihnen ging Ernst August voran, wobei nur zu bedauern,

daß er sich in seinem Eifer für Ausrottung dieses schmäh=
ligen Mißbrauchs zu weit treiben ließ; die Absicht, die er
verfolgte, mag ihm dabei immer zur Ehre gerechnet wer=
den, wenn gleich die von ihm ergriffenen Maßregeln un=
praktisch waren, da eben eine übertriebene Strenge selten
oder nie das vorgesteckte Ziel erreicht.

Von kurzen und energischen Proceduren, wie sich eine
solche in dem Verbote der Simonie vorfindet, scheint der
Herzog, wenigstens in der Theorie, ein großer Freund ge=
wesen zu sein, und wir begegnen ihrer Androhung ver=
schiedentlich auf dem Papiere, ohne jedoch von deren prak=
tischer Bethätigung Spuren anzutreffen. So schreibt er
an den bei ihm sehr in Gnaden stehenden Hofrath Lang=
gut, von Belvedere aus am 13. Juni 1738: „Nachdem
ich geglaubt gehabt, es werde nach meinem ergangenen
gnädigsten Befehle Urthel und Recht wider den Zucht=
knecht, der vor einiger Zeit Gelegenheit zur Flucht etlicher
Züchtlinge gemachet, eingeholet worden seyn, so muß doch
wahrnehmen, daß solches noch nicht geschehen ist; da ich
nun aber ein für allemal meinen Befehl befolgt wißen
will, alß wiederhole solchen hiermit, mit dem Anhange,
mir pflichtmäßig einzuberichten, welche die boßhaftesten
Uebelthäter im Zuchthauße seynd! da ich dann hernach
einem nach dem andern in der Stille den Kopf, wie sie
es verdient, herunter hauen laßen werde, damit dergleichen
Bösewichtern alle Gelegenheit zur Flucht benommen seyn
möge, und selbige ihrem Nächsten nicht mehr schaden
können; wie dann auch der vor zwey Tagen auß dem

Zuchthauße entflohene Ertzdieb Grunert dem Galgen nicht entlauffen wird."

Von den verschiedenen äußerst strengen Verordnungen die während der Regierung Ernst August's ergingen, mag es genügen einige besonders charakteristische anzuführen. So z. B. das Patent vom 24. October 1737 welches verfügt, daß derjenige, welcher 2 Thlr. an Werth diebischer Weise entwendet, ohne Ansehn der Person aufgehangen werden soll. Die Verordnung vom 18. Januar 1738 wiederholt die Androhung derselben Strafe auch für diejenigen, welche einbrechen, oder Waffen bei sich führen, ohne Ansehen des Werths. Ferner ein Regierungscircular vom 24. Mai 1745, welches lautet: „Wegen der überhand nehmenden Diebstähle, namentlich an Obst und Wäsche, wird bestimmt, daß diejenigen, welche einen Diebstahl an Gärten und Bäumen, Gemüse, Obst und an Wäsche begehen, als Diebe, Räuber und Mörder angesehen und mit dem Strang vom Leben zum Tode gebracht, die Angeber aber mit 50 Thlr. belohnet, und den Bürgern erlaubt seyn soll, in den Gärten Selbstschüsse anzulegen."

Die Art und Weise wie der Herzog im Verwaltungswege den Verkehr, die Industrie und die Agrarverhältnisse im Lande zu regeln und zu heben suchte, bietet manches Interessante dar; der Mangel eines jeden national-ökonomischen Princips macht sich darin eben so sehr geltend,

13*

wie die naive Aufrichtigkeit, mit der häufig das fiskalische Interesse als die ultima ratio der ergehenden Verordnungen hingestellt wird. Da kann es denn nicht Wunder nehmen, wenn manche Maßregeln sich sehr bald als überwiegend nachtheilig oder als unausführbar herausstellten und wieder zurückgenommen werden mußten. Einige Beispiele mögen dies erläutern.

Ein Rescript vom 28. März 1729 an die Regierung, drückt das Mißfallen darüber aus, daß Bauer- und andere Güter zur Schmälerung der darauf haftenden Frohnen und Steuern, bei Erbfällen und Verkäufen in allzukleine Theile zertheilt, und hiernächst auch mit Schuld- und Pfand-Verschreibungen überladen würden. Das müsse anders werden, und alle Beamte sollten von jetzt an, bei Verlust ihres Dienstes, auch Ehr und Vermögen, fürderhin den Unterthanen weder bei Erbfällen u. s. w. die Zerstückelung der Güter gestatten, noch darein willigen, daß ein Gut über den dritten Theil desselben mit Schuld- und Pfand-Verschreibungen beschwert würden. — Schon am 14. März 1730 erschien jedoch ein Mandat, worin „auf viele Vorstellungen der Unterthanen und Behörden" die obige Verordnung zurückgenommen ward, aber nur in so weit, daß bei bereits vertheilten oder einzeln zusammengekauften Gütern die Veräußerung oder Verpfändung Jedem nachgelassen werde, jedoch müsse dies gerichtlich geschehen; bei ganzen oder noch in einer Consistenz befindlichen Gütern soll das Mandat in Kraft bleiben, und sollen solche nicht ohne landesherrlichen Consens getheilt und zerrissen werden; solche Güter dürfen auch nur bis zur Hälfte mit Schulden beschwert werden. Zur Beförderung der Consolidirung von Gütern soll bei jedem Kaufe dem Nachbarn das jus congrui und protemisios während vier Wochen vorbehalten bleiben, und dieser dann jedem andern Näherrechte vorgezogen werden. Auch soll künftig das Gespildrecht allen andern Näherrechten vorgehen. — So verfügt ferner eine Verordnung vom 22. Mai 1734 daß kein Acker unbestellt bleiben dürfe; thue dies der Eigenthümer nicht, so müsse Jemand aus der Gemeinde die Bestellung für die Hälfte des Ertrags übernehmen und die Gefälle davon richtig abgeben. Diese Vorschrift ward später vier verschiedene Male erneuert.

Ein Regierungsrescript vom 26. Mai 1731 verordnet, es solle die tüchtige und gute Wolle im Lande verkauft und nicht mehr ausgeführt werden, weil dadurch der Strumpfmanufaktur und andern Fabriken im Lande ein großer Nachtheil erwachse. Durch eine Verordnung vom 14. Januar 1733 wurden die Strumpfverleger und solche Fabrikanten, welche 3 eigenthümliche Wirkerstühle besitzen, auch diejenigen Strumpfwirker welche von fremden Orten sich in „Unsere Lande“ begeben und hier häuslich niederlassen wollen, von der Stadt-Miliz gänzlich befreit. Ein Circular vom 13. April 1733 modificirt das Verbot des Wollverkaufs außer Landes: „damit das Manufaktur-Wesen keinen Schaden nehme, soll fernerhin Niemand weder seine eigene noch aufgekaufte Wolle bei Strafe der Confiskation an Auswärtige verkaufen, es sei denn auf denen öffentlichen Jahrmärkten oder auf specielle permission; auch soll 14 Tage nach der Wollenschur alle Jahre ein genaues Verzeichniß eingesendet werden, wie viel jeden Orts an Wolle gewonnen worden." Dieselbe Vorschrift ward am 12. Mai e. a. wieder eingeschärft. Abermals vier Wochen später erging ein Circular, vom 11. Juni 1733: „Alle im Lande erzeugte Wolle soll auf den vor Pfingsten fallenden und den neu angelegten Margarethen=Jahrmarkt in der Residenzstadt Weimar bei Vermeidung empfindlicher Strafe zum Verkauf gebracht werden, und den Weimarischen Unterthanen soll während der beiden ersten Tage das Vorkaufsrecht zustehen." Acht Tage darauf bestimmte ein Rescript vom 19. Juni: „Die Gerichte p. dürfen bei 200 und 100 Dukaten Strafe keinen jungen Burschen die Strumpfwürker=Profession erlernen lassen, ehe und bevor Uns selbiger persönlich gezeigt worden, und Wir dann Unsern Ausspruch gethan, ob er sich zur Profession oder zum Militär= oder andern Stande schicke. Ein solcher Lehrbursche darf nicht eher losgesprochen werden, bevor er sich anheischig gemacht, sich nicht außer Landes zu begeben, sondern ohne zu wandern seine erlernte Profession darinnen zu treiben." Durch Circular vom 10. August 1733 wird den Strumpf=Verlegern das Verbot des Aufkaufs der fremden Strumpfwürkerwaaren eingeschärft, doch erläutert eine Verfügung vom 6. October desselben Jahres dieses Verbot dahin, daß sich dasselbe auf Chursächsische und Eisenachische Unterthanen nicht erstrecke. Ein Circular vom 27. März 1734

verordnet: „Wegen überhand nehmender Pfuscherei soll
kein Verleger der Strumpf-Manufaktur künftig Waaren
annehmen, die nicht von einem zünftigen Meister verfer-
tigt worden, bei 10 Thaler Strafe; auch soll kein bei
einem Pfuscher in der Lehre gestandener Junge aufgenommen werden, er habe denn zuvor bei einem zünftigen
Meister die gewöhnlichen Lehrjahre ausgestanden." Ein
Patent vom 29. Mai 1736 giebt uns einen Einblick in
die Folgen der dem Kaiser geleisteten Hülfe während des
Kriegs mit Frankreich und Spanien: „Da in Folge des
Kriegs das Land von Unterthanen entblößt, und die
Strumpf-Manufaktur wiederum in florisanten Stand gesetzt werden muß, so sollen dergleichen Fabrikanten die
sich hier festsetzen, 4 Jahr von allen herrschaftlichen Ge-
fällen und vom Soldaten-Stande gänzlich befreiet sein."
Man muß annehmen, daß dieser „florisante" Stand nunmehr eingetreten sei, denn fürderhin findet sich während
der ganzen Regierungsdauer des Herzogs keine weitere
Verfügung die auf diesen Industriezweig Bezug nähme.

Durch Circular vom 6. October 1734 ward der
Verkauf von Hafer und Heu außerhalb Landes bei
100 Thaler Strafe verboten. Ein Circular vom 28. März
1735 dehnte dieses Verbot auch auf Korn und andere
Getraide aus. Schon am 6. Mai 1735 ward dieses
Verbot wieder aufgehoben, — und als später ein Circular
vom 29. März 1740 alle und jede Getraide-Aufkäufe
zur Ausfuhr aus dem Lande bei strenger Ahndung unter-
sagte, erschien bereits unter dem 23. Mai desselben Jahres

eine Erläuterung dahin, daß unter diesem Verbot die Be=
nachbarten nicht mit begriffen sein sollten.

Ein Edikt vom 1. August 1735 bringt zu unserer
Kenntniß, daß in der Stadt Weimar eine Tabackfabrik
errichtet worden sei: „Da die Taback=Accise durch Defrau=
dationen und Einführung schlechten und der Gesundheit
schädlichen Tabacks so verkürzt worden, daß dadurch der
Zweck, die mit den Ordinarsteuern belasteten Unterthanen
zu erleichtern, nicht erreicht wird, so soll in der Stadt
Weimar eine eigene Tabackfabrik angelegt werden, aus
welcher die Kaufleute u. s. w. sich mit tüchtig=untadel=
haftem Taback zu billigen Preisen versehen können. Die
General=Inspektion zur Handhabung der dieser Fabrik ver=
liehenen Prärogativen und Privilegien, auch Schlichtung
der dabei vorfallenden Einsprüche und Strafsachen, besteht
aus Geheimen Raths Präsidenten von Reinbaben, Ober=
Hof= und Landjägermeister auch Geheimer Kammerrath
von Bolgstedt und Kammerrath Ziesich; die Direktion
und Anschaffung der Virginisch= und andern Blätter ist
dem Ober=Commerzienrath von Mengershausen übertragen.
Ein erfahrner Meisterknecht hat die Arbeiten zu über=
wachen, und soll streng darauf gesehen werden, daß so=
wohl bei Verfertigung und Abwägung des Tabacks wie
auch sonst aller Unterschleif verhütet werde. Es darf
der Taback nur aus der Fabrik genommen und nur
Brief= und Paket=Taback gefertigt werden. Zoll und
Accise wird dafür nicht bezahlt, und sollen die Kaufleute
12$\frac{1}{2}$ % als ihren Profit beim Verkauf genießen, die

Unterthanen aber den Brief um 1 Pfennig billiger als früher erhalten. In jedem Amte soll ein Faktor bestellt werden bei dem der Taback zu Fabrikpreisen zu erhalten, der aber nicht Portionen unter 1 Thaler verkaufen darf. Die Wirthe u. s. w. dürfen ihren Gästen den Taback nur in gestempelten Briefen vorsetzen, und müssen diese Briefe nachher zerrissen werden, bei 2 Thaler Strafe; die Ochsen= blasen sind bei 5 Thaler Strafe verboten. Auswärtigen Taback darf Niemand kommen lassen, bei Strafe der Confiscation und arbiträrer, selbst Zuchthausstrafe. Aus= ländischen Taback kann man aber durch die Fabrik kom= men lassen." — Diese Neuerung muß ein gewaltiges Auf= sehen gemacht haben und den Rauchern damaliger Zeit sehr unangenehm gewesen sein, denn das Commerz=Colle= gium sah sich in der Lage am 18. October desselben Jahres folgendes Mandat ausgehen zu lassen: „Da Viele von der neuangelegten Tabackfabrik spöttisch, disreputirlich und verächtlich reden, auch vorgeben es würden die Krä= mer nichts daraus entnehmen, so wird solch Verfahren mit einer Strafe von 24 Thalern bedrohet, auch wohl noch härteren Strafen." Ob nun in Folge dieses Man= dats die Lästerzungen reuig in sich gegangen, läßt sich nicht ersehen; wir erfahren aber sehr bald, daß die Un= zufriedenen das Mittel des passiven Widerstandes er= griffen, worauf denn von demselben Collegium unter dem 7. November desselben Jahrs nachstehendes donnernde Rescript erging: „Da verschiedene Gast= und Schenkwirthe aus Bosheit, daß sie ihre Gäste nicht mehr übertheuern

können, überall keinen Taback mehr führen wollen, solches
aber eine unverantwortliche und höchst strafbare Hals=
starrigkeit ist, so wird allen Wirthen ernstlich anbefohlen,
daß ein Jeder bei dem Faktor seines Amts für 1 Thaler
an Brief=Taback abhole und solchen denen Gästen vor=
setze, und dadurch verhindere daß man nicht gemüßigt
werde nach geschehener Visitation die Widerspenstigen mit
nachdrücklicher Strafe anzusehen." Da jedoch trotz dem
der Absatz immer noch nicht genügend gewesen sein mag,
so erschien am 10. Juni 1736 ein Circular, welches ver=
fügte, „da es nöthig befunden, daß der in der Taback=
fabrik gefertigte und dort lagernde Taback möglichst bald
abgesetzt werde, so sollen alle Gastgeber in den Städten,
Dörfern je nach Proportion davon einen Theil über=
nehmen und baar bezahlen, und zwar der kleinste und
geringste nicht unter 12 Groschen." Damit schließt dieser
specielle Theil der gesetzgeberischen Fürsorge für das Wohl
der Unterthanen.

In ähnlicher Weise ward das Aufblühen der Ilme=
nauer Glashütte unterstützt. Ein Circular vom 10. April
1737 schreibt vor, daß künftig das Fürstenthum aus jener
Glashütte mit Fenster= und anderm Glase versorgt werden
und die Einfuhr fremden Glases nicht weiter verstattet
sein solle. Dieselbe Vorschrift ward am 12. Juli 1742
erneuert, und dieselbe durch Circular vom 3. Juli 1747
dahin modificirt: „es wäre denn, daß von jedem 100 Stück
hohl ungeschnittenen 1 Thaler, von 100 Stück geschnitten,
gemalt, vergoldet oder geschliffen aber 2 Thaler Impost

bezahlt würde. Auch sind die Glaser jeden Orts dahin
anzuweisen, daß sie kein fremdes Glas verarbeiten, und
ist alle im hiesigen Lande fabrizirte Potasche dem Glas=
faktor Wenzel zu Ilmenau zum Verkauf anzubieten und
gegen contante Bezahlung unweigerlich zu verabfolgen."

Mit ganz besonderer Strenge und ganz absonder=
lichen Mitteln suchte der Herzog dem Auswandern und
dem Eintritt seiner Landeskinder in fremde Kriegsdienste
entgegen zu wirken. Schon am 12. Juli 1729 bestimmte
ein Mandat: „Alle Handwerkspurschen sollen, ehe sie auf
die Wanderschaft gehen, vor ihrer ordentlichen Obrigkeit
einen Eid ablegen, daß sie an keinem fremden Orte
Kriegsdienste annehmen, oder widrigenfalls ihrer Habe
und Güter verlustig sein wollen." Unter dem 3. Juli
1733 verfügte ein Circular: „Kein junger Mann darf bei
Verlust seines Vermögens außer Landes gehen, ohne sich
vorher bei Hochfürstlicher Durchlaucht immediate gestellt
und von der Hof=Canzlei einen Paß erhalten zu haben."
Eine Verordnung vom 11. November 1739 schrieb sogar
vor, daß kein Beamter einen Paß zur Reise außer Landes
ertheilen dürfe; wer dergleichen verlange, habe sich beim
Herzog selbst zu präsentiren. Dies ward jedoch schon
am 22. December dahin modificirt, daß Handwerksbursche
von fürstlicher Regierung Pässe erhalten sollten. Gegen
alle diese Vorschriften mag nun begreiflicher Weise häufig
verstoßen worden sein, und so erschien denn am 29. Juni 1741

folgende Verordnung: „Demnach Serenissimus nicht ge=
statten wollen, daß ohne Höchstderoselben specieller Er=
laubniß weder angesessene noch unangesessene Bürger,
Bauern, oder Soldaten aus hiesigem Fürstenthum gelassen
werden sollen, und daher aus tragender landesfürstlichen
hohen Fürsorge fernerweit in hohen Gnaden befohlen,
daß weil unter dem Practext des von denen Weibern vor=
geblich eingebrachten Heirathgutes die angesessenen Unter=
thanen ihre Güter verkaufet und sich mit den Kaufgeldern
davon begeben und außerhalb Landes anderswo häuslich
niedergelassen, künftighin denen Weibern nichts mehr von
den Gütern zu verkaufen nachgelassen werden solle; als
wird solches bekannt gemacht und bei Eintausend Thaler
Strafe gehorsamlich nachzuleben." Es verging jedoch kaum
ein Jahr, so war man zur Rücknahme dieser Ungeheuer=
lichkeit gezwungen; ein Circular vom 3. Juli 1742 be=
sagt: „Das Prohibitum vom 29. Juni 1741, daß Wei=
ber ihre immobiliaren Habseligkeiten nicht veräußern dürfen,
wird wieder aufgehoben, jedoch sollen die verkaufenden
Weiber von dem Kaufschilling 16 % sich abkürzen lassen
und an die Renteinnahme pro dispensatione bezahlen."
Aber auch diese Beschränkung konnte nicht aufrecht er=
halten werden; sie ward mittelst Circulars vom 3. Ja=
nuar 1743 aufgehoben, und den Weibern gestattet, mit
dem Ihrigen zu schalten und zu walten wie früher. Da=
für aber erschien am 15. März e. a. ein anderes Circu=
lar, welches bestimmte: es solle kein Landeskind vom
12. Jahre angerechnet, sich auswärts begeben, noch weniger

bei andern Herren Kriegsdienste annehmen, widrigenfalls aber gewärtigen, daß sein Vermögen confiscirt werde, er selbst niemals wieder in das Land kommen dürfe, und seine Eltern überdies zehn Thaler erlegen müßen.

Durch diese Verfügungen setzte sich der Herzog in eine ganz exceptionelle Stellung gegenüber von denjenigen Staaten, mit denen er Cartellverträge über Auslieferung von Deserteurs abgeschlossen hatte. Wie er sich bei vorkommenden Fällen in Vortheil zu setzen bedacht war, erfahren wir aus einem Bericht den der Chursächsische General und Cabinets-Minister von Baudissin unter dem 27. August 1738 an den König erstattete. „Ew. Majestät habe vermittelst allerunterthänigsten Vortrags vom 19. Aprilis an. cur. zu erkennen gegeben, wasmaßen des Herrn Herzogs von Weymar Durchlaucht die zwischen Deroselben und hiesiger Armée wegen reciprocirlicher Auslieferung beyderseitiger Déserteurs genommene Abrede fast in allen Fällen dadurch gantz unkräfftig machen, und außer allen effect setzen, daß Sie als ein principium etabliren, als ob Sie bey Antritt Dero Regierung Ihren gesamten Unterthanen die Annehmung fremder Kriegsdienste untersaget hätten; Woraus denn entstehet, daß Sie solcher gestalt alle Landes Kinder, so von dieser Zeit an in hiesige Dienste gegangen, reclamiren wollen, die hiesigen deserteurs hingegen unter dem Praetext, als ob sie diesem Verboth zuwieder, sich nicht engagiren können, vorenthalten. Ich habe auch dabey Ew. Königl. Majestät allerunterthänigst vorzustellen die Ehre gehabt, wie gleich-

wohl in der mit Weymar gemachten Convention wegen
derer Landes Kinder keine Ausnahme gemacht sey, mithin
dergleichen gantz ungegründete Exception mir um so viel
bedenklicher vorkomme, als ich überhaupt dahin gestellt
seyn ließe, ob nach der Teutschen Verfaßung des Herzogs
Durchlaucht dergleichen Verboth so schlechterdings ergehen
laßen können, oder ob nicht wenigstens diesfalls repres-
salien hierunter zu gebrauchen seyn möchten. Nachdem
nun Sr. Durchlaucht sich dieser Exception seit der Zeit
fernerhin bedienet, und fast kein casus arriviret, da nicht
selbige aufs tapis gebracht wird; So habe um allergnädigste Vorschrift, wie man sich desfalls von Seiten
hiesiger Miliz zu verhalten? alleruntertähnigst bitten
sollen."

Es ist jedoch nirgends zu ersehen, daß in dieser Beziehung irgend eine Maßnahme getroffen worden sei.

Mit diesem Bestreben Ernst August's, den Eintritt
in fremde Dienste zu verhindern, geht Hand in Hand
seine unabläßig wache Sorge daß nicht etwa fremde Werber innerhalb seiner Landesgrenzen Geschäfte machten, und
daß der Desertion unter seinen eignen Soldaten möglichst
vorgebeugt werde. Wie streng er gegen die ersteren verfahren zu müssen glaubte, und in welch ausschließlicher
Weise er in Betreff der Ausreisser die Beihülfe der Unterthanen in Anspruch nahm, freilich in Uebereinstimmung
mit den fast überall herrschenden Anschauungen damaliger
Zeit, ersehen wir u. a. aus dem Edikt vom 15. Juli
1733: „Wir p. p. entbieten Allen und Jeden p. gnädigsten

Gruß, und fügen ihnen daneben zu wissen, ist ihnen auch
zum Theil selbst bereits bekannt, wesgestalt die fremden
Werber, ohnerachtet der wider sie emanirten vielfältigen
Verordnungen, dennoch nicht unterlassen, sich zum öftern,
ja auch sogar mit Bey-Hülfe einiger Weibs-Personen,
hier und dar höchst strafbarer Weyse einzuschleichen und
heimlich zu werben. Wenn Wir aber diesem Unwesen
länger nachzusehen nicht gemeynet; Als ordnen und befehlen Wir hiermit ernstlich und zum letzten Mal, daß
alle dergleichen fremde Werber, Mann- und Weiblichen
Geschlechts, weß Standes sie auch seyn möchten, soferne
sie, außer denen ordentlichen Land Straßen in Städten,
Dörfern, Flecken, Gast-Höfen und Wirths-Häußern betreten würden, lebendig, so viel als mensch- und möglich,
falls sie sich aber zur Wehre setzen sollten, todt, in Unsere Residenz-Stadt Weimar eingeliefert werden sollen,
inmaßen Wir denenjenigen, so dergleichen Werbern und
Menschen-Verführern, nach ihrer inhabenden Unterthanen-
Pflicht, einbringen werden, eine Belohnung in Geld, nach
Beschaffenheit der Person, reichen laßen wollen. Und
weilen auch bey Unsern Regimentern Cavallerie und
Infanterie die Desertiones ziemlich einreißen, also befehlen Wir gleichergestalt ernstlich und zum letzten Mal
an Eingangs genannte Unsere Hohe und Niedere Gerichte, und überhaupt an alle Unsere Landes-Unterthanen,
daß von nun an und in Zukunft beständig des Tags drei
und des Nachts vier Personen in jedem Orte um die
Städte, Flecken und Dörfer, mit Gewehr patrouilliren,

alle fremde sowohl als Unsere eigenen Soldaten, sie mö=
gen Montirung anhaben oder nicht, zu Fuße oder zu
Pferde seyn, so nicht mit glaubwürdigen Pässen, worinnen
Stunden und Tage benennet, wie auch des Officiers
Pettschaft vorgedrucket, versehen sind, auch sonst alles lie=
derliche und verdächtige Gesindel arrestiren und anhero
liefern, auf diejenigen aber, die sich zur Wehre setzen,
oder die Flucht ergreifen und sich nicht ergeben wollten,
mit scharfgeladenem Gewehr feuern sollen. Gestalten denn,
im Fall die verordneten Tag= und Nacht=Wachten über=
mannet werden sollten, alsofort mit Glocken zu stürmen,
und die gantze Gemeinde um der Wache beyzustehen, und
die Flüchtigen bis auf die Grenzen zu verfolgen, auf=
zubieten ist. Alles dieses und obiges ist aber, bey Ver=
meidung Unserer schweren Ungnade, und nach Befinden
bey denen Gemeinden und Unterthanen, ohnausbleiblichen
Zucht Hauß Strafe, sträcklich zu befolgen.“

Mit solchen Mitteln war nun aber freilich nicht vor=
zuschreiten, wenn von Seiten fremder Fürsten direkt das
Ersuchen gestellt wurde, entweder selbst für ihre Dienste
Leute anzuwerben, oder zu gestatten daß ihre Werber
solche Versuche machten. Dergleichen Zumuthungen kamen
namentlich von preußischer Seite sehr häufig; das spröde
Verhalten, welches Ernst August ihnen consequent ent=
gegensetzte, verdient alle Anerkennung*). Friedrich II.

*) Ueber die Werbung damaliger Zeit und die dabei zu Tag
tretende Rohheit s. die vortreffliche Schilderung bei G. Freytag,
Bilder aus der deutschen Vergangenheit IV. (Aus neuer Zeit) S. 184 ff.

schrieb an ihn als Kronprinz am 14. Mai und 17. Juni 1736, 6. October 1738 und 6. Februar 1739, — als König am 5. Juli, 9. August und 29. October 1740; aus dieser Korrespondenz seien hier folgende zwei Briefe herausgehoben, die einen interessanten Beitrag zur Kenntniß damaliger Anschauungen geben. Der Kronprinz Friedrich schreibt d. d. Potsdam 6. Februar 1739: „Durchlauchtigster Freundlich geliebter Herr Vetter! Da Ew. Liebden dem Capitain von Schultze bei seiner Anwesenheit declariren lassen, wie Dieselben nicht abgeneigt, mir den großen Studiosum gegen 8 Stück junge Pferde zu überlassen, und ich erbötig bin, solche verlangtermaßen abliefern zu lassen: Als zweiffle keineswegs Ew. Liebden werden es in die Wege zu richten belieben, daß mir alsdann vorerwehnter Studiosus abgefolget werde, der ich mich übrigens zu angenehmen Gefallens-Leistungen erbiethe und in aufrichtiger Freundschaft beharre Ew. Liebden freundwilliger Vetter Friedrich." — Der Herzog antwortet hierauf, Weimar am 4. März 1739: „Durchlauchtigster Fürst, hochverehrter Herr Vetter! Was Ew. Königl. Hoheit unter dem 6ten vor. Mon. wegen des bewußten Studiosi an mich gelangen lassen, darauf melde in ergebenster Antwort, daß der quaestionirte Studiosus in mittler Zeit, da die hohe Entschließung Ew. Königl. Hoheit zu lange ausblieb, sich wiederum in das Chursächsische begeben hat. Es ist mir also recht sehr leid, daß Hochdenenselben hierunter ergebenst zu dienen mich außer Stande sehe, der ich übrigens mit aller ersinnlichen Dienstbegierde und Hochachtung bin pp."

Beaulieu Marconnay.   14

In gleich höflicher Weise, bald diese, bald jene Ent=
schuldigung vorschützend, wurden alle andern Briefe ab=
lehnend beantwortet; und niemals wurde der in denselben
enthaltenen Bitte, den das Schreiben überbringenden
Werbeoffizier nicht nur gewähren zu lassen, sondern ihn
auch noch bestens zu unterstützen, entsprochen. Dies war
in soweit nun ganz in der Ordnung; aber im Jahre
1740, und zwar wenige Wochen nach der Thronbesteigung
des werbelustigen Kronprinzen, erließ der Herzog, vielleicht
nicht ohne Beziehung auf jenes Ereigniß und in der
Voraussicht, daß die drängenden Zumuthungen von jener
Seite jetzt noch häufiger sich wiederholen dürften, nach=
stehendes Patent vom 20. Juni 1740: „Fremde Werber
sollen als Menschen = und Seelen = Verkäufer vogelfrei
gemachet und gleich den Straßen Räubern angesehen und
bestrafet werden; wer einen anzeigt erhält 50 Thlr." Und
als er, nach dem im Jahre darauf erfolgenden Anfall
von Eisenach auch dort dasselbe Patent am 29. August
1741 publiciren ließ, — war es wohl unstreitig dieser Um=
stand größtentheils, der ihn in einen sehr verdrießlichen
Handel mit Friedrich II. verwickelte.

Als nemlich der letzte Herzog von S.=Eisenach,
Wilhelm Heinrich, am 26. Juli 1741 gestorben war ohne
Kinder zu hinterlassen, fand zwischen dem rechtmäßigen
Regierungsnachfolger, Ernst August, und der Wittwe des
Verstorbenen, Herzogin Anna, eine Auseinandersetzung
wegen des Nachlasses statt. Letztgenannte Fürstin war
eine Tochter des Prinzen Albert von Brandenburg, Heer=

meisters von Sonnenburg, jüngern Brubers des ersten Königs von Preußen Friedrich I. Diese verwandtschaft= lichen Beziehungen waren Veranlassung gewesen, daß der König Friedrich II. zum Testaments=Exekutor vom ver= storbenen Herzog Wilhelm Heinrich ernannt worden war und in dieser Eigenschaft die Erbschafts=Regulirung durch einen seiner Beamten vornehmen ließ. Es dauerte nicht lange, so glaubte dieser Bevollmächtigte verschiedene Gründe zu Beschwerden zu haben, und es erhielt in Folge dessen der Herzog nachstehenden Brief vom König, d. d. Berlin, den 28. November 1741: „Die letzteren Berichte, so ich von meinem zu Berichtigung der Eisenachischen Successions Sache abgeordneten Geheimen Rath und General Audi- teur Mylius erhalten, bestärcken mehr und mehr die aus Ew. Liebden bisherigem Betragen geschöpffte Vermuthung, daß Dero hierzu committirte Räthe, anstatt das Werck zu beschleunigen, und zu einer halbigen Justiz Mäßigen Endschafft einzuleiten, daßelbe vielmehr durch allerhand unstatthaffte Auf= und Winckel=Züge in das weite zu spielen, und mich vielleicht dadurch zu ermüden bedacht sind, ja wohl gar Mine machen, meiner Cousine der verwittibten Herzogin von Eisenach Liebden Mobilien und andere Effecten, falls sie dieselbe etwa anderwerts zu transportiren gut finden möchte, arretiren und anhalten zu laßen.

Ich habe dannenhero vor nöthig erachtet, Ew. Liebden hierdurch nochmals ernstlich und wohlmeynend zu ermahnen und zu warnen, Sie wollen Sich hierunter wohl vorsehen

14 *

und nicht allein Ihren Commissariis gemeßenen Befehl
ertheilen, mit Ernst zur Sache zu schreiten, und selbige
durch solche unerlaubte Chicanen wie bisher geschehen,
länger nicht aufzuhalten, sondern auch sich keineswegs
beygehen zu laßen, an wohlgedachter Frau Herzogin Liebden
Meubles und Effecten, welchergestalt Sie auch davon zu
disponiren vor rathsam erachten dürffte, auf einige Weise
zu vergreiffen, wiedrigen und unverhofften Falls ich mich
nicht werde entbrechen können, nach der mir, als Executori
Testamenti Ihres hochseeligen Eheherrn obliegenden Schul=
digkeit, Ihr Recht und mir zugleich vor die von Ew.
Liebden seit einiger Zeit empfangene wiedrige Begegnungen
gebührende Satisfaction zu verschaffen.

Ew. Liebden schmeicheln sich nicht, daß dieses nur
leere und keine Folge nach sich ziehende Drohungen seyn
dürfften, sondern halten sich fest versichert, daß ich denen=
selben, woferne Sie in Ihrem bisherigen Tramite fort=
fahren, ehe Sie es glauben, eine Ihnen unangenehme
Würcklichkeit geben, und die mir von Gott verliehenen
Mittel und Kräffte gebrauchen werde, um mich der von
Ew. Liebden bisher erdulteten offenbahren und unleidlichen
Zunöthigungen auf eine eclatante Weise zu entledigen,
und Ihnen fühlen zu machen, daß man mich nicht
impunement beleidige.

Da ich auch in Erfahrung kommen daß von meinen
Graevenitzischen und ehemaligen Eisenachischen Regiment
einige Mannschaft auf Ew. Liebden Veranlaßung, und
ihnen öffentlich, und durch geheime Insinuationes ver=

sprochenen Schutz desertiret und sich wieder nach ihrer Heymath begeben; so verlange ich hiemit ernstlich, daß Ew. Liebden sothane Deserteurs in Dero Landen ohne Anstand aufsuchen und an meine Trouppen ausliefern laßen mögen, wofern Sie nicht wollen, daß ich selbige selbst mit starcker Hand abholen solle, wozu ich die erforderlichen Mittel bereits zur Hand habe.

Ich erwarte hierüber sowohl, als über den gantzen Inhalt gegenwärtigen Schreibens Ew. Liebden balbige und cathegorische Antwort, damit ich meine mesures darnach nehmen und wißen könne, ob ich ferner Ursach habe zu seyn Ew. Liebden

freundwilliger Vetter
Friedrich.

Dieses auffallende Schreiben, welches auf eine nicht geringe Gereiztheit des Königs schließen läßt, der doch damals in Schlesien wichtigere Interessen zu verfolgen hatte, stellte demnach eine Selbsthülfe in Aussicht, welche sich um das öffentliche Reichsstaatsrecht nicht kümmerte. Es schien aber nur so; die Beschwerdeführung bei Kaiser und Reich blieb nicht aus. Nun war aber Kaiser Karl VI. im October 1740 gestorben, und dadurch das Reichs-Vicariat auf den Kurstaat Sachsen übergegangen. Der preußische Resident am Dresdner Hofe, Ober-Justizrath von Ammon, überreichte unter dem 1. December 1741 folgende Note, welche direkt an den Kurfürsten, König von Polen, gerichtet war:

Sire

Le sousigné Conseiller à la chambre de Justice Supérieure et Résident de S. M. le Roy de Prusse a l'honneur de représenter à Votre Majesté, que depuis que la succession d'Eisenac est échue au Duc de Weimar, ce prince parait avoir pris à tache, de donner au Roy, maitre du sousigné, en toutes rencontres des marques d'une haine et d'une animosité extrême contre Sa Majesté et Sa maison Royale. Non content de faire mille chicanes à Son Altesse Royale Madame la Duchesse Douairière d'Eisenac, Cousine de Sa Majesté, pour la frustrer de la succession allodiale du feu Duc Son Epoux, il ne laisse échapper aucune occasion de chagriner Sa Majesté, en faisant débaucher les Soldats du Régiment de Graevenitz, qui a été cédé à Sa Majesté par le feu Duc d'Eisenac, et en persécutant à outrance tous les serviteurs de ce Prince, qu'il connoit affectionnés aux Interets de Sa Majesté, et qui du vivant de leur maitre et par son ordre exprès se sont employés pour le service de Sa Majesté.

Il ne seroit pas impossible au Roy, maitre du sousigné, d'en tirer vengeance, et de faire sentir à ce Prince mal avisé Son ressentiment d'une manière très sensible: mais comme Sa Majesté ne se porte qu'avec beaucoup de regrèt et qu'à la dernière necessité à des extrémités de cette nature, Sa Majesté souhoiteroit fort, qu'il plût à Votre Majesté de s'entremettre dans cette affaire, et que ce soit en qualité de Vicaire de l'Empire, ou en celle de Chef de la maison de Saxe, Elle voulut faire des remontrances sérieuses au Duc de Weimar sur l'irrégularité de Sa conduite, et sur les suites facheuses, qu'il en doit naturellement attendre, et que Votre Majesté l'exhortât en termes nerveux et expressifs de changer de comportement à l'égard de Sa Majesté, de rendre prompte et bonne justice à Son Altesse Royale Madame la Duchesse Douairière d'Eisenac, Cousine de Sa Majesté, et de faire cesser les persécutions contre les anciens serviteurs du feu Duc, aussi bien que les autres sujets de mécontentement qu'il a affecté de puis quelque tems de donner à Sa Majesté etc.

Es erging hierauf ein Dehortatorium an den Herzog, d. d. Dresden den 6. December 1741, in welchem u. a. gesagt wird: „— — Wie Wir nun der Hoffnung leben, daß dieselben bey reifferer Ueberlegung Selbst ermessen werden, was vor beschwerlichen Suiten Sie Sich hierdurch exponiren dürfften; Also gesinnen Wir, krafft tragenden Reichs=Vicariat=Amts an Ew. Liebben hiemit, Sie wollen weder des Königs in Preußen Majestät noch besagter Herzogin Liebben zu gegründeten Klagen einigen Anlaß, mithin Uns zu anderen Verordnungen keine Ursache geben, auch Uns, wie weit es in sothanen obschwebenden Erbschaffts= Differenzien gekommen, binnen Monaths=Frist anzeigen p."

Der Herzog antwortete hierauf sehr ausführlich in einem Schreiben vom 23. December 1741: „Aus Ew.

Königl. Majestät hochgeehrtem Schreiben —— haben Wir
ersehen, was u. s. w. Was nun zuförderst die von Ihro
Königl. Majestät in Preußen uns angeschuldigte zudring=
liche Annöthigung anlanget: So können Wir Uns der=
gleichen gar nicht erinnern, da Wir vielmehr gegen Ihro
Königl. Majestät allen Egard und Hochachtung hegen.
——— Wir consideriren Dieselbe nicht nur als einen
mächtigen König, und mit dem Chur= und Fürstlichen
Hause Sachßen Erbvereinigten hohen Reichs=Stand, wir
haben auch das Vertrauen zu Ihrer Königl. Majestät,
daß Dieselbe in unsers Fürstlichen Hauses Angelegenheiten
Dero mächtige Assistenz und hohe Protection uns lieber
accordiren, als uns etwas wiedriges begegnen laßen werden.
Indeßen haben wir wohl wahrgenommen, daß das von
des hochseelg. Herrn Herzog Wilhelm Heinrich zu
Sachßen Eisenach Liebden an des Königs in Preußen
Majestät gestellte Regiment, desgleichen einige gegen unsern
gewesenen Amts=Hauptmann Nolding zu Allstedt beschehene
Verfügungen bey hochgedachter Ihrer Königl. Majestät
einige Apprehension erweckt, und zwey serieuse Schreiben
veranlaßet, worinnen uns beygemeßen wird, ob hätten
wir denen unter erwehnten Regiment befindlichen Landes=
Kindern durch ins Land ergangene Verordnungen zur
Desertion Anlaß gegeben, und ihnen Schutz im Lande
versprochen, auch die Procedur gegen obgedachten Amts=
Hauptmann von Nolding eben um deswillen vorgenommen,
weil er sich bei der Ausnahme zu erwehntem Regiment
mit gebrauchen laßen. Gleich wie nun obige beyde Ihro

Königl. Majeſtät in Preußen hinterbrachte Puncte ganz ohne Grund, vermuthlich aber von übelgeſinnten Leuten auf eine verkehrte Art vorgebracht worden; So werden Ew. Königl. Majeſtät hocherleuchtet zu ermeßen geruhen, wie empfindlich uns obangezogene ernſthaffte und in bedrohlichen Terminis gefaßete Schreiben zu Gemüthe gehen müßen. Wir ſind in alle wege bereit, wenn von denen wieder uns angebrachten Beſchuldigungen ſpeciale communication geſchiehet, uns nicht nur dieſerwegen hin-länglich zu juſtificiren, ſondern auch außer dem gegen des Königs in Preußen Majeſtät uns allenthalben ſo zu betragen, wie es Dero hoher Stand erfordern kann. Zu Ew. Königl. Majeſtät leben wir dahero des zuverſicht-lichen Vertrauens, Dieſelbe werden in dieſer delicaten Sache, welche gewis ganz anders, als ſolche bey Ihrer Königl. Majeſtät in Preußen angebracht worden, beſchaffen iſt, Sich Unſer, als eines nahen Anverwandten von Dero Königl. und Chur-Hauſe, und als eines Ober Sächßiſchen Creyß Standes, anzunehmen, und durch Dero hohe Ver-mittelung dasjenige, was uns angedrohet worden, um ſo vielmehr abzuwenden geruhen, als wir eines theils, die bey dem erwehnten, an Ihro Königl. Majeſtät in Preußen von Unſerm Fürſtl. Anteceſſore überlaſſenen Regiment befindlichen Landes Kinder zur Deſertion nicht veran-laßet, andern Theils aber zwiſchen Ihrer Königl. Majeſtät und uns wegen der Auslieferung derer Deſerteurs nie-mahls ein Cartel errichtet worden. Was hiernechſt das Dotalitium der verwittibten Frau Herzogin Hoheit und

Liebden anlanget, so haben wir deroselben solches, ohne Rechts-Verbindnis höher und stärcker zugestanden, als es bei denen Fürstl. Häußern Sachßen-Weimar und Eisenach herkommlich. Es sind auch beyderseitige Deputati wegen des hierüber zu errichtenden Vergleichs bereits verstanden. Die allodial-Erbschafft haben wir der Fürstl. Frau Wittib niemahls strittig gemacht, es ist aber über das- jenige, was denen Pactis familiae, Recessen und Rechten gemäß für allodial zu achten, einiger Dissensus ent- standen, wobey wir vornehmlich auf die Beybehaltung derer bei allen Landes-Divisionen in die Theilung und Portions-Bücher gebrachten, folglich Partes integrantes Principatus ausmachenden Cammer- und Domanial- Güther zu sehen uns verbunden erachtet. — — Sonst ist auch diese Sache bey denen gepflogenen Tractaten in so weit zum Ende gelanget, daß ein und andre Punkte zu einem compromiss ausgesetzet worden. Wir finden also nicht, worin die Fürstl. Frau Wittib bey vorhandenen Umständen Sich weiter zu beschweren Ursache haben könnte. — Wir möchten aber wohl wünschen, daß nach ausgefolgter allodial-Erbschafft die absonderlich im Lande befindlichen creditores, maßen die Fürstl. Frau Wittib, jedoch cum beneficio inventarii zu thun durch Dero be- vollmächtigte Sich schrifftlich declariret, und nachhero von dem Vermögen nichts aus dem Lande geschaffet werden möchte, welches letztere gleichwohl aller beschehenen re- monstration ungeachtet, zeithero nicht zu erlangen ge- wesen. — — —"

In dem ganz gleichen Gefühl seines Rechts und einer ihm widerfahrenen Unbill antwortete der Herzog dem erzürnten König Friedrich in einem Schreiben vom 25. December 1741: „— — — Was nun zuförderst die mit der Fürstl. Frau Wittib obhandene Tractaten anlanget, so kann Ew. Königl. Majestät hierdurch höchlich versichern, daß ich meines Orts zu einem gütlichen Ab=kommen alles mögliche beygetragen, welches denn auch der Erfolg bestärcket, indem man schon vor einigen Tagen dieserwegen zum Schluß gelanget, woraus sich zeigen wird, daß ich, nach denen bey der Sache vorwaltenden Umständen, ein mehreres, als des hiesigen Haußes Observanz und Recesse mit sich bringen, ja dasjenige, was Ihro Hoheit die Fürstl. Frau Wittib so zu sagen Selbst verlanget, verwilliget habe. Es sind auch meine zu diesem negotio deputirte ministres absolut nicht auf Weitläufftigkeiten oder unnöthige Difficultaeten instruiret worden, und will ich nicht hoffen, daß sie sich dergleichen haben zu Schulden kommen laßen, indem ihnen meine wiederholte scharfe Ordre und Befehle, wie auch dem Geheimen Rath Mylio bewußt ist, die Sache nach aller Möglichkeit zu beschleunigen, sattsam bekannt gewesen, — — — dahero ganz unschuldig bin, daß Ew. Königl. Majestät ein so schlechtes Portrait von mir gemacht worden ist, indem ich ein ganz anderer Reichsfürst bin. Was hiernächst die Transportirung derer Meubles und Effecten der Frau Herzogin Hoheit und Liebben anlanget; So ist Ew. Königl. Majestät etwas viel zu milde vorgetragen worden, als ob

ich die Abſicht gehabt hätte, den Transport derjenigen
Sachen, welche Deroſelben eigenthümlich zuſtehen, zu
hindern, oder aufzuhalten, maßen denen meinigen ſchon
vor einiger Zeit den Befehl gegeben, denen Unterthanen
die Anzeige zu thun, daß die Abfuhre ſchleunigſt eingerichtet
werde, welche auch bereits zum Theil befolget. Es werden
aber auch Ew. Königl. Majeſtät, nach Dero hohen Pene-
tration und angeſtammten Neigung zur aequitaet nicht
unbillig finden, daß die Erbſchaffts-Stücke ſelbſt, welche
nach der Fürſtl. Frau Wittib cum beneficio inventarii
gethanen declaration zur Abführung derer Allodial-Schul-
den, ſo weit nehmlich vires hereditatis ſich erſtrecken,
beſtimmt werden, inventiret, taxiret, und in loco auf-
behalten worden, um denen creditoribus, die mehrentheils
im Lande wohnhafft, theils auch ſehr dürfftig ſind, alle
Beſorgniß, als ob ſie ſo bald nicht befriedigt werden
möchten, zu benehmen, wiewohl ich auch in dieſem Punct
mich nicht difficil erwieſen, ſondern aus Liebe zum Frieden
geſchehen laßen, daß auch von gedachten Erbſchaffts-Stücken
verſchiedenes fortgeſchafft worden. Es iſt mir überhaupt
niemahls beygegangen, gegen Ew. Königl. Majeſtät hohe
Perſon ſo wenig, als gegen die Fürſtl. Frau Wittib mich
anders als in wahrer Ergebenheit, devotion, und Freund-
ſchafft zu betragen, ich wüſte auch nicht, was mich zu
einem andern veranlaßen ſollte. Ich habe vielmehr zu
Ew. Königl. Majeſtät als einem vornehmen und mächtigen
Evangeliſchen, auch mit dem Hauße Sachßen Erbvereinigten
Reichs-Stande das beſte Vertrauen, dieſelbe werden in

andern mein Hauß betreffenden Angelegenheiten Dero
hohe Protection und kräfftige assistenz, auf mein gezie-
mendes Ansuchen mir zu accordiren geneigt seyn', und
Sich dargegen meiner Ergebenheit versichert halten. Ew.
Königl. Majestät werden bey diesen Umständen hocherleuchtet ermeßen, daß Dero an mich abgelaßene serieuse
Schreiben mir nicht anders als höchst sensibel vorkommen
können, zumahlen in einem derselben es fast geschienen,
als ob mir die cognition über meine Ministres und
Diener limitiret werden wolte. Wie ich aber dieses alles
einigen mir abgeneigten Leuten zuschreibe, die wegen ihres
losen Haußhalts sich nicht viel löbliches bewußt sind,
und in der Absicht mir Verdruß zu erwecken, Ew. Königl.
Majestät hierdurch nochmahls zu versichern, daß ich an
denjenigen aestim, so ich gegen einen so großen König,
Churfürsten und Reichs Stand zu beobachten habe, niemahls das mindeste aussezen, vielmehr Ew. Königl.
Majestät bienveillance und hohe affection beständig
beyzubehalten suchen werde. Was endlich das von des
hochseeligen Herrn Herzog Wilhelm Heinrichs zu Sachßen-
Eisenach Liebden an Ew. Königl. Majestät überlaßene,
nunmehro Grävenizische Regiment anlanget; So erinnere
ich mich wohl, daß Ew. Königl. Majestät von Uebel-
gesinneten Gemüthern hinterbracht worden, ob hätte ich
durch öffentliche und geheime insinuationes die bey dem
Regiment befindliche Landes-Kinder zur desertion veran-
laßet und ihnen Schuz versprochen. Es hat auch Ew.
Königl. Majestät Abgeordneter solches denen unsrigen zu

erkennen gegeben, sie wissen aber selbst nunmehro am besten, daß dergleichen öffentlich nicht geschehen sey, und daß es in geheim geschehen seyn solle, ist ein völlig falscher rapport. Ew. Königl. Majestät werden also dergleichen disseminationen fernerhin keinen Glauben beyzulegen geruhen. Der wahre Verhalt dieser Sache aber bestehet darinnen, daß bey der Ausnahme derer Leute zu completirung des Regiments von denen Officiers sehr indiscret verfahren, und wohlhabender Unterthanen Söhne, die denenselben nachmahls, um sich loß zu kaufen, viel Geld geben müßen, desgleichen einzige und ihren Eltern zu Führung des Haußhalts und des Ackerbau's unentbehrliche Söhne, dennoch mit weggenommen, und das Land dadurch, wie der Augenschein zeiget, gar sehr desoliret und depeupliret worden. Weilen nun Ew. Königl. Majestät Selbst in der mit des hochseel. Herrn Herzog Wilhelm Heinrichs Liebden getroffenen Convention nur freywillige Leute bedungen, auch, wie klar vor Augen ist, darüber noch die hohe Zusage gethan, daß unentbehrliche Landes Kinder gegen Stellung anderer Leute wieder loßgelaßen werden solten; So habe zu Ew. Königl. Majestät das Vertrauen, daß Dieselbe auch jezo noch hierunter zu willfahren geneigt seyn, und derer armen Unterthanen Seufzen und thränliches Bitten erhören werde. Indeßen bin ich bereit, Erkundigung einziehen zu laßen, was für Deserteurs von mehrgedachten Grävenizischen Regiment, und von was Qualitaet sich in dem Eisenachischen District befinden. Bey meinen Regimentern habe ich

sogleich nach des hochseel. Herrn Herzog Wilhelm Hein
richs Tode die Ordre gegeben, keinen Deserteur, woher
er auch sein möchte, zu enroulliren, weilen mir wohl
wissend ist, daß wer einem untreu ist, dem andern nicht
treu bleiben werde. Und obgleich zwischen Ew. Königl.
Majestät und mir kein Cartell vorhanden ist, so will ich
doch die freywillig geworbene und boßhafftig desertirte
in Betretungs Fall anhalten laßen, wegen der ge=
zwungenen und unentbehrlichen Landes Kinder aber die
Unterthanen zu persuadiren suchen, daß andere Leute an
deren statt gestellet werden. Ew. Königl. Majestät werden
diese Declaration hoffentlich der Gerechtigkeit und Billigkeit
gemäß finden, und daraus meine Begierde, Deroselben
mich gefällig zu erweisen, erkennen, den von mir wiebrigen
Eindruck ins künfftige fallen und Dero propension,
welche hierdurch ganz ergebenst ausbitte, mir billigmäßig
angedeyhen laßen. Der ich p. p.

Ungefähr gleichzeitig, unter dem 28. Decbr., ward
von Dresden aus dem König von Preußen Abschrift des
Weimar. Schreibens vom 23. Decbr. mitgetheilt und
zugleich dem Herzog hievon Kenntniß gegeben, mit der
Anfuge: „— — wobey Wir zugleich Uns zu Ew. Liebden
ohnfehlbar versehen wollen, Sie werden Ihren, in oben=
angezogenen Bericht ertheilten Versicherungen gemäß, theils
der verwittibten Herzogin zu Sachßen=Eisenach Liebden
völlig zufrieden stellen, theils auch denen Königl. Preu=
ßischen eigenen Beschwerden hinlängliche abhelffliche Maße
verschaffen. Gestalt Wir denn nicht umhin können,

tragenden Reichs-Vicariats-Amts halber Ew. Liebden hierdurch darzu nochmahls ernstlich zu ermahnen, damit Wir
nicht unverhofften wiedrigen Falls, auf ferneres Anlangen,
gemüßigt seyn mögen, gegen Dieselben ernstlichere und
nachdrücklichere Mittel vorzukehren p. p."

Diese Mittheilung wurde dem König von Preußen
durch den Sächsischen Gesandten in Berlin, von Bülow,
persönlich überreicht und berichtet Letzterer dieserhalb unter
dem 6. Jan. 1742: „Des Königs von Preußen Majestät
haben mir darauf zu antworten beliebet: Sie wären Ew.
Königl. Majestät für die, an des Herrn Herzogs von
Weimar Durchl. abgelaßenen nachdrückliche Anmahnungs-
Schreiben gar sehr, und umb so mehr verbunden, als
diese den vortrefflichen Effect gewürcket das derselbe sich
eines bessern besonnen, und alle bisherige Differenzien auch
mitgedachter verwittibten Herzogin Hoheit bis auf eine
Kleinigkeit ejustiret die eben von keiner Consequenz wäre.
— — Im übrigen habe ebenmäßig bey dem weitläufftigen
Entretien über dieses Herrn Herzogs Sujet, wann gleich
die Expressiones nicht allezeit menagiret worden, dennoch
im geringsten nicht abmercken können, daß des Königs in
Preußen Majestät Absichten auf Eigen- und Verwallt-
thätigkeiten gerichtet seyen, vielmehr haben Dieselbe Ew.
Königl. Majestät beständige Willfährigkeit zu Administration der Justiz zu wiederhohlten mahlen gerühmet und
von derselben sehr zufrieden zu seyn, bezeiget."

Eben so spricht sich das Antwortschreiben des Königs
von Preußen an den Reichs-Vicar aus, d. d. Berlin den

9. Januar 1742; „Gleichwie Wir nun persuadiret sind, daß Wir in allen Unsern Angelegenheiten Unser Interesse nirgends besser als in Dero Hände stellen und verwahren können; So überlassen auch Deroselben in gegenwärtigen mit dem Herzoge von Sachßen-Weimar habenden Differentien mit so viel mehrerer Resignation, als Wir keinen Zweifel tragen, daß Ew. Maj. es durch Dero autoritaet bey demselben in die Wege zu richten wißen werden, daß er seinem Versprechen die würckliche Erfüllung geben werde. — — — Solte aber gedachter Herzog wieder beßeres Verhoffen Ew. Majstt. bey ihm anzuwendenden guten und ernstlichen officiis keinen Plaz geben, sondern mit seinen bisherigen wiebrigen Bezeigungen gegen Uns und Unsere Cousine, der verwittibten Frau Herzogin von S.-Eisenach Liebden ferner fortfahren, so wird freylich nichts andres übrig seyn, als daß man, wie Ew. Majstt. Selbst höchst erleuchtet urtheilen, ernstlichere und nachdrücklichere Zwangs Mittel gegen ihn zur Hand nehme, und ihn dadurch zu gesunden Sentiments zu bringen suche. Wir werden aber hierunter nicht den geringsten Schritt anders, als de concert mit Ew. Majstt. vornehmen, und gleichwie Wir in Dero Freundschafft und Uns deshalb gegebene freundbrüderliche Versicherungen das ungezweifelte Zutrauen sezen, daß Ew. Majestt. Uns in sothaner Angelegenheit nicht aus Händen gehen werden; So werden Wir auch keine Gelegenheit versäumen p. p. p.“

Von Vicariatswegen erging nun wiederum ein Schreiben an den Herzog, d. d. Dresden den 18. Jan. 1742, womit eine Abschrift dieses Briefes verbunden wurde: „Wobey Wir nicht umhin können, Ew. Liebden nochmahls hierdurch alles Ernsts zu erinnern, Sie wollen die in obangezogenen Dero Bericht, nicht minder in dem absonderlich Uns zugeschickten HandSchreiben und dessen Inserat vom 23. Dec. gegebene Versicherungen, in würckliche Erfüllung aufs schleunigste zu sezen ohnermangeln, Uns auch deßen Erfolg fördersamst umständlich anzeigen, mithin sich im unterbleibenden Fall mehrern Beschwerlichkeiten nicht exponiren, noch Uns selbst nöthigen, Reichs-Vicariats wegen, um Unseren Ermahnungen den behörigen Nachdruck zu geben, ernste Executions-Mittel vorzukehren, als womit Wir dieselben lieber verschont wissen wolten. p. p."

Wie empfindlich dem auf seine Stellung eifersüchtigen und stolzen Herzoge dieses Verfahren gewesen, und wie schwer es ihm geworden die Grenzen seiner Fürstenmacht zu erkennen und sich vor einem Mächtigeren zu beugen, dies geht besonders aus einem Schreiben an den König von Polen, d. d. Weimar den 27. Januar 1742 hervor. Mit Bezugnahme auf die letzte Mittheilung von Dresden heißt es hier: „— — so können Wir auch nicht umhin, Ew. königl. Majestät von der Beschaffenheit derer gegen uns angebrachten Beschwerden um da mehr wahrhaffte repraesentation zu thun, als Uns daran gelegen, eines Vorwurffs bey der Welt entlediget zu seyn, ob hätten Wir so gar kein Bedenken getragen, einen mächtigen König auf die angeführte Art zu disjoustiren, zugleich auch augenscheinlich zu entdecken, daß Jhro Königl. Majestt. in

Preußen ohne Unser Verschulden von gehäßigen und an Verhezungen sich belustigenden Personen blos allein gegen Uns so hoch aufgebracht seyn müssen, daraus dann, und besonders denen harten und einem Reichsfürsten allerdings höchstempfindlichen Schreiben, und in selben beständig an= gedrohten schweren ressentiments, so wohl in Unserm uralten Fürstl. Hauße niemahls erhöret worden, Uns un= aussprechlicher chagrin und Nachtheil zugefüget worden."

In demselben Schreiben wird dann ausführlich nachge= wiesen, daß die verwittwete Herzogin von S.=Eisenach rechtmäßig ein Dotalitium nicht zu fordern gehabt, da die von ihr inferirte dos dazu verwendet worden, das Kammergut Bachstedt schuldenfrei zu machen und dieses Kammergut dann später an Hessen=Philippsthal ohne Con= sens der Agnaten verkauft worden sei. Trotzdem habe der Herzog, um seine Billigkeit zu zeigen, der fürstlichen Frau Wittwe ein dotalitium gewährt, welches von den beider= seitigen Deputirten auf 10,000 Thlr. jährlich verglichen worden und außer Landes verzehrt werden könne. Auch seien der Frau Herzogin alle Möbeln und Tapeten von den fürstlichen Häusern und Jagdschlössern verabfolgt wor= den, so daß nichts als die leeren Zimmer und Wände zurückgeblieben; und ungeachtet der Anmeldung zahlreicher Gläubiger des verstorbenen Herzogs, welche um Assistenz ihrer Befriedigung wegen gebeten, indem die Passiva die Verlassenschaft weit übertreffen, habe dennoch der Herzog sich auch hierin nicht gemischt. — Was ferner die Be= schwerde über angeblich in Schutz genommene Deserteurs betrifft, so „gehet Uns zwar billig zu Herzen, daß das Eisenachische Land durch Errichtung des zum Königl. Preuß. Dienste angeworbenen Regiments von Unterthanen und junger Mannschaft gar sehr entblößet worden, wobey viele ehemalige Eisenachische Bediente sich zu Mitteln geholffen, da dieselbe von denen wohlhabensten Unterthanen baar Geld genommen, dem ohngeachtet aber deren Söhne dennoch hernach mit fortgemuft haben. Und da Wir an die zwi= schen Ihro Königl. Majestät in Preußen und Unsers in Gott ruhenden Hrn. Vetters Liebden geschloßene Conven= tion wegen des Regiments nicht gebunden, auch niemahls mit dem Regiment Uns meliret noch mit hochermeldter Ihrer Königl. Majestät der Auslieferung derer Desorteurs wegen ein Cartel errichtet haben, und über dieses ein immediater Reichsfürst sind, so sehen Wir auch nicht ab, wie so absolut und auf bedrohliche Art die Auslieferung derer Deserteurs von Uns praetendiret werden könne; daß Uns aber imputiret werden wollen, als ob Wir die Leute zum desertiren veranlaßt, und dieserhalb Patenta ema= niren laßen, ist Ihrer Königl. Majestät in Preußen von Unsern Neidern und Mißgönnern boßhafft und der Wahr= heit zu wieder hinterbracht worden, da Wir niemahlen hieran gedacht haben. Und da Wir nun auch gern die Deserteurs, nach Ihro Königl. Majestät Begehren, aus= liefern wolten; So ist Uns doch nicht einmahl eine Liste dererselben von Berlin zugestellet worden, daß Wir wissen könnten, wie deren Nahmen und von was Orten sie wären, also daß Uns dieselben ausfindig zu machen, ge=

stalten Dingen nach, ohngeachtet Wir in Unsern Eisenachischen Landen die Verfügung dieserhalb scharff genug getroffen, wohl alle schwer werden dürffte." Eben so stellt
der Herzog die ihm angeschuldigten „Bedrängnisse und
Zunöthigungen gegen Königliche Diener und Vasallen"
durchaus in Abrede; diese seien vielmehr mit aller honneur
behandelt worden. Sollten aber diejenigen darunter verstanden werden, welche nach dem Tode des letzten Herzogs
aus dem Eisenachischen weggegangen, so seien selbige nicht
vertrieben worden, sondern ihr „böses vulnerirtes Gewissen
wegen Geld-Schneiderey und Aussaugung der Unterthanen"
habe dieselben vielleicht flüchtig gemacht, und es sei denn
auch des einen und des andern Haushalt und geführtes
officium in Untersuchung gezogen worden, „nicht Ihro
Königl. Majestät zum Tort, sondern wegen eclatirter
Malversation und deshalb verdienter correction."

Ein Handschreiben des Reichsvicars vom 31. Januar
1742 theilte dem König von Preußen eine Abschrift dieser
herzoglichen Eingabe mit, und überließ es dem Gutbefinden
Sr. Majestät „ob Sie vor Sich sowohl, als wegen ver-
meldter verwittibten Herzogin Liebden nunmehr Sich dabey zu beruhigen gemeynet, oder wenn allenfalls daran
noch ein Mangel, was Ew. Majestät an Uns dieserwegen
etwan fernerweit gelangen zu laßen vor dienlich erachten
möchten."

Friedrich II. war eben vorher in Dresden gewesen
(am 19. Januar) um wegen des gemeinschaftlichen Feldzugs in Böhmen Verabredungen zu treffen. Er hatte

sich von dort nach Prag begeben, und war dann bei dem
Heere geblieben um die verschiedenen strategischen Operatio=
nen gegen die Oesterreicher selbst zu leiten. Dies führte
am 17. Mai zur Schlacht von Chotusiz, und in Folge
davon zu den Breslauer Präliminarien vom 11. Juni
und zum Berliner Frieden vom 28. Juli. Daß neben
solchen welthistorischen Ereignissen und bei der hierauf
folgenden gewaltigen Arbeit einer Organisation der neuen
Schlesischen Provinz keine Zeit und kein Interesse für den
Federkrieg mit Ernst August übrig blieb, liegt auf der
Hand. Die Differenz war und blieb mit dem letzten
Schriftstück beendigt, und Ernst August hatte nunmehr
Zeit und Muße darüber nachzudenken, daß der Grundsatz,
auf den er so häufig seinen Gegnern gegenüber sich ge=
stützt: ich bin groß und du bist klein, — auch gegen ihn
und seine „von Gott habende landesfürstliche Machtvoll=
kommenheit" in Anwendung gebracht werden konnte, ohne
weiter zu untersuchen ob das Recht auf seiner Seite sei
oder nicht. Der starrköpfige Herr verblieb jedoch vor der
Hand in völliger Passivität; und wenn er erst am 28. Juni
1742 ein Circular ergehen ließ, wonach den bei dem
Preußischen ehemals Eisenachischen Regiment sich befinden=
den Landeskindern der Aufenthalt im Lande nicht gestattet
sein sollte, dieselben vielmehr binnen 24 Stunden aus dem
Lande zu weisen seien, — so liegt wohl die Vermuthung
nahe, daß die inzwischen abgeschlossenen Breslauer Friedens=
präliminarien die Besorgniß erregt haben können, der
siegreiche junge König werde nach seiner Rückkehr in die

Hauptstadt sich seiner frühern Beschwerden erinnern und dann um so rücksichtsloser vorgehen.

Das Verfahren der auf ihren mächtigen Vetter sich stützenden Herzogin Wittwe, welche das sämmtliche Mobiliar des Eisenacher Schlosses fortschaffen und nur die kahlen Wände zurückließ, erbitterte übrigens den Herzog so sehr und machte ihm den Aufenthalt im Schlosse so verhaßt, daß er dasselbe zum größten Theil niederreißen und in der Weise wieder aufbauen ließ, wie es noch heutigen Tags besteht. Und in Betreff seines Hasses gegen fremde Werber konnte die erhaltene Lehre ihn nur veranlassen in Zukunft etwas vorsichtiger zu verfahren; wie denn ein Circular vom 30. September 1746 verordnet, es solle genaue Aufsicht geführt werden, daß die verdächtigen Werber, sowohl an Ober- und Unter-Offiziers, als auch Gemeinen, ohne weitere Anfrage aus dem Lande geschafft und keiner darin geduldet werde, — jedoch dabei alle Behutsamkeit zu gebrauchen.

Die Soldatenliebhaberei, in Verbindung mit vielen andern Neigungen zu äußerem Glanze, verschlang von Jahr zu Jahr bedeutendere Summen Geldes, und es ist daher begreiflich, daß die Verwaltung der Einkünfte die besondere Aufsicht des Herzogs in Anspruch nahm, vorzüglich in solchen Momenten, wo die Bilance nicht nach seinem Geschmack war. Bereits am 20. September 1734 war eine neu verbesserte Kammer-Ordnung eingeführt worden. Dieselbe geht so tief in die Einzelheiten der Geschäfte, daß sie sogar vorschreibt, die Kammer-Mitglieder sollen im Sommer um 8 Uhr, im Winter um 9 Uhr Morgens sich einfinden, der Secretär eine halbe Stunde früher. Die Beschlüsse werden in den Sessionen nach Stimmenmehrheit gefaßt; ist zu einem gemeinschaftlichen Beschluß nicht zu gelangen, so sind die vota ad Serenissimum zur Decision zu schicken. Damit die Sporteln nicht übertrieben werden und keine douceurs ausgepreßt, soll ein besonders Angestellter die Sporteln berechnen, die Taxe auf die Expedition setzen, und die Gelder einnehmen. Alle Kammer-Revenüen werden unter einen Kammerschreiber gestellt, und von einem Gegenschreiber die Kontrole geführt. Alle Rechnungen werden zu Michaelis geschlossen und binnen 14 Tagen monirt, worauf die Kammer den Justifikations-Termin anzusetzen hat. Ueber alle Domänen und Kammergüter sollen Anschläge, Messungen und Risse gemacht werden; die Pachtkontrakte sollen nicht allein den Verpächter sondern auch den Pächter sichern, u. s. w.

Daß es trotz regelrechter Geschäftsführung und sorgfältiger Wahrung der Domanial-Interessen dennoch häufig an Geld fehlte, kann bei dem Zuschnitt, den Ernst August seinem Hofe gegeben und bei seinen unablässig sich erneuernden Ausgaben für Militär, Bauten und Jagden nicht überraschen. Schon im Jahre 1732 mußte eine beträchtliche Verminderung in der Zahl der Pferde eintreten, wie uns aus dem Berichte des sächsischen Bevollmächtigten von Brühl bekannt geworden. Im Jahre 1740 trat eine, wie es scheint, ganz ähnliche Kalamität ein, die dieses

Mal aber den Herzog in flammenden Zorn verſetzte, und ihn zu nachſtehendem höchſt originellen eigenhändigem Reſcript an die Kammer veranlaßte: „Nachdem Wir aus dem rom 12. May anhero eingeſchickten impertinenten Cammer Berichte mit höchſt empfindlichen Verdruße erſehen, was gedachte Cammer vor gefährliche Vorſtellungen wegen ermangelnder fourage vor fürſtl. Marſtall und des dahero zu leiſtenden Vorſchuſſes von etlichen 1000 Thl. gethan, und Wir daraus und aus denen mit unterflieſenden Marschallianischen principiis urtheilen müſſen, daß dergleichen nur geſchiehet um Uns deſto eher unter die Erde zu bringen um deſto beſſere Kirmsſchnitte nach Unſerm Tobte unter der Vormundſchaft zu machen, maßen Wir ja die Revenüs nicht einnehmen, und auch ſeit Unſerer Regierung keinen Heller Handgelder bekommen, ſondern die Cameraliſten wiſſen müſſen wo ſelbe die Gelder hinthuen; Alß begehren Wir hiemit gnädigſt, daß gedachte Cammer ſofort mit dem Oberſtallmeiſter von Troyff wegen der ausrangirten Pferde und Einrichtung ſich beſpreche, und ſofort ohne Anſtand zu Anſchaffung der nöthigen fourage ohne weitere Anfrage Anſtalt mache, auch Uns mit dergleichen fernerweiten mechanten und importunen Berichten gänzlich verſchone, ſonſten Wir Uns gewiß an denen ſämmtlichen Cameraliſten ihr beſitzendes Vermögen und Güther halten und ſelbigen die Pferde zuſchlagen wollen. Große Titul und Beſoldungen ſeynd zwar leicht verlangt, allein wenn man vor des Herrn Intereſſe arbeiten ſoll, da iſt niemand zu Haußde, und ſeind dieſes

ungegründete und feindselige Vorstellungen, daß alles
assigniret sehe, maßen Wir es der Cammer mit dem
Teufel danken, daß selbige also marchandiret, maßen
Wir keine assignationes vor Uns ausgefertigt haben, und
kann Uns solche damit fernerhin ungeschoren laffen, wofern Wir felbige nicht vor Unsere Feinde halten sollen.
Wir seynd lange genug in Weymar gewesen, da hat kein
Teufel nichts gesaget, nun da Wir den Rücken gewand,
so verfolgt man Uns mit solchen impertinenten Zuschrif-
ten, wogegen die Cammer aber Anstalten zu machen hat,
widrigenfalls Wir Uns gewiß an selbige halten werden.
Denen Cavaliers ist die fourage in natura abzuziehen
und solche an Gelde anzuschlagen, welches von dato an
geschehen soll, dahero dem Oberjägermeister 3 und jedem
Forstmeister 2 Pferdte passiren, welche sie zum reiten
halten sollen, und wird ihnen die fourage auf dem Lande
hiemit gänzlich abgeschnitten; hätte man vorigen Herbst
bey wohlfeiler Zeit vor Hafer gesorget, so müßte man
solchen jetzo nicht so theuer bezahlen, allein wenn man
schmausen und bey denen Pachtern Forellen und welsche
Hähne freffen soll, da ist man parat, und in zehn Jahren
siehet niemand nach der Wirthschaft und Gelder, welches
doch der Cammer verdammte Schuldigkeit ist. Wir seynd
kein Geldsch.....r, sonsten Wir denen Cammeralisten ein
ziemliches Capital auf die Nase avanciren würden, und
haben auch Unser Geld nicht gestohlen, allein wann die
Wirthschaft bey dem Bauwesen und Küch und Keller besser
eingerichtet würde, das wäre besser, und hat der Ober-

jägermeister darauf zu bringen, daß das sämtliche Bauwesen dieses Jahr zu Ende gehe, maßen Wir dabey ab-
scheulich betrogen werden, und die Baumeister mit denen
Handwerks-, und arbeitsamen Leuten unter einer Decke
stecken. Dem Oberjägermeister passiren also nicht mehr
als 3 tüchtige Reitpferde zum Dienst, dem Oberstallmeister von Troyff 3, denen beiden Forstmeistern jedem
2, welche täglich nicht mehr als 2 leichte Metzen Hafer
und 8 ℔. Heu bekommen sollen und dieses ist ihnen zu
Gelde anzuschlagen. Die Anweise-Gebühren und Lager-
Scheite sollen von dem 1. Jan. a. c. an sofort zur fürstlichen scatoulle bezahlet und berechnet werden, und werden Wir dafür nicht das minbeste der Cammer passiren
lassen, welches auch dem groben Rath Hochhaußen widerfahren soll, der in großen Capitalien stehet, und nicht
das minbeste vor die Herrschaft vorschießen will, und werden Wir Uns gewiß nachbrücklich an der Cammer erhohlen,
wenn diese Befehle nicht sofort gehorsamst exequiret werden. Wornach man sich gehorsamst zu achten hat.
Sig. Ilmenau am 13. May 1740.   Ernst August.

Daß mit solchen Derbheiten allein nicht geholfen
werden könne, wenn wirklich zu helfen war, und eine Ver-
schuldung auf Seiten der Kameral-Verwaltung vorlag,
muß dem Herzog, wenn gleich etwas spät, doch klar geworden sein. Denn ein Jahr darauf, am 12. Mai 1741,
bestimmte eine neue Verfügung: „Die Vorwerke (Kammergüter) sollen alle halbe Jahre von einem Kammerrathe
visitirt werden, und die nöthigen Besserungen veranstaltet;

alle Vierteljahre sollen von dem Kammer-Assessor und
Rentmeister die Kornböden durchgegangen, das Getraide
gestürzet, die Rechnungen durchgesehen, und davon Bericht
erstattet werden. Auch soll bey denen Hofämtern, in
Küche, Kellerei, Konditorei, bei der Bäckerei und beim
Brauhause, desgleichen beim Stalle alles revidirt und
nach Möglichkeit verbessert, die Jägerei in guter Ordnung
erhalten werden, — damit die eingerißene Confusion abge-
stellet werde. Deshalb darf auch die Kammer 2 Reitpferde halten, für solche Kammerbediente die kein Pferd
halten dürfen; — doch soll derjenige, so ein Pferd todt-
jaget, dasselbe aus seinen Mitteln wieder ersetzen.“

Wenn dem unerachtet bei einzelnen Unterbeamten
durch Leichtsinn oder Ungeschick Einbußen verschuldet wurden, so ist das eben stets so gewesen und wird immer
wieder vorkommen. Für das geplagte Kammer-Kollegium
war es nur besonders peinlich, daß stets ihm allein die
Schuld aufgebürdet werden wollte. So hatte ein Rent-
beamter in Ilmenau bei der von ihm verwalteten herzoglichen Kasse ein Deficit verwirkt. Die darob sehr betretene
Kammer ließ zwar sofort das Eigenthum des Beamten in
Beschlag nehmen, allein es fand sich außer einer wohl-
erhaltenen Mumie nichts von einigem Werthe vor. Der
Fall ward einberichtet und die Frage gestellt, ob man die
Mumie zur theilweisen Deckung des sogen. Propre-Restes
in Beschlag nehmen solle? Der Herzog rescribirte: „Was
soll Ich mit der Mumie? Ich müßte sie in euren Sitzungssaal aufstellen lassen, damit ihr eure Perücken daran henktet,

auf daß euch der Verstand von oben, und Mir in dergleichen Fällen kein Propre-Rest wieder würde. Ich mag die Mumie nicht. Glaubt ihr aber daß sie Mich gegen fernere Propre-Reste Meiner Rentbeamte schützt, so soll euch nachgelassen sein, solche für euer Geld zu kaufen, und sie in eurem Sitzungssaal aufzustellen."

Von dem Gefallen des Herzogs an der Baukunst war schon bei unterschieblichen Veranlassungen die Rede. In der Erbauung der Schlösser zu Belvedere und zu Dornburg bewies er einen feinen, geläuterten Geschmack. Seiner gedenkt Goethe mit Dank, da er 1779 an Frau von Stein von Dornburg aus schreibt: „Auf meinem Schlößchen ist mir's sehr wohl, ich habe recht dem alten Ernst August gedankt, daß durch seine Veranstaltung an dem schönsten Platz auf dem besten Felsen eine warme Stätte zubereitet ist." Nicht das gleiche Lob läßt sich von den Schlössern zu Niederroßla und zu Eisenach sagen. Er half der Bürgerschaft den Bau der Hauptkirche zu Weimar vollenden, ließ den obern Theil des dortigen Schloßthurms aufführen, und war daneben bedacht, eine Menge Jagdschlösser theils bauen, theils ausbessern und verschönern zu lassen, z. B. zu Ettersburg, Ilmenau, Zillbach, Wilhelmsthal und Allstedt, so wie das vollständig ausgerüstete Jagd-Zeughaus in Berka a. J.

Denn diese Jagdschlösser boten ihm seinen liebsten Aufenthalt. Er war ein leidenschaftlicher Jäger, und diese große Liebhaberei veranlaßte leider manche harte und drückende Einrichtungen für die Unterthanen. Großes und kleines Wildpret ward so stark gehegt, daß dadurch den Ländereien beträchtliche Schäden zugefügt, und die bittersten Klagen über den Wildfraß laut wurden. Auf allen Forsten entstanden Wildschoppen, Wildzäune und Vogelheerde in Menge, und die Erhaltung und Beschützung dieser Anstalten, so wie der Jagd überhaupt, bildete einen hervorragenden Theil der gesetzgeberischen und polizeilichen Thätigkeit der Regierung. Dabei wurde denn sehr häufig auch in das Gebiet der Rechte Dritter hinübergegriffen, wie z. B. im Patente vom 29. März 1730, welches den zur niedern Jagd Berechtigten verbietet in Holzungen und Waldungen zu jagen, wofern sie nicht ordentlich das Jagen mit Hasen-Garnen bestellet und den fürstlichen Jagdbedienten dazu gezogen haben; oder ein Circular vom 24. December 1732, welches vorschreibt: „wegen des tiefen Schnees und der harten Kälte, wodurch das niedere Waidwerk leidet, soll niemand auf die Jagd gehen, sonderlich auch die nicht, welche zur niederen Jagd berechtigt sind." Hierher gehört auch die Verfügung im Patent vom 12. October 1742, welche das Schießen in den Jenaer Weinbergen verbietet, weil dadurch der Niederjagd großer Abbruch geschiehet, und zwar bei Strafe des Verlustes des Weinbergs, wo geschossen worden! Eigenthümlich nimmt sich die Bestimmung aus, die im Circular vom 21. April 1736 enthalten: „Niederjagden, die an Auswärtige verpachtet werden sollen, müssen vorher immer erst dem Forstamt offerirt werden."

Die Zahl der Jagdbediente war sehr ansehnlich, und manche derselben waren seine erklärten Lieblinge; es soll häufig vorgekommen sein, daß der Herzog einen Förster der ihm lieb war, auf dem Krankenbett besuchte. Man erzählt auf dem Lande hier und da noch heute einzelne Anekdoten, aus denen hervorgeht, daß diese Lieblinge manchmal gegen Andere von unerträglichem Hochmuthe gewesen sein sollen.

Für die Jagden hielt man eine überaus große Menge von Hunden; der Herzog soll jeden einzelnen gekannt und nicht gelitten haben daß man dieselben züchtige. Außerdem hatten diese Hunde den Vortheil, daß sie ihre Ohren und Schwänze behielten, — denn in Betreff der übrigen schärfte das Patent vom 6. August 1736 von neuem ein, daß die Hunde nicht herumlaufen dürfen; Haushunde sollen an Ketten liegen, Metzgerhunde am Strick geführt werden, Schäferhunde einen Knüttel von 1 Elle lang tragen; zum Erkennen soll ersteren der Schwanz, den zweiten die Ohren, den dritten aber Schwanz und Ohren abgeschnitten werden; nachlässige Beamte p. haben 20 Thlr. Strafe zu erlegen, und können sich an den Uebertreter halten. — Hie und da im Lande waren Hundehäuser erbaut und Wärter dabei angestellt. Einem jeden Mahlmüller war die Verpflichtung auferlegt, einen großen Hetzhund zu halten, — eine Maßregel, welche übrigens damals in Thüringen allgemein üblich gewesen zu sein scheint.

Auch die Falkenjagd war ein bevorzugtes Vergnügen für den Herzog, und es war streng anbefohlen, die ver-

flogenen Falken aufzufangen und einzuliefern. Und damit
von den Habichten und größern Raubvögeln dem jungen
Wilde und Federvieh kein Schaden zugefügt werden könne,
wurden überall Habichtsfänge angelegt. Dagegen läßt sich
nun an und für sich nichts einwenden, nur darf man
dabei nicht übersehen, daß diese Anstalten auf Kosten der
Dorfgemeinden hergestellt werden mußten, — denn das
Mandat vom 3. März 1730 sagt ausdrücklich: „Es soll
bei jedem Dorfe ein tüchtiger Habichtsfang, wozu das Holz,
jedoch gegen baare Bezahlung, von denen Forst=Bedienten
angewiesen werden soll, aufgerichtet und erhalten werden."
Wie gewaltig ernst es mit diesen Anstalten gehalten wurde,
geht aus dem Rescript vom 5. September 1733 hervor:
„Da Hirten und Schäfer sich unterfangen ihre Lust mit
den in den Habichtfängen befindlichen Tauben zu treiben,
so wird ihnen das Werfen u. s. w. mit Steinen bei 1 Jahr
Zuchthaus verboten."

Gegen die Wilddiebe ward mit größter Strenge vor=
gegangen. Eine Verordnung vom 8. November 1741 be=
stimmt für die so eben angefallenen Fürstenthümer Eisenach
und Jena wegen der dort überhandnehmenden Wilddiebe=
reien die Geltung der Weimarischen Anordnungen: „1) Alle
Wilddiebe sollen ohne Ansehn der Person als Zigeuner,
offenbare Straßenräuber und Mörder angesehen und auf
Betreten aufgehenkt werden, deren Weiber gebrandmarkt
und ins Zuchthaus gesetzt, die Kinder auch ins Zuchthaus,
aber ohne Brandmarkung. 2) Ein Förster oder Jäger,
der einen Wilddieb todtschießt, erhält 50 Thlr.; wird er

selbst todtgeschossen, so bekommt seine Wittwe lebenslänglich 200 Thlr. Pension. 3) Ein Jäger, der den Wildbieben durch die Finger sieht, wird aufgehenkt. 4) Förster und Kreiser sollen sich bei der Aufsuchung der Wildbiebe getreulich secundiren; die Erschossenen werden am Ort ihres Verbrechens aufgehenkt."

Fremde Jäger, unter welchem Ausdruck man wohl alle Durchreisende verstand die eine Flinte bei sich führten, wurden mit sehr ungnädigem Auge angesehen und von vorn herein als des Wildbiebstahls verdächtig betrachtet. Ein Patent vom 10. April 1738 verordnet, daß einem solchen nur für eine Nacht Quartier gegeben werden darf, es sei denn daß er wegen Krankheit nicht fortkäme. Und ein späteres Patent vom 13. Juli 1744 schreibt vor: „wegen der vielen Wildprets-Deuben sollen reisende Jäger, so lange sie im Lande sind, das Schloß abschrauben und in der Tasche tragen, widrigenfalls sie arretirt und nach Weimar geschafft werden."

Die Pflege der Forsten ließ man sich sehr angelegen sein, und manche sehr zweckmäßige Einrichtungen wurden getroffen; doch läßt sich freilich nicht leugnen, daß hier das fiskalische Interesse wesentlich berücksichtigt ward. Die Holzlese-Ordnung vom 11. Februar 1729 untersagt in ihrem generellen Theile allen Gemeinden und Privatpersonen in eigenmächtiger Weise ihr Holz abzutreiben; und nach den Bestimmungen des Circulars vom 1. November 1731 darf Niemand ohne Wissen und Genehmhaltung

Beaulieu Marconnay. 16

der Forstbediente Holz fällen, widrigenfalls ihre Holzungen eingezogen und sie überdem bestraft werden; auch darf Niemand seine Holzungen an Jemand anders als an Se. Durchlaucht verkaufen. In dem Jagd= und Holz= Edikt vom 12. October 1733 wird verordnet, daß jedes Brautpaar vor der Proclamation erst eine Weide, Eller oder einen fruchtbaren Baum gepflanzt haben muß; und soll künftig jeder Hauswirth in den Dörfern jährlich einen Baum pflanzen oder 6 Groschen Strafe erlegen. Die todten Zäune sollen abgeschafft und dafür lebendige Hecken gepflanzt werden. Wer einen Baum im Felde stiehlt oder verdirbt, soll mit Abhauung der Hand bestraft werden. Das Reglement vom 16. Januar 1736 befiehlt den fürst= lichen Beamten, Administratoren und Pachtern, wie sie sich in Betreff der Anpflanzung von Obst= und wilden Bäumen zu benehmen haben. Jeder soll die ihm vor= geschriebene Anzahl alle Jahre vollkommen tüchtig setzen und warten. Wo keine gewisse Anzahl bestimmt ist, hat die Kammer solche zu reguliren. Die Bäume müssen wenigstens 1 Zoll im Durchmesser haben, und unter einem Schock Stämme müssen 5 Aprikosen, 5 Pfirschen, 10 Pflau= men, 10 Kirschen, 10 Aepfel, 10 Birnen und 10 welsche Nüsse sich befinden. Jeder Pachter muß eine Baumschule anlegen und in guten Stand erhalten. Die fürstlichen Hofgärtner sollen jährlich Inspektion halten; die Pächter haben denselben freie Zehrung zu geben, dafür müssen die Gärtner alle Wildstämme pfropfen und oculiren. Auch sollen die Beamten und Pächter möglichst viel anderes

Holz pflanzen, auch an den Flußufern Weiden stecken. Nachlässige Beamte und Pachter sollen für jedes nicht gesetzte Stück Holz 12 Groschen Strafe zahlen. Das Patent vom 12. Januar 1739 geht noch einen Schritt weiter und dehnt die Verpflichtung des Anpflanzens auf jeden Unterthan aus; es verlangt sogar von jedem, er solle jährlich ein Schock welsche Nüsse stecken und Bäume daraus ziehen, „maßen das Holz nicht allein, sondern auch das Oel nützlich zu gebrauchen stehet." Die Bäume müssen im Winter mit Stroh umwunden werden, bei 50 Thlr. Strafe für die Obrigkeit und 8 Gr. für jeden fehlenden Baum; „wer aber freventlicher Weise einigen Schaden an den gesetzten Bäumen zu thun sich unter= stehen sollte, soll solchen Frevel mit dem Leben büßen." Diese exorbitante Bestimmung blieb jedoch nicht lang in Kraft; denn schon am 1. Juni 1739 erklärte ein Circular: „wer den auf hiesigen Landstraßen gesetzten Obst= und andern Bäumen einigen Schaden zufügt, soll ohne An= sehen der Person mit 8 Thalern bestraft werden, wovon der Denunciant die Hälfte bekommt; wer nicht zahlen kann wird arretirt." Das Verfahren in Forstsachen stand lediglich dem Forstamte zu; das Circular vom 8. Mai 1744 verbietet den fürstlichen Beamten durchaus sich in dergleichen Forstsachen zu mischen.

Neben der edlen Passion für die Jagd und der selbst= herrlichen Lust am Soldatenspiel, gab es nun noch eine dritte Richtung nach welcher hin das Interesse und die

16*

Beschäftigung Ernst Augusts in manchmal bedenklicher Weise in Anspruch genommen ward. Das war die Neigung zur Alchymie und zu geheimen Zauberkünsten, wie sie damals an so vielen Höfen im Schwunge war und gewissermaßen mit zum guten Ton gehörte. Was für unsre Zeit und unsere Anschauungsweise nahezu unfaßlich und unbegreiflich geworden ist, besaß damals eine Art Bürgerrecht und wußte sich unter dem erborgten Mantel einer exakten Wissenschaft in den weitesten Kreisen geltend zu machen, nicht blos an den Höfen und bei geldbedürftigen Fürsten, sondern auch bei dem ehrbaren Bürgerstande vieler Städte und selbst bei Mitgliedern von Universitäten. Daß dergleichen Bestrebungen im Anfange des Jahrhunderts zu der überraschenden Erfindung des sächsischen Porcellans geführt hatten*), ward als Empfehlung zur Nacheiferung von zahlreichen Adepten und Schwarzkünstlern benutzt. Und wenn man erwägt, daß noch dreißig Jahre nach Ernst August's Tode ein Cagliostro die Bewundrung und gläubige Hingebung von Tausenden und aber Tausenden in den bedeutendsten Städten des Europäischen Festlandes für sich gewinnen konnte, so darf man wahrlich nicht zu streng absprechend urtheilen über einen Fürsten, der in dieser Temperatur aufgewachsen war, und der bei der niedern Stufe wissenschaftlicher Ausbildung auf welcher damals die Chemie stand, häufig das Opfer

---

*) Geschichte Sachsens von Böttiger, neue Bearbeitung von Flathe. Gotha 1870. Bd. 2, S. 336.

von seinen Betrügern ward, welche mit überraschender Schlauheit es verstanden, demjenigen, den sie von ihrer Kunst überzeugen wollten, goldhaltige Materialien in die Hände zu spielen. Es tritt hiezu noch die Wahrnehmung daß Ernst August die entschiedene Richtung hatte an viele Geheimnisse der Natur zu glauben, und sich bestrebte, freilich ohne alle Methode und stufenweises Fortschreiten, diesen Geheimnissen auf die Spur zu kommen.

Es ist daher kein Wunder, wenn schon zu Lebzeiten Wilhelm Ernst's um den jüngern Herzog verschiedenartige Individuen sich drängten, welche als Schatzgräber und Goldmacher aus jener Neigung des Fürsten für sich den wesentlichen Nutzen zu ziehen hofften. Von einem solchen Betrüger, der ungeheure Massen von Gold und Silber mittelst gewisser Formeln finden zu können vorgegeben, und eine Zeit lang den Fürsten gläubig und willig zu machen verstanden hatte, befreite ihn Gesners umfassende Belesenheit, wie oben bereits erwähnt worden. Auf lange Zeit hinaus fruchtete jedoch diese Lehre nicht; nach dem Antritt der alleinigen Regierung war er bald wieder in den Händen verschiedener Individuen sowohl geistlichen als weltlichen Standes, die kürzere oder längere Zeit ihr Glück bei dem Herzog versuchten und fanden. Es ward ein vollständiges Laboratorium eingerichtet, und mehrere Laboranten bei demselben angestellt, welche durch ein eigenes Reglement verpflichtet waren, täglich von Anbruch des Tages bis Abends 6 Uhr zu arbeiten. Jeder derselben ward durch einen besonderen Eid verpflichtet, worin haupt=

sächlich auf die größte Verschwiegenheit hingewiesen war:
„überhaupt Niemanden er sey wer er nur immer wolle
sollte es auch gleich die Hochfürstliche Frau Gemahlin seyn,
vielweniger denen Herrn Ministris, Räthen, Dames, Cavaliers oder sämmtlichen Fürstlichen Bedienten, Geistlichen
und weltlichen Standes, Frau, Vater, Bluts=Freunden und
Anverwandten von gedachter Arbeit etwas offenbahren,
oder entweder mündlich oder schrifftlich mit Vorbedacht
oder durch Unachtsamkeit zukommen lassen p." Als solche
Laboranten finden sich verzeichnet: ein Bergmann Lenck,
ein Georg Friedrich Steinmetz, ein Husar Curtz, ein Reuter
Joseph Brehme, ein Johann Friedrich Schönheit.

Der Herzog verlor jedoch bald die Lust, an den Ver=
suchen sich persönlich zu betheiligen, da er zu häufig das
Opfer der Betrüger geworden war. An seiner Stelle
mußte der Geheime Secretär Ludecus den Arbeiten der
Goldmacher beiwohnen, und ihn von dem gewonnenen
Resultat in Kenntniß setzen, damit, wenn das Versprechen
sich nicht erfüllte, „dem Betrüger der Kopf abgehauen
werde". Da nun Ludecus die Adepten stets vorher warnte
und sie so der drohenden Strafe entzog, hatte er oft von
der ungnädigen Laune seines Herrn zu leiden.

Eine ansehnliche Zahl von Aktenbänden und Convo=
luten im Hauptstaatsarchiv, und viele sorgsam eingebun=
dene Manuscripte in der Bibliothek zu Weimar sind an=
gefüllt mit Abhandlungen über die geheimnißvolle Kunst
der Erkenntniß und Bewältigung der Naturkräfte, mit
Vorschriften, wie man zu verfahren habe um den Stein

der Weisen zu finden, mit Recepten wie Gold und andere edle Metalle herzustellen. Daß diese Scripturen sämmtlich vielfach durchlesen und zu Rathe gezogen worden, zeigt deutlich ihr äußeres Ansehen. Der verschiedenartigsten Wege um Gold zu erzeugen, sind so viele angezeigt, und jeder derselben ist mit so großer Ueberzeugung seiner Unfehlbarkeit empfohlen, daß man wahrlich nicht genug sich verwundern kann, wie immer und immer wieder die Versuche von neuem begonnen wurden um einer so kläglich wie der andere zu enden. Die Glaubensseligkeit lag gleichsam in der Luft und wurde mit dem Athmen eingezogen. Die geheimnißvoll schwülstige, mit lateinischen Brocken durchwobene Schreibart, die Berufung auf zahlreiche weise Männer der Vorzeit und Gegenwart, die Hinweisung auf die göttliche Macht und Vollkommenheit, — alles dies war vollständig geeignet die Gemüther einzunehmen, die gar zu gern das glaubten was sie wünschten. In Weimar scheint das Beispiel des Herzogs die Nacheiferung in weite Kreise hinausgetragen zu haben, und wohin man auf diese Weise gelangte, möge aus folgendem Beispiel erhellen. In den Akten ist sorgsam aufgehoben des Hofschneiders Gottschalck in Weimar Angaben, wie derselbe einen Magneten macht, das Luft-Salz oder den Spiritum Mundi zu fangen: „Antimonii und Saltzburger Vitrioli gleiche Theile werden jedes apart auff das allerzarteste gerieben und hernach genau vermischt. Beym reiben muß man vorsichtig seyn, damit Kein subtiler Staub in Halß fliege. Von diesem vermischten pulver thut man 4 Loth in ein

Thee-Schälgen, deren man viele haben kann, jedes mit 4 Loth belegt fingersdick und setzt es aus an einen Ort da die Lufft und zwar bey trockenen Wetter darüber steigen kann. Sonnenschein, Schnee, Regen und Staub muß auffs fleißigste verhüthet werden, damit nichts darein falle. — Wenn nun 2 mal 24 Stunden die Schaalen also Tag und Nacht in der Lufft gestanden, so wird sich der spiritus mundi fangen und eine Silberne Haut mit goldenen puncten Sich oben auff praesentiren. Diese reibt man mit einem hölzernen kleinen pistilgen wieder unter die massa und setzt es wieder aus; nach 24 Stunden nimmt man es nach obiger Art weg und reibt es abermal untereinander, womit so lange continuirt wird, biß die massa an Farb sich ändert und zu einem weißgrauen Gummi worden. — Dieses Gummi soll durch Brennspiegel an der Sonnen in einer gläsernen Kugel weiter ausgekocht werden. Biß auf das weiße Gummi soll seinem Angeben nach er Meister Gottschalck gestanden seyn. Nächstdem könnte man auch einen dergleichen Magneten machen. Aus gleichen Theilen Antimonii, Vitrioli und Salis Ammoniacasi wohl und zart ebenfalß untereinander gerieben, jedes zuerst apart gerieben, hernach auf obige Art ausgesetzt. — Ob man den spiritum mundi nicht abnehmen könnte durch ein besonders instrument wird sich bey der Arbeit zeigen."

Daß es außer diesem erleuchteten Schneider noch viele andere gläubige Seelen im Lande gegeben, lernen wir aus dem Mandat vom 16. März 1739, welches in

sehr naiver Weise die Kunst des Goldmachens für ein
Regal erklärt: „Da sich Leute finden sollen, welche auf
betrügerische Art Gold zu machen versprechen und sich für
Adeptos ausgeben, und doch nur die Leute aussaugen, —
so sollen solche Betrüger aufgesucht und nach geschehener
Untersuchung und befundenem Betrug ins Zuchthaus gebracht werden; diejenigen aber, welche die Realität ihrer
Wissenschaft mit Gründen der Wahrheit vor Gott und
Menschen zu behaupten vorgeben, sollen an Uns immediate mit einer guten und verschwiegenen
Art gebracht und gewiesen werden, maßen ein er-
fahrener Mann sich nicht unter Schuster und Schneider
auf die Bierbänke setzen wird.‟

Ob auf diese Weise der eine oder andere „erfahrene
Mann‟ nach Weimar gekommen, ist uns nicht bekannt
geworden, — doch kamen freiwillig manche andere schlaue
Betrüger dorthin, die es verstanden den Herzog für sich
zu gewinnen, wobei sie für sich freilich „Geld machten,‟
der Herzog jedoch für seine Bereicherung, sei es nun in
den Wissenschaften, sei es in der Schatzkammer, leer aus-
ging. Unter vielen Beispielen dieser Art sei hier nur
eines erwähnt. Gegen Ende des Jahres 1744 kam ein
Herr nach Weimar, der unter dem Namen Baron von
Galips auftrat und bis zum April 1745 dort verweilte.
Er stellte sich als Offizier in Russischen Diensten vor, der
in die Katastrophe des Feldmarschalls Grafen Münnich
hineingezogen worden sei und in Folge dessen seinen Abschied genommen habe. Sein feines und gewandtes Be-

nehmen gewann den Herzog gleich von vorn herein, und in dieser Gunst wußte der Fremde sich noch mehr zu befestigen, indem er mit chemischen und alchymistischen Geheimnissen sehr vertraut zu sein vorgab, auch dem Herzog ein Buch in Geheimschrift einhändigte, den Schlüssel dazu jedoch für sich behielt und erst in späterer Zeit zu überliefern sich anheischig machte. Er wußte sein Interesse so gut wahrzunehmen, daß er zuletzt den Herzog bewog ihm eintausend Thaler Reisegeld einzuhändigen, um seine Frau und seine Effekten aus Holland holen zu können, worauf er dann nach seiner Rückkehr eine feste Anstellung, etwa als General-Münz-Direktor erhalten sollte. Der Herzog ließ ihm einen Paß ausstellen, und gab ihm noch besondere Aufträge an den Kaiserlichen Gesandten im Haag und an einen Bankier Voas in Amsterdam, wegen gewisser Forderungen, die der Fürst noch dem Wiener Kabinet gegenüber geltend machen zu können glaubte.

Nachdem nun dieser neue Vertrauensmann im April Weimar verlassen hatte, vernahm man längere Zeit nichts von ihm, bis plötzlich im December ein langes Schreiben vom Lieutenant Grand Baillif de la ville de Boisleduc einlief, mit der ausführlichen Meldung, daß ein gewisser Galips im October dort eingetroffen, in Begleitung einer Dame und eines Dieners, und zwar in einer vierspännigen Equipage; derselbe habe sich im November auf acht bis zehn Tage nach Rotterdam begeben, und sei nach seiner Rückkehr sehr bald eines in jener Stadt begangenen Diebstahls von Silberwaaren verdächtig geworden. Bei

einer stattgehabten Durchsuchung seiner Koffer habe man
diese Silbersachen gefunden und ihn darauf hin verhaftet.
Im Laufe der Untersuchung seien dann noch mehrere
Diebstähle an den Tag gekommen, der Angeschuldigte habe
auch Alles gestanden und angegeben, daß er unter ver=
schiedenen falschen Namen: Baron von Galips, Baron
von Pebra, Baron Edenstein von Edenfluß, aufgetreten
sei; sein wahrer Name sei Peter von Gräffen, gebürtig
aus Kurland; er habe als Quartiermeister in einem Russi=
schen Regimente gedient, und reise nunmehr seit 5 Jahren
mit der Dame umher, mit der er jedoch nicht verheirathet
sei. Seine Verbindungen mit dem Herzog Ernst August
wollte er als Mittel zur Befreiung aus der Haft geltend
machen, — und Letzterer war zu seinem großen Verdruß
genöthigt alle Angaben, die der Betrüger über seine
Stellung in Weimar vorgebracht hatte, als vollständig
wahrheitsgemäß zu bezeugen. Das sehr höflich und be=
sonnen abgefaßte Schreiben des Oberbürgermeister=Stell=
vertreters von Herzogenbusch beantwortete er in eben so
höflichem und verbindlich anerkennendem Tone, konnte sich
jedoch nicht versagen, die Mitwirkung jenes Beamten
dahin in Anspruch zu nehmen, daß ihm derselbe den
Schlüssel zu dem Geheimbuche verschaffen möge, — und
da der Erfolg ihm selbst zweifelhaft dünken mochte, sandte
er drei Tage nach Abgang seines Antwortschreibens den
Superintendenten Schmidt von Eisenach nach Herzogen=
busch, damit dieser den Gefangenen spreche. Doch auch
diese Maßregel führte nicht zu dem gewünschten Resultat;

Schmidt kehrte ohne den ersehnten Schlüssel heim, und die Akten schließen mit einem Schreiben des Herzogs an den Oberbürgermeister, worin er bittet, ihn wieder in den Besitz von verschiedenen Manuscripten zu setzen, die er dem Abenteurer anvertraut.*)

Die Korrespondenz des Herzogs über chemische Arbeiten und was damit in Verbindung gebracht wurde, war außerordentlich umfangreich und ging nach allen Himmelsgegenden. Viel Vertrauen scheint ein Hof- und Feld-Caplan Nieck in Gera besessen zu haben, der auch ab und an nach Weimar kam, um Experimente zu machen oder dergleichen zu überwachen. In dem Archiv zur neuern Geschichte, Geographie, Natur- und Menschenkenntniß, von J. Bernoulli, Leipzig 1787, Theil 7, S. 257—270, sind mehrere Briefe Ernst August's an den Bergrath Henkel in Dresden abgedruckt, aus den Jahren 1740 und 42. Sie beziehen sich im wesentlichen auf Uebersendungen von Letten und andern Mineralien, die sich der Herzog aus Freiberg erbeten, geben jedoch manchen Fingerzeig über die große Vorliebe mit der sich Ernst August solcher Studien befleißigte. So klagt er über die incommodité, welche in seinem Laboratorium dadurch entstehe, daß die Baumeister und Maurer nicht im Stande sind die Züge dermaßen einzurichten, daß die Dämpfe ihren freien Ausgang von selbst suchen. In einem andern Briefe nennt

---

*) S. Beilage F.

er sich einen Fürsten, der der Natur Gott zu Ehren und denn seinem Nächsten zum Besten, das wahre Philosophie= licht der Natur kennet, über sich und unter sich. Später bittet er, ihm einen recht geschickten frommen und habilen geschwornen Bergruthengänger zu schicken; „ich habe be= reits wohl mehr als 100 Ruthengänger gehabt, es sind aber lauter Betrüger und Windmacher gewesen". Einige Wochen später kommt er auf denselben Gegenstand zurück: „ich habe selbsten hierinne ziemliche Wissenschaft und brauche weder metallene noch hölzerne, sondern ganz an= dere Ruthen, welche unter gewisser Constellation, worauf es hiebey lebiglich ankommt, präpariret werden müßten; Es bestehet aber das rechte Kennzeichen eines wahren Ruthengängers darinne, daß er ohntrüglich alles, was in der Erde vergraben ist, anzeigen, finden, auch gewiß sagen könne, was es sey und worinnen es eigentlich bestehe."

Unter dieser Korrespondenz ist noch besonders die= jenige zu erwähnen, die der Herzog dadurch veranlaßte, daß er von verschiedenen Professoren der Theologie und Pfarrern eine Auslegung des verborgenen Sinns der Bibelstelle: Hiob, Cap. 28 B. 3 verlangte. Dieselbe lautet nach der Uebersetzung Luthers: „Es wird je des Finstern etwa ein Ende, und Jemand findet ja zuletzt den Schiefer tief verborgen."

Darin glaubte der Herzog eine Hinweisung auf den Stein der Weisen finden und daran die Vermuthung knüpfen zu dürfen, daß ein Zurückgehen auf den Grund=

text und eine ausführliche exegetische Auslegung desselben von den wichtigsten Folgen sein werde. Die erste Beantwortung, welche einging, war von dem Rektor des Weimarischen Gymnasiums, Jacob Carpow*), verfaßt. Sie bekundet eine gesunde Exegese und weiß die Beziehung auf den Stein der Weisen so merklich abzuweisen, als sich dies mit der Schonung der Gedanken und Wünsche des Herzogs, dem der Verfasser aufrichtig dankbar ergeben war, vertragen mochte. Er kommt nämlich zu dem Ergebniß, der betreffende Vers könne nicht anders verstanden werden als folgendermaßen: „Ob der Bergmann gleich im Finstern unter der Erde suche, so komme er doch mit seinem Suchen zu Ende, daß er nehmlich auch Gold, Silber, Eisen, Ertz unter der Erde finde; denn sehr tief unter der Erden finde er tiefverborgene Steine, nehmlich solche, die Ertz und Metall in sich halten; und das um so mehr, weil auf diese Weise der Gegensatz, den Hiob hauptsächlich intendirt, sehr wohl ausgedrückt wird, nehmlich: daß Gold, Silber und Ertz zwar unter der Erden in den Bergen gesucht und gefunden werde, aber die wahre Weißheit werde man vergeblich daselbst suchen und nicht finden, weil sie allein von Gott müsse erlangt werden."**)

Der Herzog nahm diese Darlegung zwar nicht ungnädig auf; seine Hauptabsicht blieb aber damit unerledigt. Nach der kabbalistischen Voraussetzung, daß die Buchstaben

---

*) S. Beilage G.
**) S. Beilage H..

des alten Testaments in den Geboten und Lehren Gottes, die sie wörtlich ausdrücken, auch noch die Elemente der schöpferischen Weisheit und Wunderkraft enthalten, welche daraus durch eine Versetzung der Buchstaben zu gewinnen sei, die aus denselben ohne Zuthat anderer (als reines Anagramm) einen Satz von andern Worten und in diesen den Aufschluß bilde, verlangte Ernst August nach einem solchen Anagramm der Hiobstelle; die Worte von der äußersten Erforschung des tief verborgenen Steins sollten die genaue Deutung dieses Steins und die Weise, wie dessen Goldgehalt zu erheben sei, enthalten.

Der Professor Johann Gottfried Thympe in Jena gehörte auch zu denen, welche durch dieses höchste Verlangen in nicht geringe Verlegenheit gesetzt wurden. Seine Antwort begnügt sich demnach nicht blos mit der exegetischen Erklärung, die schließlich mit Luthers Uebersetzung einverstanden ist — „bis auf die letzten Worte: und jemand findet ja zuletzt den Schiefer tief verborgen, — welche, wenn sie sollen so viel möglich bebehalten werden, also zu corrigiren sind: und man durchsucht auf das vollkommenste die tief verborgenen Steine.“ Der gelehrte Korrespondent geht vielmehr auch über auf die Ansicht derjenigen, die da glauben, „daß die letzten Worte auch wohl auf ein Chymisches Geheimnis und insbesondre auf den sogenannten lapidem philosophorum oder eine Universal-tinctur könnte gezogen werden“, erklärt sich jedoch nicht für fähig, „etwas gewisses hiervon zu behaupten noch auch dergleichen durch ein anagramma herauszubringen.“

Ueberhaupt sei er durch seine Umstände gezwungen, in Ermanglung einer ordentlichen Professur täglich wohl sechs Stunden zu lesen, weßhalb ihm keine Zeit für tief eingehende andere Studien übrig bleibe. „So es aber Ew. Hochfürstlichen Durchlaucht in höchsten Gnaden sollte gefällig seyn, durch Dero Hochfürstliches Votum bey jetziger Vacanz in der professione ordinaria linguarum meine Station zu verbessern, so hoffe eher im Stande zu seyn Dero hierüber ertheilten gnädigsten Befehl unterthänigst nachkommen zu können."*)

Während dieser Professor aus der Begierde seines Fürsten nach goldverheißenden Anagrammen, für sich selbst eine Goldquelle zu erlangen versuchte, und sein weiteres Forschen nach alten alchymistischen Handschriften nur bedingungsweise in Aussicht stellte, hatte der Herzog für das möglichste Eingehen auf dieses Experiment bereits die allerunterthänigste Bereitwilligkeit bei dem Diaconus von Apolda, Heinrich Gottlieb Ronne, gefunden. Dieser wohldienerische Theologe preist in einem Briefe vom 1. Januar 1738 die hohe Gnade und Huld, die seine „Niedrigkeit" eines Schreibens unter Fürstlicher Hand und Siegel gewürdigt, und überreicht eine Beilage, worin von der Stelle aus Hiob erst der hebräische Text mit untergesetzter lateinischer Version, und dann eine Uebertragung ins Arabische enthalten. Nach weitläuftiger Aufzählung aller ihm bekannten Steine, unter denen auch wohl der lapis philosophorum

*) S. Beilage I.

vorhanden sein könne, kommt er jedoch zu dem Geständ-
niß, daß er nicht hinlänglich ausgerüstet sei, um durch ein
Anagramm der Arabischen Version eine Beschreibung der
eigentlichen Natur des Steins der Weisen und des damit
anzustellenden Processes herauszubringen. Nachdem ihm
dann die Benutzung der fürstlichen Bibliothek freigestellt
worden, legt er in einem zweiten Briefe drei Anagramme
vor, — eines aus der Lutherschen Uebersetzung in deutscher
Sprache, — ein zweites hebräisches aus dem Urtext, —
und ein drittes arabisches aus der von ihm gemachten
arabischen Version. Damit aber noch nicht zufrieden,
läßt er in einem dritten Schreiben aus einer alten arabischen Uebersetzung ein Anagramm folgen, welches nach
der dazwischen geschriebenen lateinischen Uebersetzung also
lautet: „O! Ernestus Augustus, der da ist Herzog in
Sachsen und in Jülich und in Cleve, ist wahrlich der ein-
sichtsvollste und geistvollste Oberpriester und Sieger von
Grund aus: allerdings findet er nach seiner Fähigkeit den
goldenen und weißen und blauen Stein: aus dem Aeußer-
sten, aus jeglichem Tode der da drohte, hat er die Nuß
erbrochen — nach deiner Fähigkeit sei standhaft: er trifft
Anordnung zu künftigem Gebrauch, er breitet sich aus."*)
    Wie der Herzog dieses eigenthümliche Ergebniß kabba-
listischer Textbehandlung aufgenommen, — darüber enthalten wir uns jeder Vermuthung. Immer war aber
bis dahin blos die Verheißung anagrammisch gewonnen,

---

*) S. Beilage K.

Beaulieu Marconnay.   17

nicht, wie er wünschte, die Syllabirung einer solchen Be=
schreibung des Steins der Weisen, die eine deutliche An=
leitung zur Goldmacher=Tinktur gäbe. Er erneuerte daher
seine Befehle, in der Jena'schen Bibliothek nach alchymi=
stischen Lehrschriften zu suchen. Wirklich fand sich ein
lateinisches Manuscript auf Pergament, welches zum Appa=
rat und Verfahren der Goldmacherei systematische und
ausführliche Vorschriften bot. Dieses in's Deutsche zu
übertragen befahl der Herzog dem Subconrektor Schrön
zu Weimar. Der wackere Schulmann machte und ordnete
die Uebersetzung mit allem Fleiß, schrieb sie und das In=
haltsverzeichniß klar und übersichtlich, deutete jedoch in der
Zueignung an den Herzog bescheidentlich an, daß er den
gehofften praktischen Werth des Buches nicht glauben, nur
eben dem Fürsten wünschen möchte. Auf den Titelblättern
seiner Foliohandschrift ist nämlich zu lesen: Liber alchi-
misticus, semita directa dictus anonymi cujusdam,
oder der richtige Weg zur edlen Goldmacherkunst eines
ungenannten Auctoris aus einem uralten Manuscript
auf Pergament mit alter Münchsschrift geschrieben, welches
in der Universitaets Bibliotheca zu Jena befindlich, auf
gnädigsten Befehl des Durchlauchtigsten Fürsten und Herrn,
Herrn Ernst Augustens p. p. seines gnädigst regierenden
Landesfürsten, Vater und Herrn, aus unterthänigster
Devotion ausgesetzet, in ordentliche Capitel und Para-
graphos getheilet, und ins Teutsche übersetzet von Wolff-
gang Adolph Schrön, Gymnas. Illustr. Subconrect.
an. 1740. — Dann folgt die Zueignung:

Durchlauchtster Herzog

was Du suchst, soll hier in diesem Buche seyn,

Ob's aber sei der richt'ge Weg, kann sagen weder ja
noch nein;

Dieß aber weiß ich wohl: Du hast das rechte Gold ge=
funden

In jenem Gottesbuch, das hilfft in Freud= und Leidens=
Stunden;

Es zeigt den richt'gen Weg zur ew'gen Seligkeit,

Wo mehr als Gold und Kron, mein Hertzog Dir
bereit.

Doch sollt es Gottes Wille sein

So laß der Schöpfer treffen ein

Durch diesen richt'gen Weg Dein fürstliches Be=
mühen,

Daß zu dem Glaubensgold Du findest irdisch Gold!

So wird Dein Fürsten Hauß den alten Ruhm
erneuen

Und Dein getreustes Land des Segens sich er=
freuen.

Auch über die Aufnahme dieser, freilich im devoten
Styl der Zeit verfaßten, aber doch aufrichtigen und klar
ausgesprochenen Hinweisung auf den bessern Schatz der
Gottesfurcht, läßt sich keine Vermuthung hegen.

Es ist eine wissenschaftlich festgestellte Thatsache, daß
übermäßige Anstrengung der Geisteskräfte, vorzüglich bei
Mangel an Talent, mit ausschließlicher Richtung auf einen
Gegenstand, häufig ein krankhaftes Vorstellungsvermögen

erzeugt. In einen solchen Zustand scheinen diese Lieblings-
beschäftigungen den Herzog im Jahre 1742 vorübergehend
versetzt zu haben. Denn nur so lassen sich zwei Erschei-
nungen erklären, denen wir in diesem Jahre begegnen.

Die erste ist nachstehendes Patent vom 24. December
1742, mit welchem er seinen getreuen Unterthanen ein
gutgemeintes aber sehr eigenthümliches Weihnachtsgeschenk
machte:

„Von G. G. p. p. fügen hiemit allen unsern nach-
gesetzten fürstlichen Beamten, adeligen Gerichtshaltern und
Räthen in Städten zu wissen, und ist denen vorhinschon
bekannt, wasmaßen Wir aus tragender landesväterlichen
Vorsorge alles was nur zur Conservation Unserer Lande
und getreuen Unterthanen gereichen kann, sorgfältig vorkehren und verordnen. Wie nun durch Brandschaden
viele in große Armuth gerathen können, daher dergleichen
Unglück zu steuern Wir in Gnaden befehlen, daß in einer
jeden Stadt und Dorf verschiedene hölzerne Teller, worauf
schon gegessen gewesen, und mit der Figur und Buchstaben
wie der beigefügte Abriß besagt,

des Freytags bei abnehmenden Monde Mittags zwischen 11 und 12 Uhr mit frischer Dinte und neuen Federn beschrieben, vorräthig seyn, sodann aber, wenn eine Feuersbrunst, wovor doch der große Gott hiesige Lande in Gnaden bewahren wolle! entstehen sollte, ein solcher nur bemeldter maßen beschriebener Teller mit den Worten: im Namen Gottes, ins Feuer geworfen, und wofern das Feuer dennoch weiter um sich greifen wollte, 3 mal solches wiederholet werden soll, dadurch denn die Glut ohnfehlbar gedämpfet wird. Dergleichen Teller nun haben die regierenden Bürgermeister in denen Städten, auf dem Lande aber die Schultheißen und Gerichtsschöppen in Verwahrung aufzubehalten, und bey entstehender Noth, da Gott für sey, beschriebenermaßen zu gebrauchen, hiernächst aber, weile dieses jedem Bürger und Bauer zu wissen nicht nöthig ist, solches bey sich zu behalten. Hieran vollbringen dieselben Unsern gnädigsten Willen.*)"

Die zweite auffallende Erscheinung ist die einer theosophisch-philosophisch-mystischen Schrift, welche in demselben Jahre zwar nicht unter dem Namen des Herzogs aber doch mit deutlicher Hinweisung auf ihn als den Verfasser erschien. Der Titel dieses ganz absonderlichen Buches lautet:

---

*) Die Mittheilung dieses Patents ist nicht neu; dasselbe findet sich bereits abgedruckt in dem interessanten Werke des Herrn Archiv-Direktors von Weber: Aus vier Jahrhunderten.

Zu dem höchsten alleinigen

Jehova

gerichtete theosophische

Herzens-Andachten

oder

fürstliche selbst abgefaßte

Gedanken

wie wir durch Gottes Gnade uns

von dem Fluch des Irdischen befreyen und im Gebet

zum wahren Lichte und himmlischen Ruhe in

Gott eingehen sollen;

nebst einigen aus dem Buche der Natur und Schrifft

hergeleiteten

Philosophischen Betrachtungen

von

denen dreyen Haushaltungen Gottes im Feuer

Licht und Geist zur Wiederbringung

der Creatur.

Das Werk enthält wesentlich eine Auslegung des
Vater Unser und anderer Sprüche der heiligen Schrift.
Unverbürgten Nachrichten zufolge soll der eigentliche Ver-
fasser dieser Herzensandachten der M. Ernst Friedrich
Erbwig, Adjunct zu Oßmannstedt, gewesen sein. Der
Herzog aber betrachtete die Arbeit ganz als seine eigene,
ließ seine Namenschiffre und eine Ansicht seines Lust-
schlosses Belvedere auf den Titel drucken, und versandte

Exemplare an Verwandte und Freunde.*) Auch einen jeden seiner Geistlichen beschenkte er mit einem Exemplare, jedoch müßten Alle ihre Gedanken darüber unmittelbar an ihn einsenden, — worauf man im Lande nichts weiter von dieser Angelegenheit vernommen hat.

Ganz unbemerkt konnte aber ein solch ungewöhnliches Faktum nicht vorübergehen; dafür waren zu viele Exemplare hinausgegangen „ins Reich", und eines derselben fiel in die Hände eines geistreichen Kritikers, der in humoristischer Weise seine Bemerkungen darüber mittheilt. Der frühere Sächsische Kabinets-Minister, Graf von Manteuffel, der sich nach Leipzig zurückgezogen hatte, und von dort aus eine sehr umfangreiche und ausführliche Korrespondenz führte, namentlich auch mit dem dirigirenden Staats-Minister, Grafen Brühl, erzählt diesem in zwei Briefen von jenem auffallenden literarischen Produkt:

„Leipsig 29. Octobre 1742. .... je me donnerai aujourd'hui l'honneur d'entretenir Votre Excellence de deux phénomènes litéraires. ....

L'autre phénomène est d'une nature fort différente. C'est un petit livre de dévotion mystique, tout fraichement publié par un grand prince, qui prétend ne céder en rien, du coté de l'érudition, à l'Auteur de l'Anti-Machiavel, et qui, à en juger par ses actions, n'eut jamais de religion quelconque. Je joindrois ici ce livre, pour la rareté du fait, si

---

*) S. Beilage L.

l'on ne m'assuroit, que l'Auteur en a régalé lui-même Votre Excellence.

Au cas cependant qu'elle n'en ait pas reçu d'exemplaire, elle n' a qu' à parler, et je lui enverrai volontiers le mien. Et au cas qu' Elle n' en ait pas entendu parler du tout, je puis lui dire, que cet Auteur si rare est Mons^gr. le Duc de Weimar. Il a absolument voulu montrer au public, que l'auteur de l'Anti-Machiavel n'est pas le seul prince, capable d'enrichir la République des lettres, et il a envoyé son livret, par une Ambassade expresse, à Madame la Duchesse de Gotha, qui vient de m'en envoyer l'exemplaire que j'ai, en me faisant part de toutes les circonstances que j'en ai rapportées.

Afin de ne laisser rien à desirer à V. E. au cas que, contre mon attente, elle n'ait aucune connaissance de cet ouvrage si digne de son Auteur, j'en ferai copier le titre, et la première page, qui suffiront pour vous donner, Monseigneur, une idée préliminaire de tout le reste, peutêtre pour vous en dégouter. Il n'est pas fort étonnant, ce me semble, qu'un prince, qui eut, il y a 13 ou 14 ans, la marotte de se faire déclarer Mâitre-trompette, ait maintenant celle de s'ériger en auteur. Mais il l'est, à mon avis, qu'elle l'induise à vouloir briller par une Théologie où il ne comprend certainement pas plus qu'à celle de l'Alcoran, quoiqu' il en sache peut être les termes par coeur sans les entendre. Il faut l'avouer,

ce siècle est bien fertile en phénomènes extraordinaires! — —"

„Leipsig, 13 novembre 1742. — — — Je joins
ici avec beaucoup de plaisir les méditations pieuses
du Sérénissime émule de l'Anti-Machiavel. C'est le
même exemplaire, que l'auteur a fait remettre par
une ambassade expresse à Mme la Duchesse de Gotha.
Comme à l'exemple de l'auteur de l'Anti-Machiavel,
il a été trop modeste, pour mettre son nom et ses
qualités sur la feuille du titre, et qu'il a bien voulu
néanmoins empêcher les curieux de deviner à faux,
il y a finement suppléé par son Chiffre et par une
petite estampe de son Belvédère.

Comme le Roi voudra apparemment se faire quelque idée de ce bel ouvrage, sans se donner le mar-
tyre de le lire tout entier, Sa Majesté pourra se
contenter, s'il lui plait, d'entendre la lecture de la
seule page 76, qui a pour titre: letzte entſchließung des
autoris bey philoſophiſcher Betrachtung des harmoniren=
den Lauffs der Geſchöpffe p. p., et elle conviendra que
le Sérénissime auteur est très versé dans le langage
d'un échappé des petites maisons."

Hier noch näher auf dieſe Verirrungen einzugehen,
dürfte weder nothwendig noch verlockend ſein. Sie be=
ſchäftigten den Herzog auch nicht ſo ausſchließlich, daß er
daneben ſeine Hauptleidenſchaft für das Soldatenweſen
vernachläſſigte. Im Gegentheil war dieſe Paſſion ſeit der
Erwerbung des Fürſtenthums Eiſenach bedeutend gewachſen.

Die dort vorhandenen Truppen wurden mit den Weimari= schen gleichmäßig organisirt und fortwährend vermehrt, bis endlich im Juli 1746 ein neuer Formationsplan ent= worfen wurde, welcher 13 Bataillone Infanterie und Ar= tillerie, und 4 Regimenter Reiter und Husaren aufstellte, das Ganze in der Stärke von 10,000 Mann mit 1780 Pferden.*)

Die Ausführung dieses exorbitanten Planes sollte jedoch nicht zu Stande kommen.

Im Januar 1748 befand sich der Herzog in dem von ihm bevorzugten Eisenach. Dort überfiel ihn am 16. ein starker Katarrh mit heftigem Husten, der sich in der Nacht vom 18. auf den 19. bis zu krampfartigen Be= ängstigungen mit kalten Schweißen steigerte. Er fühlte sich überhaupt so unwohl, daß er den Leibmedicus Dr. Bertram und den Oberstallmeister von Reineck zu sich rufen ließ und Willens war sein Haus zu bestellen, weil derartige Zufälle leicht wiederkommen könnten. Nachdem er jedoch hierauf eine Arznei eingenommen hatte, schlief er bis gegen 11 Uhr ganz ruhig; er verließ dann das Bett, und als er angekleidet war fühlte er sich so wohl, daß er in dem Gemach auf= und abspazierte, und auch aus dem Fenster zusah, wie einige neu angekommene Pferde ihm vorgeritten wurden. Sehr bald aber nahm der Husten wieder sehr zu, so daß er dadurch auf den Gedanken an seine letzte Willensordnung zurückgeführt wurde. Er sandte den Leib=

---

*) S. von Heyne, a. a. O. S. 16.

medicus an seine Tochter, die Prinzessin Erneftine, um dieser zu melden daß er sich besser befinde, nahm darauf den Oberstallmeister von Reineck bei der Hand, führte ihn ans Fenster, und ließ ihn folgende Punkte in seine Schreib= tafel notiren: 1) Der Herzog von Gotha soll ordentlicher Vormund werden, aber nichts vornehmen ohne daß das Landes= oder Vormundschafts=Kollegium darum wisse. Für diese Bemühung sollten ihm 6000 Thaler jährlich aus= gesetzt sein. 2) Seine Majestät der König von Dänemark solle Obervormund und Testaments=Executor sein. 3) Das Vormundschafts=Kolleg solle aus einem Paar von Dero Räthen, einem Gothaischen Deputirten und ein paar recht= schaffenen Ständen der Herzogthümer Weimar und Eisenach bestehen. 4) Alle andern Kollegien sollten dem Vormund= schafts=Kollegium unterworfen sein, und die vacant wer= denden Chargen sollten möglichst bis zur Majorennität des Erbprinzen unbesetzt bleiben, um die Kammer=Revenüen zu sparen. 5) Das Kolleg solle nicht gestatten daß der Erbprinz außer Landes käme, sondern bis zu seinem völli= gen Wachsthum in Weimar auferzogen werde, dabei aber ein wachsames Auge haben, daß er gut erzogen und von redlichen Leuten umgeben werde.

Die erneuert auftretenden Schmerzen unterbrachen diese Beschäftigung; der Herzog beauftragte jedoch den Oberstallmeister, wenn es besser mit ihm werde, diese An= gelegenheit wieder in Erinnerung zu bringen, damit er diese Punkte durch seine Räthe in bessere Ordnung bringen lasse. In diesem Augenblicke traten der Leibmedicus

Bertram und der alte Kammerdiener Jasch in das Zimmer, und sahen noch wie der Herzog mit dem Herrn
von Reineck sprach und dieser seine Schreibtafel in die
Tasche steckte. Der Herzog äußerte dann noch in Gegenwart dieser Personen: er sei ein Soldat und könne also
auch ohne Weitläuftigkeiten seine letzte Willensmeinung
hinterlassen, denn wenn ein Soldat im Felde einen Namen
mit den Fingern im Sande oder mit Blut auf seinen
Degen schrieb, so müsse es gelten.

Diese umständliche Mittheilung ist namentlich deßhalb
von einigem Interesse, weil bei Einsetzung und Durchführung der Vormundschaft die meisten der oben angeführten Bestimmungen ohne Berücksichtigung blieben.

Da der Husten bald darauf in gewaltsamster Weise
sich wieder einstellte, mußte der Herzog zu Bett gebracht
werden. Man sandte eine Staffete an den Hofrath und
Leibmedicus Dr. Juch aus Erfurt, welcher eben in Gotha
sich aufhielt. Die Anfälle von Husten und Würgen waren
so heftig, daß das Hemde vom Schweiße ganz naß wurde,
und es verordnete deßhalb der Leibmedicus Bertram ein
reines Hemb zu wärmen und dem Herzog anzuziehen,
was denn auch der Kammerdiener Jasch sofort verrichtete.
Während dieses Wechselns der Kleidungsstücke sprach der
Herzog sehr gnädig mit seinem alten treuen Diener, —
als Letzterer aber den Knopf am Halse zumachen wollte,
holte der Herzog mit großer Aengstlichkeit sehr schwer
Athem, und verschied in demselben Augenblicke, zwischen
6 und 7 Uhr Abends.

Die Leiche wurde während drei Tage, am 6., 7. und 8. Februar mit großer Pracht im Eisenacher Schloßsaal ausgestellt, und dem Publikum der Zutritt an jedem Nachmittage von 4 bis 8 Uhr gestattet. Am Abend des 8. Februar ward die Leiche von Eisenach bis Oesterberingen gebracht, wo man den Tag über still lag, während der Sarg in die Kirche gesetzt ward, wo die Kammerjunker, Pagen, Haiducken und Husaren den Dienst versahen, und die Garde-Reiter Wache hielten. Abends fuhr man die ganze Nacht hindurch weiter bis Schwansee, wo dasselbe Ceremoniell beobachtet wurde, um in der folgenden Nacht den Weg bis Weimar fortzusetzen. Dort war inzwischen am 10. Februar früh die fürstliche Gruft in der Schloßkirche eröffnet und darinnen ein Gerüst aufgerichtet worden. Abends um 10 Uhr versammelten sich die Kavaliere und Landstände im Hofmarschallamte, und erwarteten dort den Trauerzug, der Nachts 3 Uhr in Weimar ankam, und seinen Weg zum Erfurter Thor herein durch die breite Gasse über den Markt nach dem Schlosse nahm. Nachdem der Sarg in der Gruft auf das Gerüst neben den Sarg des Herzogs Wilhelm Ernst gestellt worden war, betete der Generalsuperintendent Weber aus der Agenda die Kollekte und den Segen, worauf die Gruft wieder verschlossen ward.

Den Herzog überlebten 5 Kinder, 3 Töchter aus erster, und 1 Sohn und 1 Tochter aus zweiter Ehe. Die Nachfolge ging über auf seinen unmündigen 11jährigen Sohn Ernst August Constantin, welcher am 18. December

1755 die Selbstregierung antrat, aber bereits am 28. Mai
1758 starb, und seine Wittwe Anna Amalia als Regentin
zurückließ, welche 16 Jahre später ihrem Sohne Carl
August die Regierung übergab.

Beilagen

A—L.

1.

Beilage A.

Gevatterbrief.

Freundlich geliebter Herr Vetter und Gevatter!

Ew. Liebden geben Wir hiemit erfreulichen Zuvernehmen, welchergestalt der grundgütige Gott die Durchlauchtige Fürstin, unsere herzvielgeliebte Gemahlin, Frau Sophia Augusta, Herzogin von Sachsen, Jülich, Cleve und Berg, gebohrne Fürstin zu Anhalt, Landgräfin in Thüringen, Markgräffin zu Meißen, gefürstete Gräffin zu Henneberg, Gräfin zu der Mark, Ravensburg und Ascanien, Frauen zu Ravenstein, Zerbst, Bernburg, Jever und Kniphausen, Dero bisher ge= tragenen Leibesbürden gestriges Tages ¼ nach 3 Uhr in gnaden entbunden, und Unß beiderseits mit einem schönen Jungen Printzen mildväterlich gesegnet, wofür Sr. göttlichen Mitleiden, zumahl daß Mutter und Kind sich noch ziemlich wohl aufbefinden, herzinniglich Lob und Dank gesaget wird, Allermaßen Wir nun nicht zweiffeln Ew. Liebden werden Unß diesen fürstlichen Ehesegen hertzlich gönnen, und sich darob mit Unß erfreuen, — Also haben deroselben Wir nicht nur hiervon freundliche Eröffnung thun wollen, sondern auch aus der von Ew. Liebden zu Uns tragenden freundlichen

Affection Anlaß genommen, dieselbe zu unsers fürstlichen Printzen Tauffpathen nebst andern hohen fürstlichen Persohnen mit zu denominiren, ganz fröhliche bittende, Ew. Liebden wollen solch Christliches Ansuchen der Gevatterschaft wohl und in guten aufzunehmen freundlich geruhen. Und weilen Wir noch selbigen Vormittag das fürstliche Kind zur heiligen Taufe, worinnen daßelbe E r n st A u g u st benamset worden, sobalden befördern laßen, so haben Wir Ew. Liebden Dero hohe fürstliche Stelle darbey gebührend vertreten laßen. Um Ew. Liebden, zu welcher Wir unß sothaner freundlichen Willfährig= keit versehen wollen, wir es bey aller Begebenheit hinwiederum zu schulden unvergeßen seyn, Inmaßen denn deroselben Wir ohne dem zu freundvetterlichen Diensten jederzeit bereit und gefließen verbleiben.

Weimar 20. April 1688.

Beilage B.

Mandat des Herzogs Wilhelm Ernst.

Von Gottes Gnaden, Wir, Wilhelm Ernst, Herzog zu Sachsen p. p. fügen allen und jeden, denen es zu wißen von= nöthen, in sonderheit aber sowohl denen in gesammter Pflicht stehenden geist= und weltlichen Bedienten, Vasallen, und Unterthanen, als besonders denen Justiz-Beamten, welche in denen Unsers freundlich geliebten Vetters, Herrn Ernst Augu= stens, Liebden gewißermaßen (bevorab der Particular-Redi- tuum und Einkünfte wegen) zugehörigen Aemtern und Oertern

sich befinden, wie auch allen Advocaten und Sachwaltern, so
daselbst ihre Verrichtungen haben, hiedurch zu wissen, ist ihnen
auch zum Theil bekannt, was gestalt Wir in Anno 1702
veranlaßet worden, wegen der damals wider den Uns zuste=
henden Landes=Principat unternommenen Eingriffe, und an=
derer in berührten Aemtern vorgegangenen Unrichtigkeiten ein
Mandat fertigen und öffentlich anschlagen zu lassen, worauf
auch selbigem ziemlich nachgelebet, und die Justiz, samt andern
Gerechtsamen, der Gebühr nach, administriret worden. Nach=
dem Wir aber einige Zeit her mit großem Mißfallen wahr=
nehmen müssen, daß dergleichen Unordnungen anderweit wieder
einreißen, und man fast auf die vorigen unrichtigen Wege
fallen wollen, inmaßen von hochgedachten Ihro Liebden theils
selbst, theils durch dero Bediente einseitige Befehle gegeben,
mithin die gesamten Collegia sowol, als die Beamten tur=
biret und in der Parition irre gemachet, diesen ungewöhn=
liche Proceduren und Exequirung widerrechtlicher Strafen
anbefohlen, nicht weniger die Justiz-Sachen, welche entweder
in die Aemter oder unsere gesamte fürstliche Regierung ge=
hörig, in Ihrer Liebden Particulier-Cammer gezogen, da=
rinnen Bescheide ertheilet und die Unterthanen an dem Re-
curss und Appellationen gehindert worden, auch sonst vor=
kommen, daß nur gedachte Unterthanen mit ungebührlichen
Frohnden belegt und durch Jagd= Bediente auf den Jagden
und sonst hart und übel tractiret werden wollen: So haben
Wir Uns gemüssigt befunden, Unser Landesfürstliches Regiment und landesväterliche Vorsorge anderweit vorzukehren,
und das vorige Mandat kraft dieses zu wiederholen, gestalt
Wir dann allen und jeden, insonderheit aber Eingangs spe-
cialiter benannten Bedienten, Vasallen, Beamten, Advocatis

und Sachwaltern, auch allen übrigen unsern Unterthanen be=
fehlen, daß, nach Erheischung ihrer theuern Pflichten, womit
Uns als regierendem Herrn, ein Jeder verbunden ist, deren
keiner sich obiger Begünstigungen ferner theilhaftig machen,
einseitigen Befehlen nicht pariren, in allen vor die gesamten
Collegia gehörigen Dingen sich an Niemand, als an Uns
den regierenden Landesherrn halten, in andern Dingen her=
gegen dahin, wohin selbige eigentlich gehören, sich wenden,
wenn sie aber keine Hülfe allda erlangen, alsdann die Be=
schwerden bei Uns anbringen und kräftigen Schutzes erwarten,
auch, so dawider etwas gehandelt werden sollte, die Verord=
nungen und Befehle zu fernerer Verfügung einsenden, und
sich überall, wie die Landesverfassung es erfordert, bezeigen
und erhalten sollen; wie Wir denn nicht allein alles dasjenige,
was widerrechtlich und unförmlich, auch der befestigten Re=
gimentsform unser gesamten Lande zuentgegen vorgenommen
wird, für allerdings nichtig und unkräftig declariren (maßen
es ohnedem nirgend für beständig und gültig geachtet werden
kann), sondern auch diejenigen, sonderlich aber die Beamten
und Advocaten wo sie mit ihren Verrichtungen sich nicht
nach der Ordnung der Instanzien halten würden (gestalt
hocherwähnt Ihro Liebden nach Anleitung des Recesses de
anno 1694 in Dero Aemtern quoad jurisdictionalia ein
anderes und weiter nichts, denn die Ober= und Erb=Gerichte
zukommen) alsofort zur Verantwortung ziehen, auch nach
Befinden ihnen den Process formiren, und wider sie als
pflichtvergessene, welche wider den Staat delinquiret, sträcklich
verfahren wollen; Wie nicht weniger bedürfenden Falls andre
hinlängliche Mittel an Hand nehmen werden, damit solchen
unleidlichen Anmaßen mit Nachdruck gesteuert, und in Unserm

gesamten Fürstenthume und Landen ferner gute Ordnung, auch Recht und Gerechtigkeit erhalten und gehandhabt werden möge. Das meynen Wir ernstlich. Versprechen aber daneben auch allen und jeden so dieser Verordnung schuldige Folge leisten werden, genugsamen landesfürstlichen Schutz, und Wir verbleiben ihnen respective mit Gnaden wohlgewogen.

Geben Weimar zur Wilhelmsburg, am 1. Junii 1719.

Wilhelm Ernst.

Beilage C.

Mandat des Herzogs Ernst August.

Von Gottes Gnaden, Wir, Ernst August, Herzog zu Sachsen, p.p.p.

fügen allen und jeden unserer in gesamter Pflicht stehenden Unterthanen, wes Standes sie sind, hierdurch zu wissen, welchergestalt Wir schon einige Zeit her mit vieler Empfindung wahrgenommen, daß die von Unsern in Gott ruhenden fürstlichen Vorfahren gar heilsamlich eingeführte, und sowohl durch alte als neue Verträge in Unserm fürstlichen Hause befestigte Verfassungen und gemeinschaftliche Regimentsform in vielen Stücken sehr bei Seite gesetzet, allerhand neue Anordnungen und Befehle ohne Unser Vorwissen und Genehmhaltung einseitig ausgefertigt, und Unserm Landesfürstlichen Stand und davon dependirenden Befugnißen, besonders von etlichen wenigen den Landes=Principat affectirenden Gemeinschafts=

Dienern, die Wir noch zur Zeit um Glimpfswillen nicht namhaft machen wollen, vielfältig zu nahe getreten worden. Und ob Wir wohl gegen solche unleidliche Anmaßungen das nöthige von Zeit zu Zeit behörigen Orts bescheidentlich erinnern, insonderheit aber den gemeinschaftlichen Dienern und Collegiis ihre zur Gesamtschaft geleistete theure Diener=Pflicht zum öftern zu Gemüthe führen lassen, auch, da alles dieses den gewünschten effect einer gütlichen Abstellung nicht erreichen mögen, zu gründlicher Erörterung aller obschwebenden Irrungen auf die in Unserm fürstlichen Hause gewöhnlichen Austräge Unser Absehen gerichtet und solche in behörigen Vorschlag gebracht, so haben Wir doch auch hierinnen zu Unserm Zweck bis jetzo nicht gelangen können, und ist nach langem vergeblichen Warten es endlich gar dahin gediehen, daß wider den klaren Inhalt Unserer fürstlichen Verträge, und ohne vorgängige Anfrage und gepflogene communication kurzhin ein einseitiges gedrucktes Mandat zu Unserer merklichen blame im Lande hin und wider publiciret und auf eine ganz ungewöhnliche Weise durch die zu Unserer Bewahrung angenommenen und ihren Solt und Unterhalt von Uns mitgenießende Gemeinschaftliche guarde, wovon der Höchste bis zum Niedrigsten die theure gesamte Pflicht auf sich hat und folglich ein jedweder gegen Uns selbst sich gebrauchen zu lassen billigen Anstand hätte nehmen sollen, gleich neben das wenige Tage vorhero ohne Unser Vorwissen und Mitbeliebung von neuem affigirte verhaßte Accis - Patent öffentlich angeschlagen worden. Nun hätten Wir zwar dieser offenbaren Zunöthigung und fast gewaltsamen attentatis mit gleichmäßigen Thathandlungen gar leichte begegnen können; Wir haben aber aus respect und Hochachtung gegen Unsers Herrn

Vetters, Herrn Hertzogs Wilhelm Ernsts Gnaden, welche
Unserer annoch anhaltenden Zuversicht nach es wohl so böse
nicht gemeinet, auch diesen affront geduldig ertragen, und
wollen lieber zu Behauptung Unsers landesfürstlichen Standes
und Dignität, worein Gott Uns gesetzt, der ordentlichen Rechts=
mittel Uns bedienen, als gegen den fürstlichen Wohlstand,
mit höchstgedachten Unsers Herrn Vetters Gnaden in öffentliche
Thätigkeit verfallen. Auf daß aber inmittelst durch jetzt er=
meldetes anmaßliches Mandat, dessen sich hoffentlich die An=
geber mit der Zeit noch schämen werden, in seinem Gewissen
niemand irre gemacht, und von dem Uns als rechtmäßigen
Mit= Landes= Fürsten und folglich Theilhabern an dem lan=
desfürstlichen Regiment nach göttlicher Ordnung schuldigen
Respect und Gehorsam abgewendet, oder aus Unwissenheit
gegen Uns mit Ungehorsam sich zu versündigen veranlaßt
werden möge, So haben Wir aus Landesfürstlicher Sorgfalt
und Obliegenheit Unsern gesamten treu und redlich gesinnten Un=
terthanen den Unfug und die Unstatthaftigkeit des vermeinten
Mandats hierdurch bekannt zu machen und den verfänglichen
Inhalt desselbigen hiermit öffentlich zu widersprechen der Noth=
durft erachtet, nicht zweiffelnde, es werde ein jeder seine zur
Gesamtheit geleistete theure Pflicht zuvörderst für Augen haben,
und von deren Beobachtung durch einseitige und daher an sich
selbst unkräftige Befehle sich nicht abwendig machen lassen,
sondern vielmehr derselben gemäß sich also bezeigen wie er es
in seinem Gewissen gegen Gott und dereinst auch gegen Uns
zu verantworten gedenket, wie Wir denn solchenfalls Unserer
beständigen landesfürstlichen Hulde und Gnade Sie insge=
samt versichern, gegen diejenigen aber, welche ihre Pflicht und
Schuldigkeit vergessen, und wider Uns mit Ungehorsam oder

anderen ungebührlichen Erweisungen sich vergehen, zu rechter
Zeit die behörige Ahndung vorzukehren nicht unterlassen werden,
— im übrigen wider alle etwa fernerhin gegen diese Unsere
abgenöthigte Declaration oder sonst vorzunehmende attentata
oder Thätlichkeiten auf's feierlichste protestiren, mit eventu-
aler provocation und Berufung an Ihro Majestät den römischen Kayser.

Datum Weimar, den 12. Junii 1719

Ernst August H. z. S.

Beilage D.

Erklärungsschrift der Stände, vom 2. Juni 1723.

— — „Den ersten Punkt betreffend, will solches, wenn
wir unsern obhabenden schweren Pflichten nach, sowohl den
gegenwärtigen als künftigen Zustandt des gesamten Landes
in genauere Betrachtung ziehen, gänzlich zu praestiren eine
pure Ohnmöglichkeit seyn. Welches denn Ihro Hochfürstlichen Durchlauchten nach dero durchdringenden Licht des Verstandes verhoffentlich von Selbst gnädigst ermessen werden.
Denn es ist 1) offenbar am Tage, daß viele tausend Unterthanen im Lande sich befinden, welche ihr Brod kümmerlich
erwerben müssen, und kaum im Stande seynd, die bisherigen
onera abzutragen; wannenhero auch 2) beständig viele ganz
inexigible Steuerreste sich finden, durch deren nöthige caduc-
Schreibung die Einnahme bei der Landschafts-Casse gar

merklich geschwächet worden; so ist auch 3) leider! mehr als
zu bekandt, daß durch die einige Jahre her in diesen Landen
häufig entstandenen Feuersbrünsten*) viele noch wohlhabende
Unterthanen in nicht geringen Abfall ihrer Nahrung gerathen...
seynd. Wie sehr aber 4) die sonst ziemlich einträglich gewe=
sene Accis=Einnahmen heruntergekommen, ist ebenfalls eine
landkundige Sache, und hätten getreue Stände hierbey unter=
thänigst zu bitten, daß die so vielen Leuthen ohne genugsame
Ursache gesuchte Befreiung von der Tranksteuer... in Zu=
kunft sparsamer ertheilt... werden möchte. Wiewohl also
der Zustand bey der Einnahme allenthalben sehr vermindert
ist, so finden sich hiergegen 5) bey der Ausgabe albereit gar
considerable und doch unvermeidlich nöthige Posten; wie
denn auch 6) bekannt, daß die sogenannte Wetzlarische Steuer
von der fürstlichen Commun-Cammer annoch beständig ein=
gehoben wird...; ferner 7) die Landschaft ohnehin mit einer
starken und sich über 30,000 Thlr. erstreckenden Schuldenlast
beschwehret ist; welches denn nothwendig 8) in Zukunft noch
weit höher ansteigen würde, wenn bey einem unvermutheten
Reichskrieg das gewöhnliche Contingent zu stellen wäre.

---

*) Es ist auffallend, daß sich hier schon eine Klage ausgesprochen
findet, welche hundert Jahre später wieder erhoben werden mußte.
In den Jahren 1820 bis 1826 fanden in den Amtsbezirken Bieselbach, Rudestedt und Buttstedt so viele und bedeutende Brandschäden
statt, daß die Großherzogl. Regierung sich genöthigt sah, durch eine
Verordnung vom 21. März 1826 einen Ausnahme-Zustand für jene
Bezirke festzustellen, wodurch gewisse Bestimmungen des Gesetzes über
die Versicherung der Brandschäden vom Jahre 1821 aufgehoben oder
modificirt, und Belohnungen von 500 und 1000 Thlr. für den An=
zeiger eines überführten Brandstifters ausgesetzt wurden.

Ober wenn Gott Mißwachs, Theurung und andre dergl.
Landt-Plagen über uns verhengen sollte. Es wird aber auch
9) in gnädigste Erwegung zu ziehen seyn, daß getreue Stände
sich in unterthänigkeit allerdings verbunden erkennen, gegen
Ihro des regierenden Herrn Herzogs hochfürstliche Durchlaucht ihre gehorsamste devotion und Erkenntlichkeiten, wegen
der anitzo verlangten Berwilligung in nicht geringerer maße
als gegen Ihro des Herrn Herzogs Ernst August hochfürstl.
Durchlaucht zu bezeigen, damit die Aequalität gnädigst
verlangtermaßen hierunter observirt werden
möchte. Bey welcher Bewandnis 10) die Berwilligung
ohnedem in duplo gerechnet werden muß; mithin, wenn getreue Stände von des Herrn Herzogs Ernst August hochfürstl.
Durchlaucht die Helffte des vorhandenen Schuld-Quanti nehmlich 40,000 Thlr. in unterthänigkeit übernehmen, dennoch eine
Summe von 80,000 Thlr. herauskombt, welches in Betracht
des jetztmahligen geringen und ohnedem beschuldeten Zustandes
des Landes ... gar etwas schweres ist. Derowegen auch die
anitzo gnädigst berufenen Stände des engern und weitern
Ausschusses eine so importante Bewilligung zu thun sich nicht
getrauen könnten, wann sie nicht die zuversichtliche Hoffnung
hätten, daß dadurch viele andere Unkosten und Beschwerden
aufzuheben ... seyn würden; gestalten denn getreue Stände,
daß sie bis zum Abtrag einer so namhafften Schuldpost mit
andern extraordinaren Anforderungen würden verschonet bleiben, sich gnädigste Bersicherung und Reservales in aller
unterthänigkeit hiermit ausgebethen haben, übrigens aber des
Bertrauens leben, daß sie ihrer treugehorsamsten devotion
bey dem 1. Punkte eine hinlängliche Genüge geleistet, wenn
sie anitzo die 2mahl vierzig tausend Thaler vor beiderseits

hohe landesfürstliche Herrschaften, dergestalt übernehmen und versichern, daß solche nach des Landes und der Casse Beschaffenheit binnen 20, 30 oder 40 Jahren abgetragen, hingegen die jährlichen Interessen durch gewisse assignationes von ermelter Casse bezahlt werden sollen."

„Anreichend hiernach den 2. Punkt, so möchten getreue Stände von Grund ihres Herzens wünschen, das Vermögen zuhaben, daß sie auch das gnädigst verlangte Adjuto und zwar jährlich von 8000 Thlr. vollkommen reichen könnten. Allermaßen aber die ohnehin auf der Landschaftskasse stehenden schweren Schuldposten und andere unumgänglich nöthige Ausgaben nebst dem armseeligen Zustand vieler Unterthanen, sowohl auf die Uebernehmung der jährlichen Interesse von einem fast auf eine Tonne Goldes sich belaufenden Capital dergleichen importante und jährliche Verwilligung ohnmöglich verstatten wollen, nechstdem aber auch verhoffentlich in gnädigste Erwegung kommen wird, daß solchergestalt dieses Adjuto ebenfalls in duplo zu entrichten steht; so wollen getreue Stände des unterthänigsten Vertrauens leben, daß sowohl Ihro des regierenden Herrn Herzogs hochfürstl. Durchlaucht sich in landesväterlichen Hulden und Gnaden nicht entgegen seyn laßen, als auch Ihro des Herrn Herzogs Ernst August hochfürstl. Durchlaucht gnädigst zufrieden seyn werden, wenn zu ermeltem adjuto vor dieses Jahr 5000 Thlr., mithin zu abermaliger Beibehaltung der vor diesmal gnädigst anbefohlenen Aequalitaet, an beyderseits Hochfürstl. Landesherrschaften zusammen 10,000 Thlr. gereichet würden."

„Soviel nun 3. den gnädigst verlangten Vorschuß der Primogenitur-Kosten betrifft, wollen getreue Stände sich auf ihre deßfalls bereits vormals gethane Verwilligung hiermit bezogen, auch solches anhero von neuem wiederholt und ver= sprochen haben: anbey nichts mehr wünschende, alß daß der grundgütige Gott dieses theuerste hochfürstliche Haus bis an das Ende der Welt in immerwährenden Flohr erhalten und zum Seegen seyn wolle ewiglich."

"Anreichend endlich den 4. Punkt machen sich getreue Stände eine sonderbahre Freude daraus, wann sie Ihren beyderseits hochfürstlichen Durchlauchten mit dem vor dem Frauenthore stehenden Gebäude ein gnädigstes Vergnügen und hohes Wohlgefallen leisten können. Gestalt sie denn denen= selben ermeltes Gebäudte, wie es anitzo beschaffen ist, zu Selbst beliebiger Disposition hiermit eigenthümlich überlassen haben wollen."

Beilage E.

Auch eine poetische Mißgeburt ward durch den Tod der Herzogin ins Leben gerufen. Der Dr. jur. Johann Ernst Philippi in Jena condolirte unter dem 23. Juni 1747 dem Herzoge mit folgendem Gedichte:

Belvédère
La maison de Plaisance
de
Son Altesse Sérénissime
Monseigneur le Duc de Saxe Weimar et Eisenach
détaillé
par Jean Erneste Philippi
Docteur en droit.

Chacun qui a vu Belvédère
  Avoue, qu'il en est très charmé,
C'est à bon droit et sans chimère
  Qu'on l'a Petit-Versailles nommé.
Car ses Jardins d'Orangeries,
  Ses Prospects, ses plaisantes maisons,
  Ses Fontaines, ses pavillons,
Me semblent des enchanteries.

La foule de tant de bêtes sauvages
  Avec de rares oiseaux,
La netteté de ses villages,
  Les fruits étrangers les plus beaux,
Et toutes les ménageries
  Donnent aux yeux un grand plaisir;
  Tout est trés joliment garni:
Ce ne sont pas de flatteries.

Quel charme, quand on, sous les arbres
  De Caffée, a bû de caffée!
Et quel attrait, que sur les marbres
  Les verres de vin sont choqués!
C'est ma foi délicatesse
  Que de manger des fruits tout frais
  Pendant l'hyver d'un arbre épais
Qui semble crêver de sa grossesse.

Le nom de joli Belvédère
  Est le même que de Belle-vue.
On fait ici de bonne chere
  Quand on va à l'hotellerie.

D'où vient donc que même tous ces charmes
Ne charment notre Père de Patrie?
La mort a son Epouse ravie,
Adieu plaisirs! je fonds de larmes!

Beilage F.

Das Ausbleiben des verheißenen Schlüssels, welches der Herzog schon in frühern Fällen erfahren, erklärt uns auch, warum der auf der Großherzoglichen Bibliothek in Weimar erhaltene starke Leder=Quartband nur unbeschriebene Blätter enthält, der auf dem Deckel den Wappenstempel E. A. und mit Goldlettern folgende verheißungsvolle Inschrift trägt: Per gratiam Dei accepi et collegi veros processus hos adepto-philosophicos ex veris manuscriptis qui in libris impressis nunquam sunt reperti. Hos processus retineat in sempiternum Domus mea pro gloria Dei et auxilio pauperum. Vaeh autem illis ministris doctoribus et aliis qui arcana haecce de domo mea auferre volunt quae adeptus sum anno aetatis meae 53. MDCCXLI.

Beilage G.

Jacob Carpow.

Dieser ehrenwerthe Gelehrte, dessen Name selbst in Pierers Universallexikon nicht aufgenommen worden, hatte im

Jahre 1521 in Halle Theologie und Philosophie mit thätigem Anschluß an die Schule Wolfs zu seinem Studium gemacht, und dann in Jena, wo er 1725 Magister mit Berechtigung zum Collegienlesen geworden, Vorträge über die Wolfische Philosophie mit großem Beifall gehalten. Weil er dann später auch die Theologie in dieser demonstrativen Methode mit gleichem akademischen Erfolg behandelte, war er von mehreren Professoren der Universität angegriffen und in Streit verwickelt worden. Aber Herzog Ernst August sprach im Jahre 1736 ihn von allen Irrthümern förmlich frei, und ermunterte ihn zur Fortsetzung seiner Doktrin. Noch in demselben Jahre indessen entschloß sich Carpow zur Uebersiedlung nach Weimar, wohin eine Anzahl Studenten ihm folgte, um die theologischen Vorlesungen zu hören, die er hier in Verbindung mit Disputirübungen hielt und auch dann noch fortsetzte, als er 1737 vom Herzog zugleich zum Rektor des Weimarischen Gymnasiums ernannt war. Er gab damals seine Rede de nexu studiorum academicorum et Gymnasii illustris (Jenae 1737) heraus, und von 1737 bis 1765 seine Oeconomia salutis N. T., eine Ausdehnung der mathematischen Methode auf die gesammte Dogmatik, die Anfangs erhebliche Wirkung machte, dann aber auch nachdrückliche Widersprüche hervorrief, und während sie zu ihren vier starken Quartbänden anwuchs, im Ansehen der Gelehrten sank. Vorerst hatte er sich jedoch der fortwährenden Huld Ernst Augusts in der That so zu erfreuen, daß er verschiedene vortheilhafte Rufe nach außen ablehnte. Viele Programme zeugen von seiner verdienstlichen Thätigkeit am Gymnasium, wie auch von seiner Ergebenheit für den Protektor, z. B. die standhaftige Glückseligkeit des

Weimarischen Fürstenthums, Programm in Versen, Weimar
1741. Dies natalis Principis serenissimi ut conservatio-
nis civium dies. Vimar. 1741. Im Jahre 1742 wurde
er am Gymnasium Professor der Mathematik, — drei Jahre
später Direktor (Programm: Der gesegnete Naturwechsel u. s. w.
Weimar 1742. Die glückselige Einsamkeit u. s. w. Weimar
1743. Vindiciae meditationis de lingua ejusque perfec-
tione, Vimar. 1743. Pensées sur l'avantage de la Gram-
maire universelle. Weimar 1744.) Eine Anzahl seiner
Programme ist auch staatsrechtlichen Inhalts. Mit allem
Eifer waltete er neben den theologischen Ausarbeitungen seines
pädagogischen Amtes bis über die Lebenstage seines fürstlichen
Gönners hinaus, hielt die „Feierliche Rede bei des Herzogs
Ernst August Constantin Regierungsantritt" 1756, und übte
fleißig seinen Beruf bis 1768, wo er am 9. Juni im 69. Jahre
seines Lebens starb.

(Nach freundlichen Mittheilungen des Herrn Ober-
bibliothekars Dr. A. Schöll zu Weimar.)

Beilage H.

Schreiben des Rektors Jacob Carpow.

Durchlauchtigster Herzog
Gnädigst regierender Landesfürst und Herr!

Ew. hochfürstl. Durchlaucht haben in Dero gnädigsten
Handschreiben vom 20. Decbr. a. c. nach einen unverdient
auf mich gesetzten Vertrauen mir anzubefehlen geruhet, daß

ich nach meiner eigenen Einsicht den 3. Vers des 28. Capitels in Buch Hiob wohl untersuchen und dessen wahren
Verstand in eine richtige Beschreibung bringen sollte. Ob ich
mich⸗nun wohl zu wenig achte etwas éclairciren zu können,
welches Ew. Hochfürstl. Durchlaucht nach Dero Hocherleuchtet
und durchdringenden Verstande nicht vorhin schon klar und
aufgedeckt seyn sollte, so habe doch aus unterthänigstem Gehorsam, ohne andere Auctores zu consuliren, den gnädigst
aufgegebenen Spruch sowohl in der Grundsprache, als nach
dem Zusammenhange des ganzen Contexts untersuchet um
den richtigen Verstand des H. Scribenten einzusehen. Nach
dem Grund Text müssen die Worte also übersetzet werden:

Er (nehmlich) der Mensch, oder wie wir in Teutschen reden,
man) setzet ein Ende dem Verborgenen (d. i. man
kömmt im Verborgenen oder unter der Erde mit seinem
Suchen zu Ende) und ganz am Ende suchet (und
findet) er (oder: man) einen gar sehr verborgenen
Stein.

Die Frage ist nun aber, was Hiob, als dessen Worte
es sind, hiemit eigentlich haben wolle? Solches muß der
context des Vorhergehenden und Nachfolgenden ohne Zweifel
am allerbesten zeigen. Es hatte Hiob im vorhergehenden
Cap. XXVII, 5. 6. gedacht, daß er in der Frömmigkeit beständig seyn wolle, und dagegen die Straffe, welche die Gottlosen zu gewarten hätten, angeführt v. 7—23. Weil nun
in der Frömmigkeit oder Furcht Gottes die wahre geistliche
Weißheit bestehet, vid. cap. XXVIII, 28, so wirft er zugleich
die Frage auf: wo man die wahre Weißheit finden solle?
cap. XXVIII, 12—20. Darauf antwortet er zuförderst
negative, v. 1—22, daß man sie nicht finde in den tieffsten

Beaulieu Marconnay. 19

Bergwerken, wo sonst Silber, Gold, Eisen anzutreffen, v. 1
sequ., auch nicht im Meer, v. 14, auch könne man sie nicht
kauffen, v. 15 seq., auch nicht bey den Todten finden, v. 22,
— und hernach positive v. 23=28, daß sie allein von Gott
komme, als welcher schon bey der Schöpffung die Gottesfurcht
den Menschen als die wahre Weißheit angewiesen. Aus die=
sem Zusammenhange des contexts ergiebt sich der richtige
Verstand der Worte gar leicht. Nehmlich da der erste und
andere vers vom Bergwerk handeln, und Hiob in denselben
sagt: **Es habe das Silber seinen Gang** (nehmlich unter
der Erden) **und das Gold seinen Orth und werde
geschmoltzen; aus der Erde würde Eisen genom=
men und Ertzhaltige Steine würden geschmoltzen,**
so kann der dritte vers keinen andern als diesen Verstand
haben:

Ob der Bergmann gleich im Finstern unter der Erden
suche, so komme er doch mit seinem Suchen zu Ende, daß er
nehmlich auch Gold, Silber, Eisen, Erzt unter der Erde finde;
denn sehr tief unter der Erde finde er tiefverborgene Steine,
nehmlich solche die Ertz und Metalle in sich halten; Und das
um desto mehr, weil auf diese Weise der Gegen Satz, den
Hiob hauptsächlich intendirt, sehr wohl ausgebrückt wird,
nehmlich:

Daß Gold, Silber und Ertz zwar unter der Erden in den
Bergen gesucht und gefunden werde, aber die wahre Weiß=
heit werde man vergeblich daselbst suchen und nicht finden,
weil sie allein von Gott müste erlangt werden.

Auch ist an dieser Auslegung um desto weniger zu
zweiffeln, weil Hiob in der Landschafft Arabien gewohnt
haben soll, von dieser aber aus der Bibel und sonst bekannt

ist, daß sie an Gold, folgends auch an Bergwerken sehr reich
gewesen; daher man leicht muthmaßen kann, daß Hiob, als
ein reicher angesehener Mann wenigstens von denen in seiner
Heymath befindlichen Bergwerken eine Kundschafft werde gehabt haben.

Hätte ich das Glück durch diese kurtze, jedoch context-
mäßige Auslegung Ew. hochfürstl. Durchl. gnädigste Absicht
erreicht zu haben, würde mir selbiges das größeste Vergnügen
auf der Welt seyn, als der ich diese meine unvorgreiffliche
aus eigener meditation geflossene Gedanken nicht anders, als
ein geringes Zeichen meines unterthänigsten Gehorsams anzusehen unterthänigst bitte, und die Beurtheilung derselben Ew.
hochfürstl. Durchl. höchsterleuchteter Einsicht gleichfalls unterthänigst anheimstelle.

Da aber jetzt eben die Zeit herbeynahet, daß in wenig
Tagen das alte mit einem neuen, Gott gebe! glücklichen Jahre
verwechselt werden wird, und ich mich dabey der von Ew.
hochfürstl. Durchl. im alten Jahr genossenen höchsten Gnade
in unterthänigster Devotion wohl erinnert, als bitte zugleich
unterthänigst um höchste Erlaubniß, meinen nochmaligen aller-
verpflichtetsten Dank und geringen doch hertzlichen Neu-Jahrs
Wunsch in nachfolgende Zeilen einzuschließen:

Der Himmel kröhne Dich, Durchlauchtster Landes-Vater,
   Mit tausendfachem Heil auch dieses neue Jahr!
Du warest ja mein Schutz, mein Helffer, mein Berather,
   Durchlauchtigster, als ich in lauter Kummer war.
Du rißest mich heraus; Du brachtest mich zu Ehren;
   Du gabest mir noch mehr als je mein Sinn gedacht.
Du ließest Deine Huld durch keine Neider wehren.
   Was Gott beschloß, das ward durch Deinen Arm vollbracht.
Drum geb ich Dir mich gantz zu einem eignen Knechte

Der auch in wenigen getreu und fleißig sey,
Und das geschenkte Pfund mit Wucher wiederbrächte,
   Denn dies erfordert man vom Knecht: er sey getreu!
Und weil ich außer dem Dir nichts kann wiedergeben
   So nimm den treuen Wunsch zum Danckes=Opfer an:
Der Höchste lasse Dich zum Trost des Landes leben
   Und schütte auf Dein Haupt was Dich erfreuen kann!
Er mache alle Last, die Deine Schultern drücket,
   Zu Lust! Dein Alter sey der Jugend=Blüthe gleich!
Dein Theuerstes Gemahl, Dein ErbPrintz seyn beglücket!
   Dein Fürsten=Stamm werd auch an vielen Aesten reich!
Erlaube, großer Fürst, dies eine noch zu bitten,
   Ich weiß, Dein großer Geist geht diese Bitte ein:
Du wollest mich forthin mit so viel Huld beschütten
   Wie groß mein Eiffer ist   Dein

                                        treuer Knecht zu seyn.
Weimar, den 24. Dec. 1737.   Jacob Carpow.

Beilage I.

Brief des Professors Joh. Gottfr. Tympe.

Durchlauchtigster Hertzog, Gnädigster Fürst und Herr!

Daß Ew. hochfürstl. Durchlaucht mir ohnlängst die Er=
klährung des Orts in Hiob cap. 28 v. 3. gnädigst aufzu=
tragen geruhet, solches habe als ein besondres Merckmahl Dero
unschätzbaren besonderen Gnade in tiefster Submission zu
veneriren, und wünsche nichts mehr, als daß Ew. hochfürstl.
Durchlaucht hocherleuchteter Einsicht hier immer gleichförmig
seyn möchte.   Ich habe also mit gnädigster Erlaubnis meine

Gedancken folgendermaßen unterthänigst vortragen sollen. Es zeiget Hiob in diesem Capitel wie die wahre Weisheit nur allein bei Gott sich finde, und von ihm geoffenbaret werde, als die sonst dem menschlichen Verstande gantz verborgen sey, ohnerachtet derselbe sonst wiße die verborgensten Dinge in der Natur zum Vorschein und an das Licht zu bringen. Und dieses zeiget er sonderlich an dem Exempel der Bergwerke. Denn hiervon reden durchgehends die 12 ersten Verse dieses Capitels. Die drey ersten lauten nach einer genauen Ueber= setzung des Grundtextes also:

v. 1. Zwar hat das Silber einen Ausgang (d.i. einen Ort daraus es hervorkommt, oder, seine Adern) und das Gold seinen Ort wo sie es schmelzen (d. i. wo es geschmolzen wird) v. 2. Eisen wird aus dem Staub genommen, und der Stein gießet aus das Ertz (d. i. der Mensch gräbet das Eisen aus der Erde und schmeltzet Ertz aus Steinen)

v. 3. Ein Ende setzet er (der Mensch) der Fin= sterniß (d. i. er bringet ans Licht was in Finsterniß verborgen war, er bringet das Licht gleichsam in die Erde, indem er sie durchgräbt) und durchsucht gantz bis ans Ende den Stein der Dunckelheit und des Todes (d. i. er sucht auf das vollkommenste nach in denen Steinen, welche in der dickesten Finsterniß und tieffsten Abgrund liegen, um in denenselben etwas köstliches zu finden.

Der sel. Luther hat dieses alles gantz wohl übersetzet bis auf die letzten Worte: und jemand findet ja zuletzt den Schiefer tief verborgen; welche, wenn sie sollen so viel möglich beybehalten werden, also zu corrigiren sind:

und man durchsucht auf das vollkommenste die tief
verborgenen Steine.

Dieses ist meines wenigen Bedünkens nach der eygent=
liche Verstand, welchen die Worte und der Zusammenhang
des gantzen textes erfordern. Einige aber wollen dem Con-
texte nicht so genau folgen und glauben, daß diese letzte
Worte auch wohl auf ein Chymisches Geheimnis und insbe=
sondre auf den sogenannдten lapidem philosophorum oder eine
Universal-tinctur könnten gezogen werden, in welcher maße
sie auch noch ziemlich mit den vorhergehenden beyden versen
zusammenhingen, nehmlich also: der Mensch bringet Silber
und Gold aus der Erde, wie auch Eisen und Ertz. Ja, er
macht der Finsterniß ein Ende (er bringet endlich ans
Licht und macht bekandt das Geheimnis das so lange ver=
borgen geblieben) indem er bis zur äuferften Voll=
kommenheit erforschet den Stein der Dunckelheit
und des dickesten Schattens, mit welchem Nahmen etwa
der Stein der Weisen könnte belegt werden.

Es wäre so denn aber zu wünschen, daß Hiob mit
seinen Worten die Sache etwas deutlicher und zuverläßiger
hätte zu erkennen gegeben, im Fall ihm solche bekandt ge=
wesen und er darauf allhier gesehen. Allein es haben ohn=
fehlbar die Orientalische Weisen ihre Künste und Geheimniße
mit Fleis eben so sehr verdeckt gehalten als die heutigen adepti
zu thun pflegen. Nun wollen zwar die neuern Caballisten
unter denen Juden durch mancherley Versetzung auch Ver=
änderung derer Buchstaben und andern fast unzähligen maniren
aus denen Mosaischen Büchern große Geheimniße heraus=
bringen, wie sie denn vorgeben, daß Gott eine vollkommene
Erkenntnis aller natürlicher Dinge, worunter sie insonderheit

die metallo nahmhafft machen, ingleichen derer Geister und
der Seelen der Menschen in denenselben versteckt habe, der=
gestalt, daß wenn ein Mensch die Wissenschafft besitze die
Buchstaben gehörig zu versetzen und zu verwechseln, er Wunder
thun und Todte auferwecken könne, und habe Salomo durch
eben diesen Weg alle seine Weisheit erhalten und sey diese
Wissenschafft von Gott dem Mosi auf dem Berge beygebracht
worden und von dem sey sie auf einige wenige fortgepflanzt
worden, daher denn auch der Nahme der Cabbala komt, als
welcher bedeutet eine Lehre die durch mündlichen Unterricht
oder Tradition empfangen worden. Und also dürffte man
leicht auf die Gedancken kommen, ob nicht Hiob in diesen
Ort auf gleiche Weise die erste materie des Goldes versteckt habe
und zu erkennen geben wollen. Zumahlen wenn das Buch
solte von Mose als seinem auctore geschrieben seyn, wie gar
viele davor halten.

Aber zu geschweigen daß die Cabbalisten solches nur
auf die Mosaische Gesetzbücher extendiren, so sagen sie auch
dabey, daß darzu eine besondere göttliche Erklährung gehöre,
und daß sich dieser Wissenschafft gar wenige rühmen könnten.
Und so viel ich einsehe, auch von der wahren Beschaffenheit
der Cabbala judiciren kann, so haben die alten Juden wohl
manche geheime Lehren gehabt, die sie durch mündlichen Un=
terricht fortgepflanzet haben, daher, wie gedacht, der Nahme
der Cabbala auch gekommen, aber mit deren völligen Er=
klährung sind sie sehr sparsam gewesen, und haben sehr viele
besondere Qualitaeten bey einem hierzu tüchtigen Discipel
erfordert, dabei haben sie durch allerhand Spiele und Kunst=
griffe nur obscure Anzeigungen in dem Gesetz=Buch Mosis
gesucht, bey welchen man sich solcher geheimen weitläuftigen

Lehren erinnern könnte, um dadurch theils dem göttlichen
Gesetz ein Ansehen einer besondern Art der Vollkommenheit,
ihnen selbst aber eine opinion der ausnehmend großen und
subtilen Wissenschafft bey dem gemeinen Manne zu Wege zu
bringen. Diese Anzeigungen aber scheinen so wenig von Gott
intendiret zu seyn, als sie können verstanden werden ohne
eine zugesetzte weitläufftige Erklährung. Da nun diese Dinge
in denen Worten Hiobs nicht so genau ausgedrückt sind, mag
ich mich nicht unterstehen, etwas gewißes hiervon zu behaup=
ten, noch auch dergleichen durch ein anagramma herauszu=
bringen, zumahlen ich bereits einige vergebliche Versuche zum
Ueberflus gemacht. Und wenn auch dergleichen durch mehrers
Nachdencken solte praestiret werden, so würde solches doch
kein größer Licht in dieser Sache geben als man in den
allerdunckelsten Alchymistischen Schrifften findet, weil die
darzu gehörige besondre Erklährung ermangelt, dergleichen ich
bey dieser Schrift Stelle in der gantzen antiquitaet gefunden
zu haben mich nicht entsinnen kann. Sonst ist mir keineswegs
aus unterthänigstem Andencken entfallen, was Ew. hochfürstl.
Durchl. mir etwa vor einem Jahre gnädigst anbefohlen, da
in Dornburg die Gnade hatte meine unterthänigste Devotion
zu bezeugen. Meine bisherige Umstände aber und sonderlich
da ich in Ermangelung einer ordentlichen profession und
davon dependirenden gewißen Salarii des Tags wohl sechs
Stunden lesen müßen, haben mich noch nicht in den Stand
gesetzt, so wie ich gewünschet, in der hiesigen publiquen Bibliothec recht untsuchen zu können. So es aber Ew. hoch=
fürstl. Durchl. in höchsten Gnaden solte gefällig seyn durch
Dero hochfürstl. Votum bey jetziger Vacanz in der professione ordinaria linguarum meine Station zu verbeßern,

als worum höchſtdieſelbe in tiefſter Submission erſuche, ſo
hoffe eher im Stande zu ſeyn, dero hierüber ertheilten gnä=
digſten Befehl unterthänigſt nachkommen zu können. Uebri=
gens bitte den Höchſten inbrünſtig, daß er Ew. hochfürſtl.
Durchl. und dero ſämmtliches hochfürſtl. Haus jetziges er=
wünſcht angetretenes Jahr und viele nachfolgende Zeiten
überſchwenclich geſegnet und beglückt ſein laſſe, und höchſt=
dieſelbe zum Troſt dero getreuen Unterthanen und ſonderl.
auch der Jenaiſchen Academie beſtändigen Schutz und Flor
in unverrückten höchſten Wohlſeyn bis aufs ſpäteſte Alter
erhalten wolle. Der ich in unterthänigſter Devotion beſtän=
dig verbleibe u. ſ. w.

Jena, 6. Jan. 1738.

Joh. Gottfr. Tympe.

Beilage K.

Die Anagramme des Diaconus Ronne.

Aus den drei bombaſtiſch weitſchweifigen Epiſteln des
abgeſchmackten Diaconus von Apolda folgt hier eine gedrängte
Zuſammenſtellung, um darzuthun, wie weit ſich die Gelehr=
ſamkeit im Götzendienſte des Tags verirren kann; aus einer
Vergleichung dieſer kabbaliſtiſchen Textbehandlung mit den
vorhergehenden Briefen der beiden ernſthaften Exegeten wird
das Verdienſt dieſer Letzteren deutlich hervortreten, trotz des
auch ihnen eigenen ſubmiſſeſten Schnörkelſtyls jener Zeit.

Ronne preist im ersten Briefe unter allen Wohlthaten, womit die herzogliche Gnade seine „Niedrigkeit" überschüttet, die hohe Huld „kraft welcher seine tiefe Wenigkeit sogar eines gnädigsten Zuschreibens unter hochfürstlicher Durchlaucht höchster Fürsten= Hand und Siegel gewürdigt worden, als eines allerpretieusesten heiligen Christgeschenks, welches als das höchste Kleinod, so ich die ganze Zeit meines Lebens em= pfangen, anzusehen und ad posteros zum ewigen Andenken hochfürstlicher und so gnädigst erwiesener Huld aufzuheben die Ehre habe." Hierauf folgt ein äußerst devoter Neujahrs= Glückwunsch, nach dessen Erschöpfung er fortfährt: „Und da Ew. hochfürstl. Durchl., mein gnädigster Fürst und Herr, den 3. Vers des 28. Cap. Hiobs aus der arabischen Sprache in einige Consideration zu ziehen in Gnaden anbefohlen, so bitte Ew. Hochfürstl. Durchl. ich in allertiefster Unterthänig= keit Beygelegtes mehr deßfalls in hohen Gnaden anzu= sehen, weil ich dadurch Dero hochfürstlichem Befehle nachge= lebt zu haben meiner unterthänigsten Pflicht und Schuldig= keit nach, mehr mich bestreben sollen: als versprechen könne, Ew. Durchl. profundester Einsicht in alle, auch gelehrte und orientalische Sachen (welches wir in Ew. Durchl. als höchst zu veneriren) ein Genüge — welches doch wohl wünschen möchte — gethan zu haben. Ew. Durchl. sey so gnädig, daß sie mit ihrem submissesten Knechte, weil ich nun schon 17 Jahre extra exercitium Academico-Philologicum con- stituiret bin, und mit denen daher sich einschleichenden Fehlern hochgnädige Geduld haben." Dann unterzeichnet er sich mit cumulirter Huldigung als „den unterthänigsten Knecht und bey Gott Fürbitter".

Die Beilage giebt von Hiob 28,3 erst den hebräischen

Text mit untergesetzter lateinischer Version, dann von dersel=
ben Stelle Ronne's Uebertragung ins Arabische. Nun
folgt ein lexikalisches Verzeichniß aller ihm bekannten arabi=
schen Namen für Steine aller Art: Merkstein, Specularstein,
Beſſear (offizineller Stein), Selenit, Schleuberstein, Hebestein,
Felsblock, Kalkstein, Sand=Hohlstein, Grabstein, Kochstein,
Schneibestein, Ziegelstein, Quaderstein, Lapislazuli, Mühl=
stein, Putzstein, — endlich, als besonders wichtig, dasjenige
arabische Wort, welches nicht allein „Stein" sondern auch
„Gold" und „Silber" bedeute. (Oben war auch zu Talcum
d. i. Specularstein, bemerkt: „dieser Spiegelstein, Sternstein,
möchte auf den so speculativischen lapidem philosophorum
können gedeutet und expliciret werden.)"

Nach dieser „praemissa theoria" wendet sich Ronne
in seinem unterthänigsten Schnörkelstyl zu der Application
des Axiomatis vom lapide philosophorum. Ausgehend
von dem mit Bibelstellen und aus dem Stock'schen clavis
linguae Ebraeae belegtem Satze, daß der höchste Erforscher
Gott selbst sei, kommt er durch den Untersatz, daß, wie omne
bonum, absonderlich das summum bonum sich mittheile,
(est communicativum sui) zu dem Schluß, daß Gott den
Menschen, sonderlich denen Rechtgläubigen, sowohl nach dem
Context bei Hiob, als Ex: 31,2 Weisheit und Vermögen
große Dinge zu erforschen gebe. „Als dann daher die Er=
fahrung lehret, daß Gott auch den Stein lapidem philosophorum denen Gottfürchtigen, so lange sie an der Furcht
des Herrn sich behalten, wissen und auch wohl anderen communiciren lassen, so lange es Gott gefallen." Nun zurück=
gehend auf den hebräischen Text Hiobs, führt Ronne die
Stock'sche Erklärung des dort gebrauchten Wortes für Stein

an, daß es den Stein im allgemeinen, aber auch in specie kostbare Steine und alles aus Stein Gemachte bedeute. Daraus leitet er möglichst umständlich ab, daß wie alle lapides, so in specie der lapis philosophorum das objectum scrutinii divini et sapientium potissimum hominum sei. Und dies berechtigt ihn endlich zu dem Nachweise, daß fast alle arabischen Benennungen von Steinen auf den Stein der Weisen vortrefflich passen. Er thut dies dar an 10 der oben verzeichneten mittelst metaphorischer Auslegung. Nur bekennt er, nicht hinlänglich ausgerüstet zu sein, um durch Anagrammatisirung arabischer Version der Hiobstelle eine Beschreibung der eigentlichen Natur des Steines der Weisen und des damit anzustellenden Prozeßes herauszubringen: „da zumal meine Niedrigkeit nie eine Gelegenheit gehabt, einige, geschweige arabische Werke zu lesen, die vom lapide philosophorum handeln, daß mir die termini artis Adeptorum technici gehörig bekannt seyn könnten."

Der zweite Brief, Apolda den 7. Januar 1738, venerirt die inzwischen dem Diakonus zugekommene „iterirti Zuschrift hochfürstlicher Durchlauchtigkeit" an seine Wenigkeit und die neue Gnade, „kraft welcher ihm Dero nombreuse und höchstwichtige Bibliothek ad usus eröffnet worden." Um dem gnädigsten Befehl in schleunigst möglicher Submission nachzuleben, macht er sich, sobald es Amts= und Ferienarbeit erlaubt, nach der hochfürstl. Residenz auf, um „vermittelst der ihm zuwachsenden fürstlichen subsidiorum etwa zu des durchl. Herzogs Vergnügen beytragen zu können." Einstweilen liefert er „die gnädigst communicirte Schrift des geschickten Naturkundigen Herrn Doctor Kunabs wieder in ihrer hochfürstl. Durchl. Hände nebst drei reinen und hoffentlich auch ungezwungenen anagrammatibus, so gut solche seine hiesigen Umstände herauszubringen zugelassen." Diese sind denn:

1) Aus dem dritten deutschen Vers der Lutherschen Uebersetzung des 28ten Capitels Hiobs macht er die Um=setzung:

> Letzet dich, Erneste Auguste, der tiefe
> Weisen=Stein. Weide zu! Man finde
> ja die verborgenen (Dinge) tiefer.

2) Aus dem hebräischen Text setzt er mit hebräischer Schrift und lateinischer Version darunter, ein Anagramm auf, welches ausdrücken soll:

> Der starke Gott möge hinblicken auf
> sein Bild d. i. die Menschen, mit der Huld,
> daß er völlig ihnen schenket, wie alles
> Nützliche, so insonderheit den Stein der
> Weisen.

3) Aus der von ihm gemachten arabischen Version dieses „oraculi Jobaei" setzt er nun auch ein arabisches Anagramm auf, das, nach seiner darunter geschriebenen nicht eben sehr klaren lateinischen Wiedergabe, ungefähr besagt:

> O Ernestus Augustus, der Herzog und das
> musterhafte Vorbild, Befehlshaber der
> Reiterei und Oberleiter, er erforschet
> das orichalcum und ordnet alles mit
> neunhundertfacher Rüstigkeit.

Die letzte Blüthe dieser kabbalistischen Hiobsorakel=Aus=legung begleitet das dritte Schreiben des Ronne vom 20ten Januar 1738. Wieder spricht er darin auf das beredteste seinen Dank aus „für die jüngsthin in Ew. hochfürstlichen

Durchl. weltberühmten und splendiden Bibliothec genoßene
Fürsten grace „und die allergnädigste Vorsorge, ihn fahren
zu laſſen", und präsentirt submissime ein anagramma
de puro aus den arabiſchen Jobiſchen Worten cap. 28,
v. 1. 2. 3., wie er ſolche „in Ew. Durchl. rahr=pretieusen
ſchönen Bücher=apparatu zu finden die Gnade gehabt."

Diese Beilage stellt denn voraus die alte arabiſche
Version des contextus Jobaei cap. 28 v. 1, 2, 3.), „wie
ſolche in des Brian=Waltonis T. III Bibl. S. Londinens.
p. 55 befindlich", fügt ihr eine lateiniſche Interlinear=Ueber=
ſetzung bei, und läßt darauf das purum anagramma, welches
er herausgebracht, eben ſo in arabiſchen Zeilen mit zwiſchen
geſchriebener lateiniſcher Ueberſetzung folgen, wonach es den
höchſt anzüglichen Sinn ergiebt:

O! Erneſtus Auguſtus, der da iſt Herzog in Sachſen
und in Jülich und in Cleo, iſt wahrlich der einſichtsvollſte
und geiſtvollſte Oberprieſter und Sieger von Grund aus:
allerdings findet er nach ſeiner Fähigkeit den goldenen und
weißen und blauen Stein: aus dem Aeußerſten, aus jeglichem
Tode der da drohte, hat er die Nuß erbrochen — nach deiner
Fähigkeit ſei ſtandhaft —: er trifft Anordnung zu künftigem
Gebrauch, er breitet ſich aus.

(Nach freundlichen Mittheilungen des Herrn Ober=
bibliothekars Dr. A. Schöll in Weimar).

Beilage L.

In der Großherzoglichen Bibliothek zu Weimar befindet sich ein Exemplar dieser Herzensandachten, in rothem Saffian mit Goldrändchen gebunden. Auf dem Blatte vor dem Titel steht geschrieben:

„Nach Deinem Verlangen überschicke ich Dir das von mir aufgesetzte theosophische Handbüchlein mit der Erinner= ung, darinn fleißig zu lesen und darnach Deine Betrachtungen anzustellen, auch daraus zu lernen, wie man Gott, sich und den Nächsten erkennen, ihm dienen und ehren soll. Wirstu es thun und Dein Leben darnach einrichten, so wird Dir es wohlergehen, hier zeitlich und dort ewig.

Illmenau den 24. December 1746.

In allem Deinen Thun und Vornehmen bedenke das Ende. Zum Beschluß lege mit dem alten Jahre alles was sich un= brauchbar gemacht hat, ab und befleiße Dich der Tugend und Ernsthaftigkeit. NB. Halte Dich an Gott und nicht an Menschen. Trau, Schau, Wehm.

Ernst August H. z. S.